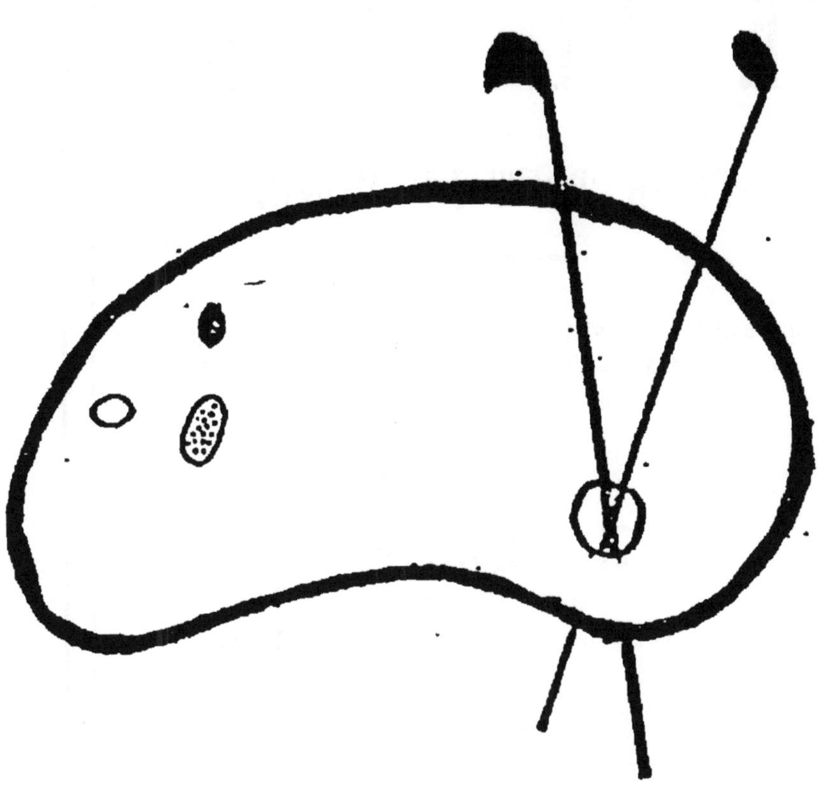

DEBUT D'UNE SERIE DE DOCUMENTS
EN COULEUR

UN
PETIT LIVRE

POUR TOUT LE MONDE

DIALOGUES ENTRE UN INSTITUTEUR ET SON ÉLÈVE SUR LES CONDITIONS
FONDAMENTALES D'EXISTENCE ET DE DÉVELOPPEMENT
DES SOCIÉTÉS CIVILISÉES.

PAR

A. Devillez

Directeur de l'école provinciale des mines du Hainaut.

PARIS.
LIBRAIRIE DE GUILLAUMIN ET Cⁱᵉ,
RUE RICHELIEU, 14.
—
1885.

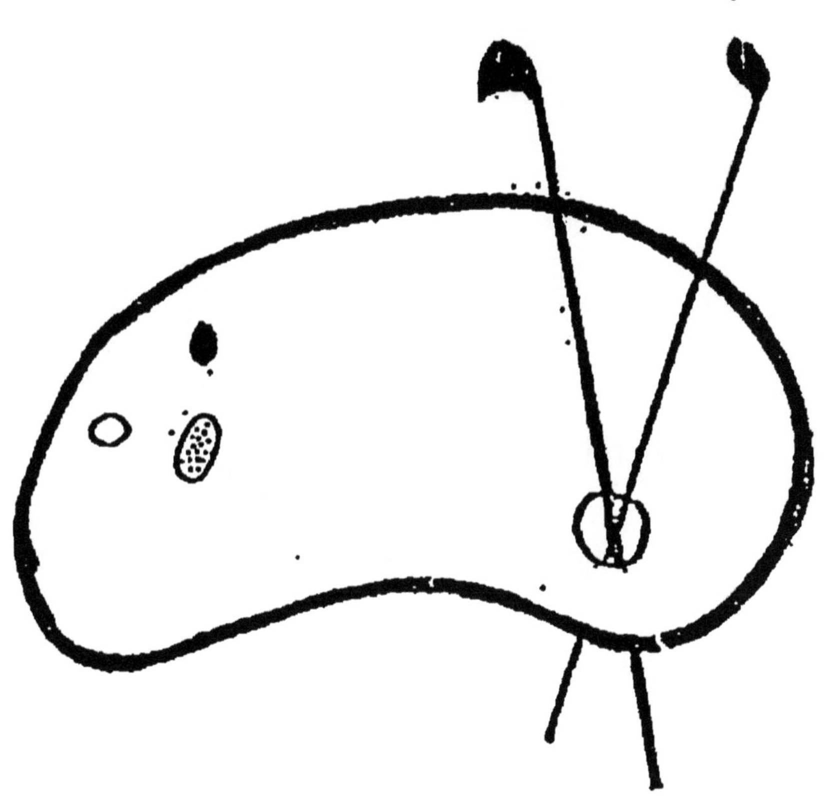

FIN D'UNE SERIE DE DOCUMENTS
EN COULEUR

UN

PETIT LIVRE

POUR TOUT LE MONDE.

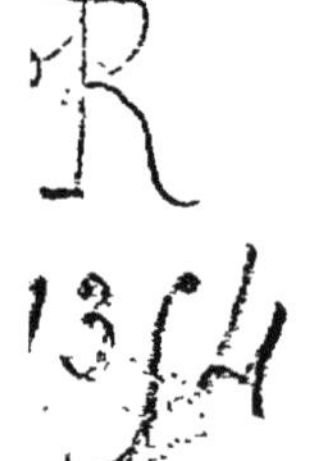

UN
PETIT LIVRE

POUR TOUT LE MONDE

———

DIALOGUES ENTRE UN INSTITUTEUR ET SON ÉLÈVE SUR LES CONDITIONS
FONDAMENTALES D'EXISTENCE ET DE DÉVELOPPEMENT
DES SOCIÉTÉS CIVILISÉES,

PAR

A. Devillez

Directeur de l'école provinciale des mines du Hainaut.

———>◇◇◇◇◇———

PARIS,
LIBRAIRIE DE GUILLAUMIN ET Cⁱᵉ.
RUE RICHELIEU, 14.

—

1885.

PRÉFACE.

Les principes auxquels doivent se conformer les agglomérations d'hommes que l'on nomme des nations, pour qu'elles puissent vivre et se développer en bien-être, en moralité et en intelligence sont, très-souvent aujourd'hui, attaqués avec une extrême violence et ne trouvent, pour les défendre, qu'un assez petit nombre d'hommes relativement à la population, malgré les admirables travaux des économistes anciens et modernes.

J'ai cru pouvoir, sans outrecuidance, apporter ma très modeste part de travail à l'œuvre si importante de propagation de ces principes qui constituent la partie fondamentale de l'économie politique, ou plutôt de l'économie sociale, car les immortels créateurs de cette science, tout en lui donnant le nom d'économie politique, ont proclamé bien haut, qu'ils n'entendaient nullement faire de la politique, afin de vivre en bons termes avec les gouvernements. Il est vrai que, sous ce dernier point de vue, ils n'ont pas toujours atteint le but qu'ils s'étaient proposé, et que leurs découvertes n'ont pas toujours été vues d'un très bon œil par des gouvernants dont elles contrariaient les visées, mais aujourd'hui cet obstacle paraît avoir disparu et la plupart des gouvernements actuels semblent disposés à en propager la connaissance plutôt qu'à la tenir sous le boisseau.

On peut affirmer, comme une chose évidente par elle-même, que les membres d'une même nation ne peuvent vivre en bonne intelligence et maintenir entr'eux une paix durable, que lorsqu'ils sont d'accord sur les principes qui doivent présider à toutes leurs relations, et il est encore aussi évident que la connaissance de ces principes doit être répandue à profusion, dans toutes les classes de la société.

On a fait peu d'efforts, jusqu'aujourd'hui , pour répandre cette connaissance dans la classe ouvrière, voire même dans la majeure partie des classes aisées de chaque pays, et celà se constate aisément par la faiblesse d'argumentation de la plupart des défenseurs de l'ordre social actuel, en face des fanatiques déclamations des socialistes contemporains ; ils ont l'air, tout simplement, de défendre leurs biens par instinct naturel de préservation personnelle, et ne voient pas, très clairement, toutes les conséquences des modifications à cet ordre social, si follement préconisées. Beaucoup de bons esprits sont d'avis qu'il serait extrêmement utile d'éclairer les masses, afin d'éviter des crises désastreuses, et ce n'est possible qu'à l'aide d'une active propagande des idées raisonnables, opposée à la propagande désordonnée des prétendus réformateurs modernes. L'Etat et les particuliers éclairés doivent, chacun de leur côté, aider à cette propagande indispensable et contribuer, dans la mesure de leurs forces, à porter la lumière dans les esprits les plus épais ou les plus troublés. L'œuvre est possible, avec l'aide du temps et d'une volonté énergique, mais il faut le concours de ces deux moyens de succès et il conviendrait de les appliquer dès aujourd'hui ; les particuliers, en défendant les principes de l'ordre social actuel par la parole, partout où l'occasion favorable se présente ; l'état, en introduisant dans toutes ses écoles, l'étude de ces principes qui, quoiqu'on en dise, peuvent être mis à la portée de tous ; il suffit de le vouloir fortement et de recourir à la collaboration des économistes de profession ; on ne tarderait pas à être mis en possession de manuels d'éducation populaire mis à la portée des intelligences les moins cultivées.

C'est pour montrer que ce dernier résultat peut être atteint facilement, que j'ai écrit ce petit ouvrage, non pour le proposer comme type à imiter, je ne pousse pas la présomption jusques-là, mais pour prouver, dans la mesure de mes forces. qu'il est possible de présenter sous une forme très-simple; toutes les notions fondamentales que doivent posséder les habitants d'un même pays pour contribuer ensemble, et sans être arrêtés à chaque instant par de violentes récriminations, au progrès de la patrie commune. Bastiat l'a, du reste, déjà prouvé surabondamment et je ne doute pas que si cette partie de l'éducation nationale, était sérieusement mise à l'ordre du jour, l'on n'arrivât rapidement à obtenir. sur toutes les connaissances indispensables aux citoyens d'un même pays, de petits traités dans lesquels ces connaissances seraient exposées avec une clarté qui ne laisserait plus de place au doute, même dans l'esprit des ouvriers qui n'ont reçu qu'une bonne instruction primaire.

Dans cette œuvre modeste de propagande que je publie aujourd'hui, le lecteur ne trouvera pas une seule idée importante dont je puisse m'attribuer la paternité ; tous les principes fondamentaux de l'économie sociale ont été, depuis longtemps, démontrés par les fondateurs de cette science. La méthode d'exposition de ces principes, que j'ai employée, parce que je la considère comme la plus favorable à la clarté des démonstrations, est la forme dialoguée qui ne m'est pas due non plus ; d'illustres économistes l'ont employée avant moi. Je ne fais que marcher sur leurs traces et je n'ai à offrir que ma façon particulière d'exposer des idées qui, quoique démontrées cent fois avant moi, n'en restent pas moins inconnues à l'immense majorité des habitants de chaque pays. Je prends la position d'un médecin placé en face d'un malade qui éprouve une extrême répugnance à prendre un remède bien connu, qui doit améliorer sa santé ; il essaie de déguiser ce remède sous une enveloppe qui inspire moins de répugnance à son patient, afin de le lui faire avaler plus facilement.

Quant au titre que j'ai adopté, *Un petit livre pour tout le monde*, il me semble suffisamment justifié par le nombre si considérable de personnes auxquelles ce petit livre peut apprendre quelque chose.

A. DEVILLEZ.

FAUTES D'IMPRESSION A CORRIGER

PAGES	LIGNES	AU LIEU DE	LISEZ
6	28	pareils	pareilles.
14	32	qui	que.
22	35	connue	comme.
61	25	fusse	fût-ce.
74	3	celle-ci	celles-ci;
74	7	nous devons	que nous devons.
80	8	débarrassée	débarrassé.
84	10	venaient	venait.
97	35	uu	un.
98	21	au	ou.
99	22	fort	forts.
109	23	discordre	discorde.
115	6	s'ils achetaient	s'il achetait.
115	8	veudraient	vendrait.
118	29	considérables	considérable.
138	6	3000000	3000000 de
139	22	25 centimes	2,5 centimes.
169	25	difficultés	difficulté.
184	19	exigaient	exigeaient.
194	1	préjuduciable	préjudiciable.

CHAPITRE I.

DU DROIT DE PROPRIÉTÉ.

L'instituteur. Mon ami, quand votre père a cultivé son champ et qu'il a consacré à ce travail la plus grande partie de son temps, à qui pensez-vous que doivent appartenir les produits qu'il en a tirés ?

L'élève. Mais, sans doute, à lui.

L'instituteur. D'accord, mais s'il a obtenu plus de produits qu'il n'en faut pour les besoins de sa famille, et qu'il veuille échanger le reste contre de l'argent ou contre d'autres produits, à qui pensez-vous que doivent appartenir les produits ou l'argent échangés contre les produits qu'il a obtenus directement de son travail ?

L'élève. Il me semble évident que c'est encore à lui.

L'instituteur. Pensez-vous qu'il puisse faire de cet argent l'usage qu'il lui plaira, pourvu que ce ne soit pas un usage nuisible à autrui ; qu'il puisse le donner à qui lui plaît et, particulièrement, à ses enfants qui sont ce qu'il aime le plus au monde ?

L'élève. Je crois, Monsieur, que personne ne peut lui contester ce droit.

L'instituteur. Que pensez-vous, mon ami, qu'il arriverait si votre père ne pouvait disposer que d'une partie des choses qu'il a produites, et que le reste lui fut enlevé pour nourrir des hommes qui ne veulent pas travailler et qui trouvent plus commode de vivre dans l'oisiveté ?

L'élève. Je crois, Monsieur, que dans ce cas il s'abstiendrait de produire toutes les choses dont il ne doit pas jouir, et qu'il se contenterait de produire ce qu'on ne pourrait lui enlever sans faire mourir de faim lui et les siens.

L'instituteur. Et si, sur toute la surface d'un grand pays, tous les hommes étaient ainsi exposés à se voir enlever tous les produits de leur travail, au delà de ce qui est nécessaire pour ne pas mourir de faim, que pensez-vous qu'il adviendrait ?

L'élève. Il me semble, Monsieur, que personne ne produirait que ce qui doit lui être laissé et que tout le monde serait pauvre.

L'instituteur. Qu'arriverait-il, dans un pays où tout le monde serait pauvre, s'il survenait une mauvaise récolte, ou si un grand nombre de personnes se trouvaient hors d'état de travailler pour cause de maladie ou pour toute autre cause ?

L'élève. Il me semble, Monsieur, que tous ceux qui seraient malades et tous ceux dont la récolte viendrait à manquer, mourraient de faim.

L'instituteur. Dans quel cas, mon ami, pensez-vous que les pauvres gens, ceux dont la récolte vient à manquer, et ceux auxquels le travail fait défaut, courrent le moins de risques de manquer de tout ?

L'élève. C'est évidemment, Monsieur, lorsqu'il y a autour d'eux beaucoup de gens riches qui peuvent leur donner une petite part de ce qu'ils possèdent en attendant des temps meilleurs.

L'instituteur. Pensez-vous que les pauvres, les paresseux et les gens que des malheurs imprévus ont mis dans la gêne, puissent exiger, même par la force, que les personnes qui sont dans l'aisance leur fournissent ce qui est nécessaire à l'entretien de leur vie.

L'élève. Il me semble, Monsieur, que si l'entretien de

ceux qui n'ont pas assez pour vivre, était mis, forcément, à la charge de ceux qui ont plus que le nécessaire, le nombre des pauvres augmenterait à vue d'œil et que les riches ne le seraient pas longtemps ; il est si commode de vivre sans rien faire que peu d'hommes résisteraient à l'envie de se faire entretenir dans l'oisiveté la plus complète. Après quelques années de ce régime, tout le monde serait pauvre.

L'instituteur. Mon ami, vous entendez dire souvent par des gens qui paraissent avoir reçu une certaine instruction, que tout homme qui vient au monde a le droit de vivre et que la société lui doit des moyens d'existence ; pensez-vous que ce droit s'étende jusqu'à l'obligation pour les autres hommes de lui fournir ses moyens d'existence par leur propre travail ?

L'élève. Je pense, Monsieur, que tout homme a effectivement le droit de vivre, mais de son propre travail, et non du travail d'autrui, et que s'il pouvait réclamer des autres, au besoin par la force, tout ce qui est nécessaire à son existence, le nombre des gens qui vivraient sans rien faire serait bientôt assez grand pour engendrer la misère universelle.

L'instituteur. Vous ne pensez donc pas qu'un homme ait le droit de réclamer des autres hommes, la loi à la main, une rémunération sans travail ?

L'élève. Non Monsieur, cela ne me semble pas juste.

L'instituteur. Mon ami, je suis tout-à-fait de votre avis, et l'Angleterre a fait un jour à ses dépens, l'essai de la rémunération obligatoire sans travail en échange. Elle a mis à la charge de chaque commune l'entretien forcé de tous ses pauvres et des ouvriers qui ne gagnaient qu'un trop faible salaire ; les fonds pour ces secours étaient prélevés sur les autres habitants sous le nom de *taxe des pauvres,* et le nombre de ces pauvres est devenu rapidement si considérable que leurs concitoyens commençaient à man-

quer des ressources nécessaires à une exploitation convenable de leurs terres ou de leur industrie ; force a été de
supprimer cette taxe qui produisait des pauvres comme la
chaleur du soleil produit la végétation des plantes.

L'élève. Ce que vous me dites là, Monsieur, ne m'étonne
pas ; ma commune qui a un bureau de bienfaisance dont
les revenus sont assez considérables et sont distribués
avec une assez grande facilité à ceux qui viennent se plaindre de leur état de misère, contient quatre fois plus de
gens qui vivent sans rien faire et sans posséder un sou,
que la commune voisine qui n'a pas de bureau de bienfaisance et où les pauvres n'ont d'autres ressources que
les dons volontaires des habitants aisés.

L'instituteur. Mais pensez-vous, mon ami, qu'un
homme ait le droit de réclamer des autres, un travail
capable de le faire vivre, même lorsque le travail manque
et que l'on ne peut vendre les produits fabriqués qu'à un
prix inférieur à celui qu'ils coûtent ?

L'élève. Je ne le pense pas, Monsieur, parce que le
travail réclamé dans ces conditions, appauvrirait ou ruinerait celui qui le donne et qu'on arriverait ainsi au même
résultat qu'en payant l'ouvrier sans le faire travailler ; ce
serait toujours ruiner l'un pour entretenir l'autre.

L'instituteur. Mais alors faut-il donc laisser mourir de
faim ceux qui sont hors d'état de se nourir par leur
travail ?

L'élève. Oh Monsieur, il ne me semble pas qu'il faille
en arriver là, parce que ce serait trop cruel.

L'instituteur. Alors que feriez-vous si vous étiez de
ceux qui jouissent d'une certaine aisance ?

L'élève. Monsieur, sans y être obligé par la loi, je don-
nerais à ceux qui manquent de tout, une petite partie de
ce que je possède, sans réduire ma famille à la gêne, et
j'aurais soin de n'aider que ceux qui sont dans l'impossibilité de vivre sans secours, en laissant de côté tous ceux

qui pourraient se tirer d'affaire par leurs efforts personnels , afin de n'accorder aucun encouragement à la
paresse ; il me semble que j'en serais plus heureux, que
j'en aurais meilleure opinion de moi-même, et si tous les
autres en faisaient autant, il serait possible d'attendre des
temps meilleurs sans que personne mourût de froid ou de
faim.

L'instituteur. Mais, mon ami, ne trouvez-vous pas que
c'est la même chose de donner de votre propre mouvement et sans y être forcé, une part de ce que vous pos-
sédez à ceux qui en ont absolument besoin, ou de la leur
donner parce que la loi vous y obligerait ?

L'élève. Non, Monsieur, il me semble que c'est bien
différent. Si je leur donne une part de mon bien, de mon
propre mouvement, j'aurai la satisfaction très grande
d'avoir fait une bonne action et de savoir que ce que j'ai
donné, en privant ma famille et moi de certaines jouissances, aura été employé à soulager des misères réelles
et non à entretenir la fainéantise de quelques personnes
qui trouveraient agréable de vivre du travail des autres ;
puis, je limiterais mes libéralités de façon qu'il restât à
moi et à ma famille de quoi nous assurer une existence
convenable. Dans ces conditions, je redoublerais d'ardeur
au travail afin que les miens ne fussent par trop victimes des libéralités que j'aurais faites et auxquelles je les
aurais associés. Si, au contraire, la loi me forçait à verser
dans la caisse des pauvres une fraction déterminée de mon
bien ou l'excédant de mon revenu sur ce qui est indispensable à mon existence, il me serait impossible de limiter
cette dépense obligatoire qui irait toujours en augmentant ; je n'aurais aucune satisfaction de ma libéralité forcée
qui servirait à entretenir des personnes qui me sont inconnues et qui ne m'en sauraient aucun gré. Je m'abstien-
drais alors de produire tout ce que la loi me prendrait
sans mon consentement, en me bornant à produire ce qui

serait indispensable à ma famille, parce qu'elle ne pourrait m'enlever ce nécessaire sans réduire moi et tous les miens à la plus profonde misère, ou à la condition de ceux au profit desquels on m'aurait dépouillé.

L'instituteur. Vous ne pensez donc pas, mon ami, qu'après avoir produit ce qui est indispensable à vous et aux votres, vous continueriez à travailler avec ardeur pour produire un surplus considérable que la loi viendrait vous réclamer pour entretenir d'autres hommes qui le réclameraient la loi à la main, en affirmant que ce surplus leur appartient.

L'élève. Non, Monsieur, dans ces conditions je n'aurais aucune envie de travailler pour eux, et si l'on m'obligeait à travailler, par la force, je ferais le moins de besogne possible. Je pense, du reste, que tout le monde ferait comme moi, et que la quantité de choses utiles produites, diminuerait dans une proportion si considérable, qu'il n'y aurait bientôt plus que des pauvres.

L'instituteur. Eh bien, mon ami, vous avez raison et quand les voyageurs ont visité les pays où personne n'était sûr de jouir des produits de son travail, ils ont toujours trouvé que la presque totalité de la population vivait dans la plus profonde misère et que, dans les années de mauvaise récolte, les habitants mouraient de faim par milliers, parce qu'il n'y avait personne qui possédât un peu de surplus pour venir en aide aux autres. Ce n'est que dans les pays où l'on trouve beaucoup de gens qui possédent plus que le nécessaire que de pareils calamités ne se produisent pas. Mais, suivant votre opinion personnelle, que faudrait-il faire pour qu'il y eût dans un pays, le plus de personnes possible, possédant au delà de ce qui est nécessaire à l'entretien de leur existence ?

L'élève. Il me semble, Monsieur, qu'il ne faudrait rien prendre à personne et laisser à chacun l'entière propriété des choses qu'il a produites par son travail, afin qu'il pût améliorer sa position et celle de sa famille ; il devrait, de plus, rester entièrement maître de fixer lui même la part de son bien qu'il voudrait consacrer à l'entretien des malheureux.

L'instituteur. Mon ami, jusqu'à présent nous n'avons parlé que de la propriété des produits que l'homme tire de la terre pour se nourrir, et nous avons été d'accord sur l'indispensable nécessité de lui laisser, toute entière, la propriété de ces produits obtenus par son travail ; mais pensez-vous qu'il en doive être de même de tous les autres produits, par exemple de ceux que fabriquent le forgeron, le ferblantier, le tailleur et tous les autres artisans et chefs d'industries que l'on trouve dans tous les pays civilisés.

L'élève. Il me semble, Monsieur, que la propriété des produits de leur travail et l'entière liberté de les échanger contre des aliments ou d'autres produits qui leur sont nécessaires, ou même seulement agréables, doivent leur être également assurées ; je ne puis voir de différence entre tous ces travailleurs et chacun doit être libre de vivre en paix des fruits de son travail.

L'instituteur. Mais, mon ami, si chacun conserve ainsi pour lui, la totalité de ce qu'il produit, de quoi vivront les hommes qui empêchent les voleurs de piller tout le monde, les soldats chargés de défendre le pays contre les attaques de l'étranger, les juges qui empêchent les hommes de mauvaise foi de tromper les honnêtes gens, car tous ces hommes ne produisent rien que l'on puisse échanger directement contre des aliments, des habits ou une maison.

L'élève. Il me semble, Monsieur, que tous ces hommes sont indispensables pour que chacun puisse jouir tranquillement des fruits de son travail, et qu'il est absolument nécessaire de se cotiser pour entretenir ces agents utiles sans lesquels on ne jouirait de rien.

L'instituteur. Savez-vous, mon ami, ce que c'est qu'un gouvernement et un impôt ?

L'élève. Monsieur, je ne le sais pas bien.

L'instituteur. Eh bien, mon ami, on nomme gouvernement la réunion de tous ces hommes utiles qui sont chargés de maintenir l'ordre et d'assurer à chacun la paisible jouissance de ce qu'il a produit par son travail, et la part de ces produits que chacun abandonne pour les entretenir, se prélève de diverses façons que l'on nomme *impôts*. Mais à ce propos, avez-vous une idée quelconque du chiffre auquel ces impôts doivent raisonnablement s'élever ?

L'élève. Il me semble, Monsieur, qu'ils doivent s'élever jusqu'au chiffre nécessaire pour payer les services des personnes chargées de maintenir l'ordre et de nous permettre de jouir paisiblement de ce que nous avons acquis par notre travail, et pas plus. Tout ce que nous donnerions au delà de cette somme, serait pour nous sans utilité, ne servirait qu'à payer des services imaginaires et il ne serait pas juste de nous l'enlever.

L'instituteur. Mais pensez-vous, mon ami, qu'il ne serait pas aussi très-utile de se cotiser pour payer des instituteurs chargés de donner une bonne éducation à tous les enfants pendant que leurs parents s'occuperont des travaux de leurs professions ; même à ceux des personnes qui ne sont pas assez aisées pour payer ces instituteurs de leur propre bourse ; pour payer la construction de voies de communication qui facilitent les relations entre les différentes parties d'un même pays et celles de ce pays avec les nations voisines ; pour faire construire quelques monuments d'utilité publique avec plus de luxe que les maisons particulières, et pour quelques autres usages tels, par exemple, que l'acquisition d'œuvres d'art qui, rassemblées dans des musées accessibles à tous, forment le goût, élèvent l'esprit et adoucissent les mœurs ?

L'élève. Je pense, Monsieur, que cela serait aussi très bon, surtout en ce qui concerne l'éducation des enfants, afin qu'ils puissent travailler d'une façon plus intelligente, plus profitable pour eux et pour les autres, et pour en faire des hommes interessés au maintien de l'ordre social. J'ai déjà entendu dire et je crois que c'est vrai, d'après le peu d'observations que j'ai faites personnellement, que rien n'est plus dangereux pour l'ordre social, que les hommes qui ne savent ni lire ni écrire et même que ceux qui, sachant lire et écrire, ne sont pas informés des conditions indispensables à l'existence de nos sociétés civilisées et n'ont fait usage de leur peu de savoir que pour lire de mauvais livres comme il n'y en a que trop. Ces hommes sont à la merçi du premier charlatan venu qui leur persuade qu'ils ont tort de se contenter des produits de leur travail, qu'ils ont droit à une partie du travail des autres et qu'ils seraient bien sots, quand ils sont les plus forts, de ne pas se mettre violemment en possession de cette partie de richesse acquise par ceux-ci. Les exemples de ces injustes revendications proclamées les armes à la main, ne manquent pas autour de nous.

L'instituteur. Vous pensez donc qu'il conviendrait d'établir aussi des impôts pour subvenir à de si utiles services.

L'élève. Oui Monsieur, je le pense, et pourvu que l'on n'y mette pas d'inutiles prodigalités, les sommes appliquées à cet usage seraient bien dépensées.

L'instituteur. Jusqu'à présent, mon ami, nous avons causé de la nécessité absolue de laisser à chacun la libre jouissance des produits de son travail, quelle que fut la nature de ces produits ; mais si votre père après avoir économisé sur les produits de ce travail, une somme de 3000 francs, achetait une terre pour la cultiver et pour augmenter son bien-être, pensez-vous que cette terre devrait lui appartenir au même titre que les 3000 fr. qu'il a donnés en échange ?

L'élève. Il me semble que oui.

L'instituteur. Et que penseriez-vous d'un homme qui

viendrait lui dire que Dieu a donné la terre à tout le monde, qu'elle ne doit appartenir exclusivement à personne et que, par conséquent, il a autant que votre père, le droit de cultiver cette terre que celui-ci vient d'acheter ?

L'élève. Il me paraît, Monsieur, que cet homme qui n'a rien donné pour avoir le droit de cultiver cette terre, et qui n'a contribué en rien à la mettre en état de produire de bonnes récoltes, serait tout simplement un voleur et que mon père aurait le droit de défendre son bien, même par la force à défaut d'un autre moyen.

L'instituteur. Qu'arriverait-il si la terre n'appartenait à personne et que le premier venu pût venir chaque année établir sa culture où il lui plairait ?

L'élève. Il me semble, Monsieur, que personne ne songerait plus à améliorer le sol, ni à entretenir sa fertilité ; la terre ne produirait plus qu'une petite partie de ce qu'elle produit aujourd'hui et, peut-être même, ne rapporterait plus les frais de culture. Chaque pays produirait ainsi beaucoup moins d'aliments et, avec la nombreuse population qui couvre aujourd'hui les régions civilisées, on arriverait bien vite à la famine.

L'instituteur. Ainsi, mon ami, vous pensez que la terre qui représente du travail dont le produit a été économisé, doit appartenir à celui qui a échangé contre elle les produits de son travail, au même titre que toutes les autres choses qu'il a pu échanger contre de semblables produits économisés ; mais croyez-vous qu'il en doive être encore de même quand il a acquis de cette manière une quantité considérable de terres et d'autres valeurs ?

L'élève. Cela ne me paraît pas douteux, et s'il est juste que j'aie l'entière propriété d'une pièce de 5 francs que j'ai reçue en échange des produits de mon travail, je dois avoir, au même titre, l'entière propriété de 100000 pièces semblables que je me serais procurées de la même manière et sans rien prendre à personne, et aussi l'entière propriété de toutes les choses qu'il me plaira d'acheter avec mes 100000 pièces de 5 francs.

L'instituteur. Mon ami, nous sommes d'accord sur tous les points : sans l'entière propriété des produits du travail, sous quelque forme qu'ils se présentent, toute activité humaine, toute civilisation, serait paralysée ; nous arrive-rions rapidement, si elle était supprimée demain, à un pitoyable état de misère et d'ignorance universelle ; ce serait un véritable retour à l'état sauvage, et ces régions civilisées que couvrent aujourd'hui des millions d'habitants, qui peuvent y vivre à l'aise sous le règne protecteur du droit de posséder, redeviendraient rapidement désertes.

CHAPITRE II.

DU DROIT D'HÉRITAGE.

L'instituteur. Mon ami, nous avons reconnu ensemble que quand j'ai acquis une propriété quelconque, par mon travail, j'en suis seul et unique propriétaire et que personne n'a le droit d'en venir réclamer une part ; pensez-vous aussi que je doive être libre de la donner en tout ou en partie, à qui bon me semble ?

L'élève. Puisque ce bien vous appartient et n'appartient qu'à vous, il me semble que vous devez être libre de le donner en partie ou en totalité, aux personnes que vous aimez le plus ; sans cela, il ne serait pas votre propriété.

L'instituteur. Et quelles sont les personnes que je dois, tout naturellement, aimer le mieux ?

L'élève. Monsieur, il me semble que ce sont d'abord vos enfants, et si vous n'avez pas d'enfants, ce sont vos frères et vos sœurs ; si ceux-ci sont morts, ce sont leurs enfants ; d'une manière générale, ce sont les membres de votre famille avec lesquels vous avez été élevé, dont vous avez vu naître quelques-uns et que vous vous êtes accoutumé à considérer comme devant vous remplacer sur terre.

L'instituteur. Nous sommes d'accord, mais si je veux conserver jusqu'à la fin de ma vie, la jouissance de ce que je possède, que dois-je faire ?

L'élève. Vous ne leur donnerez votre bien qu'à l'heure de votre mort.

L'instituteur. Mais si, à l'heure de ma mort, je me trouve empêché de leur donner tout ce que je possède, soit parce que la force ou la présence d'esprit me manque, soit parce que je n'y songe pas, soit parce que je tombe victime d'un accident de chemin de fer, faut-il que mes enfants qui sont ce que j'aime le plus au monde, ou mes frères et sœurs si je n'ai pas d'enfants, soient privés de la fortune que j'ai amassée pour moi d'abord, puis ensuite pour eux, et dont j'avais déjà commencé à les faire jouir de mon vivant.

L'élève. Monsieur, il ne me semble pas que cela serait juste, parce que ces biens ont été économisés pour eux, et que personne n'y a de droits.

L'instituteur. Que vous semblerait d'une loi en vertu de laquelle tous les biens d'une personne qui meurt sans désigner spécialement ses héritiers, seraient délivrés à ceux qu'il devait aimer le plus, dans l'ordre de l'affection qu'elle est présumée avoir eu pour eux ; d'abord à ses enfants ; à leur défaut, à ses frères et sœurs et, à défaut de ceux-ci, à ses plus proches parents ?

L'élève. Une telle loi me paraîtrait très juste et il est sûr que si elle n'existait pas, il n'y aurait pas un homme qui ne donnerait tout son bien, de son vivant, à ceux qu'il aime le plus, en prenant certaines mesures pour en jouir jusqu'à l'heure de sa mort.

L'instituteur. Ainsi, mon ami, vous pensez que les lois en vertu desquelles les biens d'un mort passent à ses parents, dans l'ordre du degré de parenté, sont justes et que les autres personnes ne gagneraient rien à les supprimer.

L'élève. Oui, Monsieur, je le pense ; l'absence de ces lois n'empêcherait pas les biens d'une personne qui meurt de passer à ses enfants, ou à ses frères et sœurs ou aux enfants et petits-enfants de ceux-ci ; les autres, du reste, n'y ont aucun droit et il n'existe pas une raison pour qu'il leur en revienne la moindre part.

L'instituteur. Etes-vous bien certain, mon ami, que les autres hommes n'aient pas de droits sur les biens de celui qui meurt, car un grand nombre d'entr'eux ont contribué pour une large part à constituer sa fortune en échangeant leurs produits contre les siens et en lui procurant les moyens de produire beaucoup et de tirer un bon parti de ses produits.

L'élève. Votre observation, Monsieur, ne me fait pas changer d'avis. En échangeant leurs produits contre ceux que fabriquait le décédé, ils ont fait des marchés avantageux pour eux comme pour lui ; ils ont vécu de ces échanges et plusieurs d'entr'eux, probablement, y ont trouvé les moyens de se créer aussi une fortune personnelle ; ils sont donc, comme lui, libres de toute obligation de reconnaissance ; chacun a travaillé pour son intérêt personnel et non pour l'intérêt de son client, et il ne doit plus exister entr'eux que ces liens d'estime réciproque qu'éprouvent ceux qui ont été longtemps et honnêtement en relation d'affaires.

Quant à la société prise dans son ensemble, elle n'a, sur les biens du mourant aucun droit, parce que la sécurité qu'elle lui a procurée et qui lui a permis d'amasser sa fortune, il la lui a payée de son vivant par sa participation à toutes les dépenses communes que le maintien de cette sécurité a exigées.

L'instituteur. Mais enfin, mon ami, si la fortune appartient bien à celui qui l'a honnêtement gagnée, et s'il peut en disposer à son gré, même après sa mort, celui à qui il l'a léguée soit par testament, soit par le fait même de la loi qui préjuge le testament, quand il n'est pas fait, doit-il la posséder au même titre que le propriétaire primitif et en faire, comme lui, tout ce qui bon lui semblera et, particulièrement, la donner à d'autres personnes en mourant.

L'élève. Oui, Monsieur, bien évidemment, l'héritier des

biens de son père, de son frère, de sa sœur ou de son oncle, les a reçus en toute propriété et il les possède avec tous les droits qu'avait celui qui les a amassés. De plus, quand ils sont ses enfants, et souvent même quand ils sont ses parents à un moindre dégré, ils sont entrés pleinement en jouissance de ces biens avant sa mort et en ont vécu avec lui ; en un mot, les héritiers désignés nominativement par le mourant, ou acceptés tacitement par lui suivant l'ordre adopté par la loi comme le plus juste, en l'absence de dispositions testamentaires, doivent être considérés comme s'ils étaient sous une autre forme, la continuation du défunt. Toute mesure contraire à ce principe serait injuste, constituerait une véritable spoliation et ne servirait qu'à entraver les progrès du bien-être général et de la civilisation.

L'instituteur. Mon ami, nous sommes d'accord sur tous les points et, pas plus que vous, je ne puis comprendre une revendication des biens d'un mourant en faveur de la société, car si un étranger à sa famille n'a aucun droit de venir réclamer une part de ces biens qu'il amassés pour en jouir lui-même d'abord, puis pour en faire jouir les siens après lui, il est impossible d'admettre que la société toute entière, qui se compose d'individus sans droits personnels, ait un privilège qui n'appartient à aucun de ses membres. Du reste, je le répète, toute mesure législative portant atteinte au droit d'héritage et qui froisserait ainsi la liberté, les affections et les droits naturels des hommes, serait inévitablement destinée à un avortement complet, car les parents donneraient ce qu'ils possèdent à leurs héritiers naturels, de leur vivant, s'il n'y avait que ce moyen de le leur transmettre, sauf à prendre quelques mesures pour ne manquer de rien jusqu'à l'heure de leur mort.

CHAPITRE III.

DU SOCIALISME.

L'instituteur. Mon ami, maintenant que nous sommes aussi convaincus l'un que l'autre, de l'indispensable nécessité du droit de propriété et du droit d'héritage, sans lesquels on ne voit que ruines de tous les côtés, occupons-nous d'une autre question qui semble être à l'ordre du jour depuis plus d'un demi siècle et sur laquelle les opinions les plus étranges ont été émises pendant cette période; je veux parler du socialisme dont le nom me paraît assez mal choisi, puisqu'il s'applique à un ensemble de doctrines plus ou moins anti-sociales. Avez-vous parfois entendu parler de socialisme ?

L'élève. Je crois que oui, Monsieur : j'ai assisté de temps en temps, dans un estaminet, aux conférences d'un jeune homme qui venait de quitter les bancs de l'université et qui proclamait que le socialisme était seul capable de faire le bonheur de l'humanité. Il s'efforçait de nous démontrer que tout allait mal dans ce monde et qu'il ne tenait qu'à nous qui ne sommes pas riches et qui sommes les plus nombreux, d'arranger toutes choses de façon que nous fussions bien plus à notre aise, sans travailler plus que nous ne le faisons aujourd'hui, et même en travaillant moins. Tous ceux qui l'écoutaient me paraissaient de son avis, mais je ne suis pas assez éclairé sur ce sujet, pour savoir s'il avait raison.

L'instituteur. J'espère, mon ami, qu'après notre entretien d'aujourd'hui, vous serez plus en mesure de porter un jugement motivé sur la valeur des doctrines que vous avez entendu exposer et de beaucoup d'autres semblables ; je vais d'abord vous expliquer ce que l'on entend par Socialisme.

L'inégale répartition du bien-être et des richesses entre les habitants d'un même pays, qui s'est produite sous le règne de la liberté du travail et du droit de propriété, comme elle s'était produite antérieurement sous le règne de la force et des entraves de toute nature imposées au travail, a frappé depuis longtemps un grand nombre d'esprits qui se sont demandé si c'était bien là le résultat d'une loi naturelle ou si ce n'était que le résultat d'une organisation sociale vicieuse, et quelques-uns d'entr'eux adoptant la dernière de ces deux hypothèses, sans examen bien approfondi, se sont proposé de réformer cette organisation en réclamant une répartition qu'ils considéraient comme plus équitable, de tous les produits du travail humain, entre tous les hommes. L'ensemble des divers systèmes d'organisation sociale, qu'ils ont imaginés pour atteindre ce résultat, porte le nom général de Socialisme. Tous ces systèmes portent des atteintes plus ou moins profondes à la liberté du travail, à la justice et surtout au droit de propriété.

Les moins radicaux de ces réformateurs, ceux qui ne se proposent pas une réorganisation complète de la société actuelle, se contentent de provoquer et de diriger des grèves pour faire hausser le salaire de l'ouvrier et diminuer le nombre des heures de travail, ne reculant pas, à l'occasion, devant l'emploi de la force pour associer à leurs projets ceux qui veulent continuer à travailler, et pour rendre ces grèves aussi générales que possible. C'est le mode actuel de procéder de cette vaste association qui s'étend sur toute l'Europe et qui s'intitule *l'association internationale des travailleurs ;* son but avoué est de réunir en un seul faisceau toutes les forces de la classe ouvrière dans tous les pays, sous prétexte d'améliorer son sort en la soustrayant partout à ce que les adeptes nomment *la tyrannie du capital.*

L'élève. Oh, Monsieur, j'ai entendu parler de cette association et, dans les conférences dont je vous parlais tout à l'heure, le jeune orateur s'efforçait de nous démontrer que nous étions tous victimes de cet infâme capital qui n'était pour nous qu'une cause d'esclavage, dans les mains qui le possèdent aujourd'hui ; tandis qu'il deviendrait une source inépuisable de bonheur s'il appartenait à tous. La conclusion était que, puisqu'on ne pouvait s'en emparer, il fallait le museler ; que l'on pouvait arriver à ce résultat en s'associant pour refuser de travailler, à moins de recevoir un salaire bien plus élevé que celui que les travailleurs reçoivent aujourd'hui, et que ceux d'entre eux qui ne voulaient pas entrer dans l'association, étaient des traîtres que l'on ne pouvait punir avec trop de sévérité.

L'instituteur. C'est à peu près là, mon ami, le but ostensible de cette association sur laquelle nous reviendrons plus tard ; mais continuons la nomenclature de ces divers systèmes de réforme sociale.

Parmi ces mêmes réformateurs, les plus radicaux, ceux qui se proclament les plus avancés, quoiqu'ils ne soient au fond que les plus ignorants et les plus arriérés, vont jusqu'au communisme pur et prétendent que tous les biens de la terre, toutes les richesses acquises, doivent se partager également entre tous les hommes, qu'ils y ont des droits égaux et qu'il faut maintenir par des lois sévères et d'une manière permanente, ce nivellement général de toutes les conditions.

Entre ces deux catégories extrêmes de socialistes, on retrouve toutes les nuances de systèmes de réforme sociale qui ont été, chacun à leur tour, prônés depuis le philosophe grec Platon qui vivait plusieurs centaines d'années avant la naissance du Christ, jusqu'à ce jour.

Quelques-uns de ces systèmes d'organisation sociale, comme celui de St-Simon et celui de Ch. Fourier, ont été essayés sur une petite échelle et n'ont conduit leurs partisans qu'à la ruine. Tous portent, comme nous l'avons dit, des atteintes profondes au droit de propriété, avec la naïve conviction que la nature intime de l'homme se modifiera au gré des nouveaux bienfaiteurs de l'humanité et que, par la vertu toute puissante des lois, l'intérêt privé qui a produit toutes les merveilles de l'industrie contemporaine, disparaîtra comme par enchantement et sera remplacé par des passions nouvelles, indispensables au succès de la nouvelle organisation ; celle de l'intérêt public et celle du dévouement absolu au bonheur de ses semblables, qui se substitueraient définitivement à tous les mobiles actuels des efforts que font les hommes pour améliorer leur condition.

L'élève. Il me semble, Monsieur, que si, pour faire réussir ces projets d'organisation sociale, il faut modifier aussi profondément la nature intime des hommes, leurs auteurs courent grand risque d'échouer.

L'instituteur. Mon ami, je le crois comme vous, et il n'y a pas plus de chances de réaliser de semblables conceptions qui sont absolument contraires aux dispositions naturelles de tous les hommes, que de réaliser le projet de leur faire pousser des ailes pour les faire voler comme les oiseaux ; mais continuons notre exposition des divers systèmes socialistes. D'autres réformateurs un peu moins radicaux que les précédents, admettent la propriété des produits du travail, parce qu'ils comprennent que sa suppression produirait de désastreuses conséquences, mais ils nient le droit à la propriété du sol. Ils disent que la terre qui nous fournit sans cesse tout ce qui est nécessaire à l'entretien de notre vie, n'est pas le produit du travail de l'homme ; Dieu l'a donnée à tous les hommes et elle ne peut être la propriété exclusive de quelques-uns ; tous y ont des droits égaux, comme à l'air, à la chaleur, à la lumière qui, conjointement avec elle, contribuent à la formation de tous les produits qui entretiennent et embellissent notre existence, et personne n'a jamais songé à s'approprier exclusivement aucun de ces derniers moyens de production, quoiqu'ils soient aussi indispensables que la terre elle-même ; sans eux toute vie animale et végétale serait impossible à sa surface, et elle se mouverait dans l'espace comme un cadavre glacé.

L'élève. Il me semble, Monsieur, qu'il y a dans cette assertion quelque chose de fondé.

L'instituteur. C'est ce que nous allons examiner. Certainement la terre a été donnée à tous les hommes, en ce sens que nous tenons d'elle tous nos moyens d'existence, que nous soyions, ou non, propriétaires d'une parcelle de sa surface, et tout ce qui est matière, à notre portée, nous a été donnée au même titre ; mais il est impossible qu'elle reste, comme le veulent ces réformateurs, une propriété indivise entre tous les hommes qui auraient, de génération en génération, des droits égaux sur chacune des parties de sa surface. Cette affirmation, indépendamment des terribles conséquences qu'entrainerait son adoption et de la profonde injustice qu'elle renferme dans ses flancs, conduirait d'abord à de singulières conséquences.

Si chaque partie de la surface terrestre appartient indifféremment à tous, pourquoi y a-t-il une Europe, une Asie, une Amérique ? pourquoi des états différents qui se considèrent comme maîtres chez eux ? Le Lapon, mécontent de la stérilité de la part de surface terrestre qui lui est échue en partage, peut émigrer et venir à Paris ou à Bruxelles réclamer sa part des terrains fertiles qui environnent ces deux capitales ; bien plus, comme tous nos monuments publics, nos maisons, nos meubles, nos vêtements sont formés de matières que Dieu a données à tous les hommes à titre indivis, il pourrait aussi réclamer sa part de propriété dans toutes ces formes particulières de la matière indivise que les hommes ont simplement appropriée à leur usage par le travail et avec l'aide de leurs économies antérieures ; absolument comme ils ont approprié à la production agricole, des portions plus considérables de cette même matière prétendument indivise.

L'élève. Ce sont là, Monsieur, des conséquences assez étranges du principe de l'indivisibilité du droit de possession de la terre, et je commence à comprendre que, même en adoptant ce droit de posséder la matière sous la forme de maisons, de meubles et de tous les produits de l'industrie, et en rejetant le droit sous la forme plus volumineuse des moyens de production des aliments, il serait fort difficile de déterminer le genre de produit qui se trouverait à la limite de ces deux droits et pour lequel il faudrait tirer au sort la catégorie à laquelle il doit appartenir. En effet, plusieurs de ces produits formés de matière appropriée, sont aussi nécessaires à l'entretien de la vie, que le blé ou les pommes de terre ; par exemple, la houille dans les régions qui manquent de bois.

L'instituteur. Mon ami, ces conséquences sont ridicules parce qu'elles dérivent d'un principe faux. La terre, avec l'immense puissance de production qu'elle possède aujourd'hui, peut et doit constituer une propriété privée, au même titre que tous les autres produits que l'homme fabrique avec de la matière, parce qu'elle n'est que le produit de son travail. Lorsque l'un de nous se procure, par voie d'échange, le blé qui lui est nécessaire pour se nourrir, il ne paye pas plus la coopération du sol qu'il ne paye celle de l'air, de la chaleur et de la lumière qui ont été donnés à tous les hommes à titre gratuit ; il ne paye que le travail du producteur de blé et celui de ses prédécesseurs qui ont mis la terre en état de culture et qui l'ont transmise par voie d'échange contre valeur égale, ou qui l'ont transmise par héritage, ce qui revient au même.

Dans ce dernier cas, ces prédécesseurs avaient transformé leurs économies en terres cultivables, puis les ont transmises à leurs héritiers au même titre que si ces économies avaient été accumulées sous forme de monnaie.

Les réformateurs modernes affirment qu'en principe, tous les hommes ont le droit de puiser ce qui est nécessaire à leur existence dans le fond commun qui se compose de la matière, de l'air, de la chaleur, de la lumière, enfin de toutes les forces naturelles. Personne ne peut nier qu'ils aient ce droit, mais il en entraîne nécessairement un autre, celui de disposer des produits qu'ils ont créés à l'aide de leur travail et de ce fond commun dans une partie duquel ce travail s'est incorporé. Cette partie du fond commun est la matière sous toutes ses formes, terres fertilisées, denrées de toute nature, maisons, objets d'art, produits divers de l'industrie; enfin tout ce qui sert aux hommes à entretenir et à embellir leur existence et qui se présente sous une forme tangible.

De ce droit d'usage résulte, évidemment, le droit de posséder tant que l'usage subsiste et tant que le produit conserve l'utilité qu'il a reçue du travail et qui lui donne sa valeur. Il faut donc admettre que l'homme a le droit de posséder d'une manière continue, les choses dont il use continuellement et auxquelles il a communiqué par son travail, cette propriété de pouvoir toujours être utilisées. Si l'on n'admet pas ce principe, il faut refuser à tous les hommes le droit de toucher à tout ce qui est matière ou à tout ce qui se trouve à la surface de notre globe, parce qu'on n'en pourrait prendre la moindre parcelle pour son service personnel, sans en priver tous les autres ; il resterait bien la liberté d'user des forces naturelles telles que l'air, la lumière et la chaleur, mais il serait impossible de vivre de cela seulement.

Il y a un système mixte qui consiste à considérer la propriété foncière connue formée de deux parties ; l'une due au travail et légitimement acquise, l'autre soustraite à cette fraction du capital universel représentée par la terre, avant que l'homme eut commencé à l'améliorer, et celle-ci pourrait être revendiquée par la société toute entière.

Ce système ne supporte pas plus la critique que le précédent : La terre par elle-même était sans valeur au moment de l'occupation primitive et sa valeur actuelle, toute entière, est due au travail. Celui qui en a occupé le premier une parcelle et qui l'a cédée à un autre homme en échange d'un autre produit, n'a considéré que le travail qu'il y avait appliqué, pour en déterminer la valeur d'échange ; s'il lui avait attribué une valeur plus grande que celle de ce travail, l'autre aurait préféré améliorer lui-même la parcelle inculte placée à côté. Ce fait, du reste, se constate encore de nos jours dans toutes les régions où le sol n'est pas approprié et malgré la nature excellente de ce sol en certains endroits. Les Indiens d'Amérique cédaient de vastes étendues de territoire au prix de quelques centimes par hectare ; les gouvernements de certains pays vastes et peu habités, cèdent gratuitement des terres douées d'une grande fertilité naturelle, à tous ceux qui veulent s'y établir, et pensent avec raison, faire un excellent marché ; souvent même ils accordent des subsides en même temps que la terre, pour arriver à peupler d'immenses solitudes. Il a été possible ainsi d'entretenir dans l'abondance, sous le régime de la propriété, plusieurs millions d'hommes sur des terres qui, auparavant, offraient à peine de quoi ne pas mourir de faim à quelques familles sauvages. Tout l'accroissement des ressources de ces contrées est le fruit d'une longue suite de travaux et d'efforts d'esprit qui sont aussi du travail, et la valeur primitive du sol n'entre plus que pour un chiffre infiniment petit, ou nul, dans la somme des valeurs attribuées aujourd'hui aux propriétés territoriales privées. Ces propriétés dues uniquement au travail ne sont pas même très productives d'intérêt et l'on peut affirmer qu'avec la même somme de travail et de capital, on peut dans l'industrie, fabriquer des produits d'une valeur supérieure et capable d'enrichir plus rapidement leur propriétaire. Au reste, elles sont susceptibles, comme tous les autres produits du travail des hommes, d'augmenter de valeur lorsqu'elles se trouvent dans un lieu où se développe une population riche et active, et lorsque le gouvernement sait en garantir la libre et paisible possession, et de diminuer de valeur au point de ne plus représenter qu'une faible partie de la valeur des capitaux et du travail qui y ont été appliqués, lorsque le gouvernement est incapable de les préserver de la violence et de la spoliation et lorsque, pour des causes quelconques, les populations voisines s'appauvrissent et deviennent moins nombreuses. Ces variations de valeur de la propriété foncière sont dues, exactement, aux mêmes causes que celles qui affectent les autres produits de l'industrie, et elles achèvent de leur donner identiquement le même caractère ; il est impossible de comprendre, au point de vue du droit de propriété, qu'il puisse exister une différence entre le produit du travail des hommes appliqué à l'amélioration du sol et le produit de ce travail appliqué à la fabrication d'un objet quelconque ; on trouve dans les deux cas, de la matière rendue capable de satisfaire à certains besoins déterminés, par le travail aidé du capital.

Nous pouvons encore aujourd'hui, en plein pays civilisé, trouver des exemples de cette valeur insignifiante de la terre avant que l'homme l'ait transformée par son travail et par ses capitaux, en un puissant moyen de production. Dans nos Ardennes belges et dans la Campine, des terres incultes et douées de peu de fertilité, appartenant aux communes, se sont vendues au prix de quelques centaines de francs l'hectare, malgré la plus value qu'elles doivent à la parfaite sécurité de possession que leur assure l'ordre qui règne dans notre pays, malgré l'abondance des capitaux toujours en quête de spéculations fructueuses, enfin malgré les immenses ressources d'amélioration de ces terres, que l'on trouve dans les débouchés tout créés pour leurs produits, dans les connaissances agricoles acquises et dans les remarquables perfectionnements apportés à tous les instruments d'agriculture ; et cependant, quand ces terres achetées à si bas prix, sont transformées par le travail et par les capitaux que l'on y a appliqués, il se trouve, neuf fois sur dix, que le spéculateur a fait une mauvaise affaire. Il retrouve à peine, dans la ferme qu'il a créée à force de travail et d'argent, la valeur de la portion du capital qu'il a consacrée à la mise en culture du sol ; il a perdu le capital d'achat et même souvent plus. Il est extrêmement rare de trouver, dans ces régions, un spéculateur content de son entreprise et le plus grand nombre avouent que, même dans l'hypothèse où on leur aurait donné la terre pour rien, ils auraient fait un meilleur usage de leurs économies en achetant purement et simplement une terre en plein rapport.

L'élève. Monsieur, ce que vous me dites-là me rappelle une observation que j'ai eu l'occasion de faire dans mon village ; quelques petits propriétaires, pour fertiliser des parcelles de terres de médiocre qualité, situées aux limites de leurs propriétés, dépensaient trois fois plus de travail et d'argent que ces terres n'en valaient après leur mise en culture ; ils comptaient leur travail pour rien ; mais cela ne me semble vrai que pour des terres de mauvaise ou tout au plus de médiocre qualité. Lorsque les terres sont de bonne qualité, comme certaines de celles que de riches propriétaires louent aujourd'hui à leurs fermiers moyennant un loyer très-élevé, je pense que leur mise en culture a couté en capital et en travail, moins qu'elles ne valent et que celui qui les a défrichées a tiré un bénéfice considérable, non-seulement de son travail et de son capital, mais encore de la coopération gratuite des forces productives naturelles. Quand il s'agit de forêts qui n'ont jamais été défrichées et qui rapportent sans culture, le fait me semble encore plus évident.

L'instituteur. Mon ami, il y a d'abord moins de ces bonnes terres qui valent plus qu'elles n'ont couté à leurs propriétaires, que vous ne pensez. La plupart ont porté des bois qui ont servi à rechauffer nos ancêtres etc. ; pour les mettre en culture il faut, après la coupe du bois, arracher les souches jusqu'à une profondeur suffisante pour qu'elles ne recommencent plus à végéter, niveler le sol, y apporter des engrais, ou des amendements et, pour cela, dépenser beaucoup de travail et d'argent pour lesquels le résultat obtenu ne constitue pas, dans la plupart des cas, une bien large rémunération.

Les bonnes terres dont la mise en culture s'est effectuée avec moins de frais que je ne viens de le dire, ont sans doute été cultivées les premières et, à cette époque fort reculée, elles étaient loin d'avoir la même valeur qu'aujourd'hui. Depuis ce temps, leur valeur s'est progressivement accrue par suite du développement de la population dans leur voisinage et des perfectionnements apportés à l'agriculture ; mais elles n'ont fait ainsi que participer au sort de tous les produits de l'industrie dont la valeur augmente à mesure qu'ils sont plus demandés.

Sous ce point de vue, il en est de la terre comme des maisons construites dans les quartiers peu habités des grandes villes : lorsque ces quartiers se peuplent, deviennent des centres d'affaires importantes, ces maisons, sans nouvelles dépenses de travail de leurs propriétaires, augmentent rapidement de valeur sans que personne ait le droit de réclamer à ceux-ci, une part de la plus value.

Du reste, mon ami, la plupart de ces terres ont eu successivement plusieurs propriétaires dont chacun les a payées ce qu'elles valaient à l'époque de son achat. Si, dans le nombre de ces propriétaires, il s'en est trouvé quelques-uns qui les ont conservées longtemps, ils ont pu profiter d'une plus value ; mais en même temps il y a des propriétaires récents qui ont vu les terres qu'ils venaient d'acheter, baisser de valeur, et qui ont ainsi perdu une partie du capital qu'ils avaient laborieusement économisé.

Je crois bien, mon ami, que si l'on faisait la somme des quantités de travail et de capital économisé, qui ont été appliquées à la mise en culture de l'ensemble des terres que contient un même pays, on trouverait que le revenu actuel qu'elles rapportent, est notablement inférieur à celui que rapporteraient la même somme de travail et de capital, appliquée à l'industrie.

Quant à la propriété des bois où l'on ne retrouve pas grandes traces de travail humain, je vous dirai d'abord que les neuf dixièmes des personnes qui les possèdent aujourd'hui, les ont payés de leurs économies un peu plus ou un peu moins qu'ils ne valent aujourd'hui, et que ces économies ainsi placées ne leur rapportent qu'un assez faible intérêt. Ceux de ces bois qui sont depuis longtemps la propriété d'une même famille, ont augmenté de valeur à mesure que ce genre de propriété était plus recherché, mais ce n'est qu'en vertu de la loi naturelle du rapport de l'offre à la demande, qui régit toutes les transactions, et il faut encore observer qu'à cause de la diminution progressive de la valeur de l'argent, surtout depuis le commencement de ce siècle, cette augmentation de valeur des terres ou des bois, est effectivement bien moindre qu'elle ne paraît l'être.

L'élève. J'admets très bien, Monsieur, la légitimité de la propriété des terres et des bois qui ont été acquis soit par le travail direct, soit par échange contre les produits d'un autre travail ; mais n'existe-t-il pas encore des pro-priétés considérables qui n'ont d'autre origine que la spoliation ou d'autres moyens d'acquérir aussi peu légitimes ?

L'instituteur. J'avoue, mon ami, qu'au moyen-âge, à cette époque où il n'y avait guères d'autres propriétés que la propriété foncière, il y avait d'immenses domaines seigneuriaux dont la plupart n'avaient point été gagnés à la sueur du front de leurs opulents possesseurs, ni par des services réels rendus au pays ; ils n'étaient que le résultat d'une vie de violences ou de rapines qui leur avait permis de les accumuler pendant plusieurs générations. Mais que sont devenues ces vastes propriétés depuis la fin du siècle dernier ? Partagées en petites parcelles, elles ont été acquises par les paysans qui s'y sont attachés avec passion et qui, à force de travail, en ont décuplé la valeur et leur ont imprimé le cachet le plus légitime de la propriété. La race elle-même des anciens seigneurs féodaux, après que la révolution de 1789 les eût privés de tous leurs priviléges, s'est pour ainsi dire éteinte et les derniers vestiges de nos anciennes familles achèvent de se confondre aujourd'hui dans la bourgeoisie créée par le travail.

Je ne nie pas cependant, mon ami, qu'il n'y ait encore dans beaucoup de fortunes actuelles, des biens mal acquis, que la ruse et l'astuce n'en aient fait passer un bon nombre en des mains où ils ne devraient pas être ; mais notre législation a fait, et fait encore tous les jours, des efforts intelligents pour mettre la propriété légitime à l'abri de semblables atteintes. Malheureusement, il est probable qu'elle n'y arrivera jamais entièrement, parce que l'espèce humaine n'est pas composée uniquement d'honnêtes gens, et aucune modification dans l'organisation de la société ne mettra entièrement les ignorants à l'abri de l'exploitation des gens habiles, rusés et de mauvaise foi. Ce sont là des maux inhérents à la nature humaine et qu'il n'est possible de diminuer qu'en améliorant les hommes par une bonne éducation et en les rendant plus clairvoyants par une bonne instruction.

Ce qui est cause de l'erreur des partisans sincères des doctrines communistes, c'est qu'ils ne se rendent pas compte de la marche de l'humanité ; ils supposent qu'en tout temps, les hommes ont vécu au milieu des richesses dont ils jouissent aujourd'hui et qui ne sont que le fruit péniblement acquis du travail continu de toutes les générations qui se sont succédées à la surface du globe. A l'aspect de la puissance de production actuelle des terres fertiles, ils pensent qu'elles avaient dès l'origine, cette puissance productive et que les générations qui les ont possédées tour à tour, en avaient tout simplement frustré ceux qui ne les possédaient pas et qui y avaient les mêmes droits. C'est là qu'est l'erreur : le sol, avant que le travail lui eût donné sa valeur actuelle, n'avait aux yeux des hommes que le prix des plantes, des animaux sauvages, des pierres, dont chacun pouvait s'approprier toute la quantité qu'il jugeait utile à sa conservation personnelle et dont il avait le droit d'user à son gré.

Pour tous les hommes qui observent et qui réfléchissent aujourd'hui, l'absolue nécessité du droit de propriété le plus étendu sur les produits du travail sous toutes ses formes, terres fertiles ou produits de l'industrie, avec faculté de les transmettre à ses descendants, est aussi claire que le jour ; à cette condition-là, seulement, les sociétés peuvent exister, prospérer, et les hommes vivre en bonne intelligence les uns avec les autres. L'expérience de tous les temps et de tous les lieux, le prouve ; partout où la propriété n'est pas respectée, partout où un homme qui cultive sa terre ou qui fabrique un produit quelconque, n'est pas sûr de jouir en paix des fruits de son travail et de transmettre à ses descendants ce qu'il a économisé, la production se trouve radicalement paralysée ; personne n'y produit que ce que l'on ne peut lui enlever sans qu'il meure de faim, et ne prend la peine de produire davantage, parce que le surplus lui serait enlevé. On trouve en

Orient d'immenses populations qui vivent dans cette affreuse position sociale sous des maîtres avides, impitoyables, et ces malheureuses populations végètent dans un état de misère et d'abrutissement déplorables dont nous trouvons la navrante peinture dans les récits des voyageurs qui ont visité ces contrées lointaines. Dans les années de disette, ces tristes populations sont décimées par la famine, parce qu'elles ne possèdent aucune épargne pour les temps difficiles. Les populations européennes se trouveraient certainement dans le même état au bout de quelques années si la propriété n'y était pas plus respectée que chez ces misérables populations.

L'élève. Monsieur, je comprends de plus en plus que moins l'homme est sûr de disposer des fruits de son travail, moins il produit et plus il est pauvre, et je vois aussi que si ces réformateurs qui veulent rendre commune la propriété du sol, en volant ainsi les économies de ceux qui les ont faites sous la forme de terres fertilisées, réussissaient à établir leurs systèmes d'organisation sociale, la production des denrées alimentaires subirait une énorme diminution ; ceux qui seraient chargés de cette production n'ayant pas un intérêt direct, immédiat, à faire produire beaucoup à la terre, la négligeraient, n'y feraient pas les travaux souvent considérables qu'elle exige pour maintenir ou accroître sa fertilité, et je vois que bientôt, au lieu de payer le pain 35 ou 40 centimes le kilogramme, on ne tarderait pas à le payer 60 centimes ou plus, et que l'on aurait bien vite inauguré le système de la misère universelle.

L'instituteur. Ce résultat, mon ami, serait infaillible ; mais abordons maintenant d'autres objections que font les socialistes à notre organisation sociale actuelle.

C'est bien, disent-ils, sous le régime de la propriété et de la concurrence que s'est produit l'immense développement de richesses que l'on constate de nos jours ; mais ce

régime n'a fait qu'enrichir le riche et appauvrir le pauvre ; il est barbare, sauvage, et c'est à lui que l'on doit le
malheur du plus grand nombre ; il en faut donc chercher
un autre moins désastreux. Pour cela, il est de toute
nécessité que le salaire ne soit plus fixé par une libre
convention entre le maître et l'ouvrier, par le cours naturel du marché du travail et il faut empêcher qu'il soit mis
au rabais par la concurrence que les ouvriers se font
entr'eux. Tout homme qui arrive en ce monde, ajoutent-
ils, a le droit de vivre et tous ceux qui ont le droit de
vivre doivent en avoir les moyens ; la société leur doit à
tous, en quelque nombre qu'il leur plaise de naître,
non-seulement du travail, mais un travail assez lucratif
pour qu'il suffise amplement à tous leurs besoins et à
ceux de leurs familles. Il est donc nécessaire, indispensable, de substituer le plutôt possible l'organisation à l'anarchie et l'association à la concurrence. Organisation, association ! voilà les paroles magiques qui doivent mettre
fin à tous les maux de la classe ouvrière et transformer la
vallée de misères que les travailleurs habitent aujourd'hui
en un paradis terrestre. C'est avec de semblables mots que
l'on exalte l'ouvrier ignorant, que l'on allume sa haine contre tous ceux qui possèdent, et qu'on le conduit jusqu'aux
tentatives insensées dont plusieurs d'entre nous ont été
témoins depuis le commencement de ce siècle, et dans lesquelles il y a eu tant de sang versé.

Toutes ces déclamations, mon ami, sont profondément
tristes, et leur moindre défaut est l'impossibilité dans
laquelle ces prétendus réformateurs se sont toujours
trouvés, de formuler un plan quelconque d'organisation
sociale, qui ne fut absurde et en contradiction manifeste
avec toutes les dispositions naturelles des hommes. Ainsi,
d'après eux, l'humanité aurait fait fausse route depuis les
temps historiques, ces efforts immenses que l'on a faits
pour émanciper le travail dans l'intérêt de la classe

ouvrière, on a eu tort de les faire ; cette liberté du travail qu'elle n'a conquise qu'au prix des luttes les plus sanglantes, à une époque encore rapprochée de nous, n'a été qu'un présent funeste ; elle n'a servi qu'à opprimer, à dégrader ceux au profit desquels elle avait été tant désirée. D'après les prophètes de la nouvelle école, l'évidence des tristes résultats que cette liberté devait engendrer, serait telle, que si la société n'y portait un prompt remède, nous aurions à redouter de la part des classes laborieuses, des soulèvements plus terribles que les anciennes guerres d'esclaves révoltés ou que les anciennes invasions des barbares. Et, de fait, nous avons vu tout récemment à Paris d'affreux exemples des malheurs épouvantables qui peuvent résulter de la propagation de semblables idées dans les masses ignorantes.

Examinons maintenant, mon ami, si la concurrence est réellement coupable de toutes les énormités dont on l'accuse, et si les moyens que l'on propose pour remédier à ses inconvénients, n'engendreraient pas des conséquences mille fois pires encore.

D'abord on peut nier la concentration toujours plus grande des richesses dans les mêmes mains. Malgré ce qu'il peut y avoir d'irrégulier dans la distribution des richesses nouvelles qui viennent s'ajouter sans cesse aux richesses antérieurement acquises, il y a un fait aussi évident que l'accroissement de ces richesses, c'est leur diffusion. Il faut être aveugle pour ne pas voir la masse de familles aisées que le travail, dans son état actuel, crée sans cesse ; pour ne pas voir que le niveau de l'aisance s'est prodigieusement étendu et que les jouissances qu'elle procure sont descendues par d'innombrables gradations jusques dans les régions inférieures de la société.

C'est se moquer de la crédulité publique que de présenter la misère comme un grand fait social particulier aux temps modernes et qui se développe de plus en plus à mesure que la civilisation progresse. Ce qui est particulier à notre temps, c'est l'agitation inquiète de toutes les classes, leur impatience de jouir, l'impossibilité de satisfaire à toutes leurs aspirations ; c'est le travail incessant, anti-social auquel se livrent certaines associations organisées sous prétexte d'émancipation de la classe ouvrière, comme l'internationale, afin que la partie la moins aisée de la société devienne de plus en plus mécontente à mesure que son sort s'améliore et que l'on fait plus d'efforts pour l'améliorer encore. C'est là la vraie misère de notre temps, misère morale plus redoutable que la misère matérielle. Pour comparer la situation présente de la classe ouvrière à sa situation d'autrefois, il suffit de lire les ouvrages des auteurs anciens qui ont bien voulu s'informer de l'état des populations ouvrières à l'époque dont ils écrivaient l'histoire ; on peut citer en particulier les mémoires du Maréchal de Vauban dans lesquels on trouve la plus triste peinture de la situation des travailleurs à la fin du règne de Louis XIV.

On se figurerait difficilement, aujourd'hui, à quel point le paupérisme et la mendicité s'étaient développés sur la surface de la France toute entière, à cette époque, et à quel dégré de misère, d'ignorance et d'abrutissement étaient descendues les populations de provinces entières. Il faut lire dans la *dîme royale* de l'illustre maréchal qui fut autre chose qu'un soldat, à quel dégré d'affaissement physique et moral, étaient arrivées toutes les catégories de travailleurs sous ce régime d'exactions, de violations continuelles du droit de propriété et d'absence absolue de concurrence sous le despotisme des corporations qui avaient fait du travail un monopole ; on y verrait de quelle façon étaient nourris, vêtus, logés, tous les ouvriers, surtout ceux de la campagne. L'immense majorité de la nation en dehors de la classe ouvrière, n'était guères plus heureuse car, d'après l'homme de bien dont je viens de

citer le nom et qui, en vertu de ses fonctions, avait par-
couru la France dans tous les sens, il n'y avait pas à
cette époque, sur toute la surface du pays, dix mille
familles en état de vivre de leurs ressources avec l'aide
de leur travail et, parmi ces dix mille familles, la plus
grande partie était loin de vivre dans l'aisance; il n'y
avait que les gens de cour et les grands seigneurs qui
pussent vivre dans le luxe et l'opulence.

Quand on compare cette époque et celles qui la précè-
dent, à la nôtre, ce qui frappe le plus c'est le progrès
manifeste du bien-être matériel et le rapide développement de la propriété dans toutes les classes de la société.
Comme preuve à l'appui de ce que je viens d'avancer,
je vous citerai, à défaut de renseignements plus récents,
quelques chiffres extraits de la statistique officielle de
France pour l'année 1862 ; notre chère Belgique dont
l'état social peut être comparé à celui de sa puissante
voisine a dû offrir à peu près les mêmes phénomènes.

En 1858 il y avait déjà en France douze et demi millions de cotes foncières, ou de propriétés différentes
payant l'impôt foncier ; sur ce nombre, six millions au-
dessous de 5 francs, six millions de 5 à 100 francs,
quatre cent quatre vingt cinq mille de 100 francs à mille
francs, et quinze mille seulement au-dessus de 1000 francs.
Les quinze mille cotes au-dessus de mille francs ne rap-
portaient à l'état que 1/11 du revenu total fourni par l'impôt
foncier. Un résultat semblable s'est certainement produit
en Belgique et ce mouvement de diffusion de la propriété
foncière n'a fait que s'accélérer partout depuis cette époque. Si l'on veut maintenant tenir compte de la masse
énorme de valeurs mobilières créées de notre temps et
mises à la portée des plus modestes économies, comme
les obligations de chemins de fer, de canaux, les actions
d'innombrables sociétés industrielles, les livrets de caisses
d'épargne, les rentes d'États, on comprendra bien vite

que le nombre des personnes réduites à la seule ressource
de leurs bras est loin de constituer la majorité et qu'il doit
aller sans cesse en diminuant. De plus, le sort de ces
dernières a été très favorablement modifié par les progrès
généraux qui se sont accomplis autour d'elles ; ainsi les
ouvriers jouissent de plus de liberté et de sécurité ; ils
trouvent avec plus de facilité du travail dans les immenses
entreprises que provoque l'accroissement continu du capital ; dans les villes, ils circulent dans des rues plus larges,
plus propres, mieux aérées, mieux éclairées le jour et la
nuit ; ils voyagent d'une manière plus commode, plus
prompte et plus économique ; ils travaillent dans des
ateliers plus sains ; ils y exercent avec moins de danger,
les métiers naturellement dangereux ; ils profitent, comme
les riches, de tous les établissements d'usage public ; on
a mis plus à leur portée tous les moyens d'instruction qui
peuvent préparer leur émancipation future ; il leur est
plus facile de se procurer certaines jouissances qui leur
étaient inconnues autrefois, par suite de la baisse des prix
due aux progrès si rapides de l'industrie ; leur salaire
a haussé plus rapidement que le prix des subsistances,
et ce qui prouve encore d'une manière plus évidente
l'accroissement réel de l'aisance dans la classe ouvrière,
sous le régime de la concurrence, c'est la masse énorme
des dépôts dans les caisses d'épargne et la possession de
petits coupons de rente ou d'obligations de chemins de fer
dans les ménages de travailleurs rangés et économes. Tout
cela permet de préjuger l'importance des économies possibles, si les ouvriers ne buvaient que ce qui est nécessaire
à leur santé et s'abstenaient des longues séances au cabaret
où la plupart d'entr'eux dépensent la plus grosse part de
leur salaire, et l'importance des jours de chômage consa-
crés à l'ivrognerie, qui constituent à la fois une dépense
inutile et un salaire perdu.

Mais nonobstant ces fâcheuses habitudes, ils s'habillent,

se logent et se nourrissent mieux qu'autrefois ; on voit aujourd'hui plus de souliers à leurs pieds que de sabots, ou de pieds nus ; plus d'habits ou de redingotes les jours de fêtes que de blouses de toile grossière, qui constituaient autrefois l'unique vêtement de la classe ouvrière ; à ce point qu'il est parfois difficile de distinguer l'ouvrier du bourgeois aisé. La viande a commencé à pénétrer dans son alimentation, et le pain blanc a remplacé le pain noir, presque partout. Aussi les vieux ouvriers qui réfléchissent, reconnaissent-ils franchement tous ces progrès, et avouent-ils que si leur sort n'est pas tout ce qu'ils désireraient qu'il fût, il est au moins bien préférable à celui des ouvriers de l'époque où ils étaient jeunes, et ce qui le prouve encore mieux que toutes les apparences extérieures, c'est que leur vie moyenne s'est allongée de plusieurs années.

L'élève. Monsieur, je commence à comprendre que les ouvriers ont profité, comme les autres, des bienfaits que les progrès de l'industrie et du capital social ont répandu partout ; moins cependant que ceux qui ont pu économiser un capital et le faire fructifier ; et je vois aussi, clairement, que dans cet immense travail d'amélioration, il est impossible que les parts soient égales. Je pourrai aussi, à l'appui de ce que vous m'avez dit concernant les progrès accomplis dans les conditions de salubrité de certains ateliers de travail, vous citer une observation qui m'a été communiquée dans un voyage que j'ai fait l'autre jour à travers un des districts houillers de notre pays ; il y a moins d'un demi siècle, les ouvriers mineurs étaient tous atteints de bonne heure d'une grave maladie que l'on nommait *l'anémie* et qui les rendait incapables de travail avant qu'ils eussent cinquante ans ; cette maladie était produite par le manque d'air pur au fond des travaux d'exploitation ; aujourd'hui, depuis les progrès de la ventilation, cette maladie a disparu ; il est probable que des améliorations analogues ont été apportées dans d'autres industries, mais je n'ai pas assez voyagé pour les connaître.

L'instituteur. Mon ami, dans toutes les industries qui en avaient un besoin urgent, ces progrès ont été réalisés, mais je vais continuer à vous exposer la situation actuelle de la classe ouvrière sans dissimuler les inconvénients qu'elle peut encore présenter. Malgré l'amélioration générale dont je viens de vous parler, on ne peut nier que, dans certains grands centres de fabrication d'un produit spécial, comme par exemple, dans les lieux de production du fer, de la houille, des fils de laine, de coton ou de soie, et des tissus qui se font avec ces fils, on ne voie naître, de loin en loin, de véritables crises dont les ouvriers souffrent cruellement ; mais les entrepreneurs d'industrie en souffrent aussi, et ces tristes périodes sont généralement le résultat de graves évènements politiques, de modifications profondes dans les procédés de fabrication, comme celles qui se sont produites en Flandre dans la fabrication des tissus de lin ; d'une aggravation importante des droits d'entrée dans les pays voisins avec lesquels on faisait des échanges considérables ; d'une fausse appréciation de la quantité d'un produit qui sera demandée par les consommateurs, ou enfin, d'une quantité surabondante d'ouvriers. Ces crises ne sont nullement l'effet de la concurrence et elles se produiraient sous tous les régimes que l'on pourrait imposer au travail ; elles ne disparaîtront que le jour où les hommes seront assez raisonnables pour ne plus se faire de guerre à coups de canon ou de tarifs douaniers ; où ils pourront apprécier avec exactitude les besoins de la consommation et où le nombre des ouvriers sera toujours proportionné au travail disponible. De ce que la misère de quelques-uns s'est produite ou continuée sous le régime de la concurrence, il ne faut pas conclure que l'une soit la cause de l'autre et c'est surtout dans l'appréciation des causes de la pauvreté que l'on se trompe et que l'on a le tort, après avoir exagéré le mal, de l'attribuer à ce qui n'est pas sa véritable cause. Cette cause, que les prétendus réformateurs modernes ne veulent pas reconnaître, se trouve principalement dans l'imprévoyance, l'incurie, les mauvaises habitudes et, surtout, dans l'ignorance de la majeure partie de la classe ouvrière qui l'empêche de changer à propos de travail, lorsque celui auquel elle se livre habituellement, commence à lui faire défaut. Ce sont là les véritables causes des cas de misère extrême et continue, quand ils ne sont pas le résultat de malheurs impossibles à prévoir, et ce sont elles qui, se transmettant de génération en génération, maintiennent un grand nombre de familles dans cet état d'indigence excessive que les socialistes ont attribué à une mauvaise organisation de la société et dont ils ont fait la base de toutes leurs attaques contre le régime social actuel, en en rejetant toute la responsabilité sur la concurrence qui, au fond, en est fort innocente.

L'élève. Monsieur, ce que vous me dites des fâcheux effets de l'ignorance et des mauvaises habitudes, me semble vrai. J'ai entendu dire que, dans certains cantons suisses où les ouvriers ont reçu de l'instruction, ils sont en état d'exercer plusieurs métiers différents ; quand la demande de l'un des produits qu'ils fabriquent se ralentit, ils en font un autre et ne manquent jamais d'ouvrage. On m'a dit aussi que dans notre pays, à Liège, les ouvriers armuriers qui sont des hommes habiles, fabriquent de la serrurerie et des objets de quincaillerie, quand la demande de fusils diminue ; jamais ces hommes ne manquent absolument de travail. Dans le Hainaut où l'ouvrier mineur est moins éclairé ; il se croise les bras et s'endette au cabaret, lorsque le commerce de la houille se ralentit et, si c'est en été, à l'époque des travaux de la campagne où l'on manque toujours de bras, il ne se donne aucune peine pour chercher l'occasion d'un salaire dans ce genre de travail qui, cependant, est à la portée de tout le monde.

L'instituteur. Mon ami, vous m'avez bien compris et vous protesterez comme moi, contre les fausses accusations dont on charge injustement la société actuelle. La concurrence est juste, elle est nécessaire et l'on ne pourrait la supprimer sans porter une atteinte profonde à la liberté du travail et au droit de propriété. Ainsi, quand j'ai fabriqué un produit quelconque avec l'aide d'ouvriers dont j'ai payé le salaire sur mes économies antérieures, j'ai le droit de vendre ce produit, le prix qu'il me plait ; si, sous prétexte que ce produit est déjà trop offert sur le marché, on veut m'enterdire de le vendre au dessous d'un certain prix que les anciens fabricants de ce même produit veulent maintenir, je ne pourrai le vendre, j'aurai perdu mon travail, mes économies, et il me faudra renvoyer les ouvriers que j'avais engagés. Cela doit vous paraître comme à moi, souverainement injuste, et nul ne peut avoir le droit d'empêcher son voisin d'abaisser le prix de son travail, pour gagner lui-même davantage. Cette idée de supprimer la concurrence est absurde ; celle-ci est la conséquence naturelle de la liberté et elle ne peut être un moyen d'oppression, même lorsqu'elle est exagérée ; loin d'empêcher d'agir, elle pousse à faire mieux et devient le plus puissant élément du progrès. C'est elle qui, depuis le commencement de ce siècle, a produit un énorme accroissement de richesses et de bien-être ; c'est elle qui, en France et en Belgique, a permis un développement de population d'au moins 12 millions, dont tous les membres n'ont pas également prospéré, mais où figurent un nombre considérable de familles aisées. Dans d'autres pays, comme l'Amérique, l'accroissement de population et de bien-être sous le régime de la concurrence a été bien plus rapide encore. Il n'est pas possible de croire que l'on eût obtenu un semblable résultat d'une autre organisation qui aurait supprimé la liberté du travail pour en revenir à quelque chose comme les corporations, ou qui aurait supprimé le tout puissant stimulant de l'intérêt privé et la passion si énergique de la propriété, pour y substituer le partage plus ou moins égal des produits du travail commun, et un dévouement impossible au bonheur collectif de l'humanité.

La concurrence, il est vrai, favorise les gens actifs et intelligents ; mais trouverait-on plus juste qu'elle favorisât les ignorants, les ivrognes ou ceux qui n'ont jamais fait un effort ou tenté de réaliser une épargne ? Quant aux crises qui se manifestent presque périodiquement dans les grandes industries et dont les patrons souffrent presqu'autant que les ouvriers, il serait curieux de connaître comment les réformateurs de l'organisation sociale actuelle, s'y prendraient pour pratiquer l'industrie de façon que toutes les entreprises fussent profitables ; de façon qu'une population de plus en plus nombreuse y trouvât de plus en plus pes moyens de s'enrichir, puisqu'il n'y a de place, à chaque époque, que pour une quantité à peu près déterminée de produits chez les consommateurs. Que ceux qui traitent la concurrence, de régime violent et insuffisant, tâchent d'en trouver un autre plus juste et plus fécond ; qu'ils trouvent un moyen de fabriquer de chaque produit, plus que n'en exige la consommation, sans en faire baisser le prix pour stimuler cette consommation, et qu'ils inventent un procédé pour faire hausser, en même temps, le salaire des ouvriers qui les fabriquent.

L'élève. Vous avez raison, Monsieur, et je vois combien on peut se tromper en se laissant aller à ces illusions de bien-être universel qui sont si séduisantes. Il serait si commode, quand on se trouve dans la catégorie des pauvres, de prendre sa part du travail des autres et de s'abandonner sans inconvénient pour soi-même, à ce penchant si puissant qui nous pousse à la paresse, qu'il n'y a rien d'étonnant dans cette espèce de fascination que les socialistes de tous les temps ont exercée sur leurs disciples ignorants et besoigneux.

L'instituteur. Cette fascination, mon ami, est très réelle, mais comme tous les projets d'organisation sociale nouvelle n'ont pu résister longtemps à une analyse attentive des résultats qu'entraînerait leur application, quelques-uns de ces réformateurs ont changé de thème. Si la concurrence, disent-ils, fait tant de victimes parmi les ouvriers, c'est parce qu'ils ne sont pas associés.

Ceci est encore une fausse accusation ; la concurrence n'exclut pas plus l'esprit d'association que l'esprit d'organisation. Elle n'admet pas, il est vrai, la réunion de toutes les entreprises dans une sorte d'association universelle et confuse, prônée en termes généraux par quelques variétés de socialistes et dont ils n'ont jamais pu trouver le mode d'organisation ; mais elle n'exclut aucune forme d'association, pourvu qu'elle soit pratique, juste et formée de commun accord entre les patrons et les ouvriers et, de fait, ces associations existent depuis longtemps dans certaines industries et il y a même un assez grand nombre de travailleurs qui, par la possession d'une action ou d'une obligation, sont les associés des grandes entreprises au même titre que les riches capitalistes. Si l'association des patrons et des ouvriers ne s'est pas généralisée jusqu'à présent, ce n'est pas la concurrence qu'il en faut accuser ; cela tient à des difficultés considérables d'organisation pratique. L'ouvrier ne peut être associé à une entreprise qu'en qualité d'ouvrier et il ne peut, sans injustice, réclamer dans les profits de l'industrie, la part qui revient au capital qui a été fourni par le patron à l'aide de ses économies antérieures, et celui-ci doit aussi jouir de la part afférente à son travail personnel qui est habituellement le plus difficile et le plus périlleux de tous. Puis, il y a beaucoup d'entreprises qui échouent ; beaucoup dans lesquelles l'entrepreneur ne parvient à réaliser quelques bénifices qu'après plusieurs années d'efforts infructueux et de pertes ; beaucoup, dans lesquelles il ne reste aucune rémunération pour son travail personnel et dans lesquelles il ne retire de son capital qu'un très faible intérêt ; enfin beaucoup dans lesquelles il perd tout, travail et capital. Ne voyons-nous pas, de tous les côtés, de puissantes associations de capitaux, résultats accumulés de travaux antérieurs, s'appliquer à d'importantes industries et se trouver entièrement ruinées au bout de quelques années. Les ouvriers seuls avaient consommé tous ces capitaux en échange de leur travail, et en avaient vécu avec leurs famillés, tandis que les entrepreneurs avaient tout perdu, capital et rémunération de leur travail personnel.

L'ouvrier peut-il s'associer à de semblables éventualités qui peuvent le laisser sans pain pendant des années entières? Certes, s'il ne s'associait qu'aux bonnes entreprises, sa part actuelle en serait augmentée. mais comme le nombre des bonnes n'est pas aussi considérable qu'on le pense généralement, et qu'il n'est pas toujours possible d'en prévoir le résultat final, il faudrait partager les hommes qui vivent du travail de leurs mains, en deux catégories ; ceux qui auraient le bonheur d'être attachés aux bonnes entreprises prendraient, outre leur salaire, leur part des profits généraux, et ceux qui auraient le malheur d'être attachés aux mauvaises, renonceraient à leur part des profits qui n'existeraient pas et se contenteraient de leur salaire en laissant l'entrepreneur subir seul les pertes qui grèveraient son entreprise. De plus, comme un grand nombre de ces entreprises sont, tantôt en perte, tantôt en bénéfice, il serait indispensable de n'y associer les ouvriers que dans les bonnes années, et de suspendre l'association dans les mauvaises.

L'élève. Il me semble, Monsieur, que de telles combinaisons seraient souverainement injustes, et que si elles étaient imposées par la loi, comme le veulent les réformateurs, on n'aurait fait que légaliser le vol et que l'on ne trouverait plus personne qui voulut rien entreprendre.

L'instituteur. Mon ami, c'est aussi là mon opinion, mais les plus rigoureux partisans de la justice les accepteraient encore, si elles étaient le résultat d'un accord parfaitement libre entre le patron et les ouvriers. Il est même possible que, dans le dernier cas, un certain nombre d'entreprises médiocres deviendraient bonnes sous l'action de l'intérêt commun qui deviendrait l'intérêt personnel, si les conditions de l'association étaient un peu moins radicales que je ne l'ai supposé plus haut, et mises un peu plus d'accord avec les règles les plus élémentaires de la justice. Je suis donc loin de nier que, dans certaines circonstances données, il ne puisse y avoir profit pour tout le monde, dans une association équitable entre patrons et ouvriers, mais il faut leur laisser à eux-mêmes le soin de déterminer les conditions de ces associations et je ne pense pas que la loi puisse les imposer sans donner lieu immédiatement aux plus criantes injustices, sans paralyser radicalement tout esprit d'entreprise et de progrès, et sans conduire directement à la ruine universelle.

L'élève. Je crois bien, Monsieur, que ce dernier résultat se produirait alors infailliblement.

L'instituteur. Voici encore, mon ami, une autre objection faite par les réformateurs, au système actuel. Le salaire des ouvriers, réglé par la concurrence qu'ils se font entr'eux, est, disent-ils, trop faible, il faut soustraire le travailleur à ce fâcheux état et imposer à l'entrepreneur l'obligation de payer ses ouvriers, quelle que soit leur valeur personnelle, à un taux qui permette, à eux et à leur famille, de vivre avec une plus grande aisance qu'aujourd'hui. C'est là le but de *l'association internationale des travailleurs* qui semble, pour le moment, se borner à l'amélioration du sort de la classe ouvrière, par le procédé de la hausse forcée des salaires et qui travaille à amener ce résultat par des grèves organisées sur une grande échelle. Ses adhérents vont même jusqu'à employer la violence pour obliger les ouvriers à s'associer à ces coalitions et, parfois, ils poussent la folie jusqu'à tenter la destruction des machines à l'aide desquelles s'exerce l'industrie qui les fait vivre. Je ne pense pas que cette dernière mesure soit directement recommandée par les meneurs de l'association, mais quand il survient quelque répression un peu énergique de la force publique, conséquence nécessaire et inévitable de ces tentatives insensées, les organes de l'association attaquent avec acharnement, le lendemain, les gardiens de l'ordre public qui ont été placés dans la triste nécessité de défendre par la force, leur vie, la propriété des chefs d'industrie et les moyens d'existence de leurs aveugles agresseurs.

L'ouvrier a le droit de vivre, disent-ils, il faut que ceux qui possèdent lui en fournissent les moyens. Ils n'ajoutent pas qu'il a le droit de vivre même aux dépens du travail d'autrui, mais leurs doctrines mal définies et les mesures qu'ils préconisent, prouvent que leur pensée va jusques là. Certes, mon ami, tout homme a le droit de vivre et personne ne songe à le contester, il a le droit de vivre cent ans, mille ans même si c'était possible, mais de son propre travail, et lorsque le travail fait défaut ou qu'il ne lui rapporte pas tout ce qu'il se croit en droit d'en attendre, il ne peut obliger personne à lui fournir tout ce dont il a besoin, pas plus qu'il ne peut obliger son voisin à lui donner tous les jours le quart ou la moitié des produits qu'il a fabriqués dans sa journée, sous prétexte qu'il a le droit de les prendre parce qu'il en a besoin.

L'élève. Cela est évident, Monsieur, mais il me semble cependant que dans notre société, on ne peut pas supporter qu'un homme meure de faim.

L'instituteur. Sans doute, mon ami, il serait éminemment regrettable que pareille chose arrivât, mais, dans ce cas, l'homme qui manque de tout doit avoir recours à une autre ressource que le droit qui n'est pas pour lui ; il trouve cette ressource dans ce sentiment de bienveillance universelle qui a son siège dans la conscience humaine et que l'on nomme philanthropie, fraternité ou charité ; c'est à ce sentiment qu'il doit s'adresser pour améliorer sa position ; mais tout ce qu'il obtient ainsi est volontaire et il ne peut le réclamer la loi à la main. Il n'y a qu'à regarder autour de soi pour voir combien cette assistance volontaire accordée aux malheureux a pris de développement depuis un demi siècle dans tous les pays civilisés et qui se sont enrichis par le travail. Ces vastes hôpitaux dans lesquels les pauvres sont soignés gratuitement, ces hospices pour les vieillards ou les infirmes ; ces bureaux de bienfaisance qui ont pour but de secourir les malheureux valides qui se trouvent momentanément dans la misère, l'attestent suffisamment ; mais, de tous les moyens de secourir l'infortune, le plus puissant, le plus étendu et celui qui va chercher l'occasion de soulager les plus cruelles misères, jusqu'au fond des plus pauvres demeures, est la charité privée ou la philanthropie, suivant le nom que l'on veut lui donner. Cette dernière ressource des malheureux est si vaste, si généralement répandue, que l'on peut affirmer qu'il est impossible qu'un homme meure de faim quand son état de denûment est bien connu.

A mesure que la société s'enrichira, tous ces moyens de soulagement de la misère, se développeront encore ; mais il est impossible de considérer les pauvres comme y ayant un droit légal. Pour reconnaître où conduirait cette violation du droit de propriété que l'on nomme droit à l'assistance, s'il était accepté, il suffit de lire l'histoire et de regarder ce qui se passe autour de soi. L'Angleterre en a fait une triste épreuve en adoptant en 1776 sa taxe des pauvres dont je vous ai déjà parlé à propos du droit de propriété et qui consistait à obliger chaque commune du royaume à nourrir ceux de ses habitants qui ne pouvaient vivre de leur propre travail. La charge était devenue rapidement si lourde que, dans certains comtés, les fermiers dépouillés par cette énorme contribution, se trouvaient dans l'impossibilité d'exploiter convenablement leurs terres ; les assistés étaient devenus des véritables rentiers vivant de peu, dans l'oisiveté ; force a été de supprimer cette taxe.

Partout où une catégorie d'hommes a pu compter sur des secours certains et les réclamer la loi à la main, le pauperisme s'est développé avec une effrayante rapidité. Voyez, mon ami, ce qui se passe en Belgique, dans toutes les villes où se sont multipliées les fondations d'hospices, et où les bureaux de bienfaisance jouissent de revenus considérables. Il s'est formé autour de ces établissements, fondés sous l'impulsion des meilleurs sentiments de la nature humaine, une clientèle considérable qui les regarde comme une sorte de providence ; cette clientèle se croit dispensée de tout souci d'avenir, de toute prévoyance, de tout effort pour améliorer son sort présent ou pour assurer son sort dans la vieillesse ; les enfants qui naissent dans ce milieu, végétent dans l'ignorance, dans la malpropreté, contractent de détestables habitudes et forment des tribus de mendiants qui se succèdent sans interruption sur les registres des bureaux de secours et qui se multiplient avec une remarquable rapidité ; on pourrait citer dans certaines grandes villes, des familles de cette catégorie qui depuis cent ans sont inscrites de père en fils sur les listes de secours des établissements de bienfaisance. La plus grande partie s'accoutume à vivre de peu, car ces établissements ne leur fournissent par les éléments d'un existence bien confortable, mais ils s'en contentent par paresse et sont incapables de faire un effort de corps ou d'esprit pour sortir de cette triste position.

En général, mon ami, il est assez difficile de distribuer judicieusement les secours aux malheureux ; faute d'informations suffisantes sur les véritables causes de leur misère, on ne fait bien souvent qu'encourager la paresse, l'imprévoyance et les dons ne vont pas toujours où ils devraient aller.

Dans tous les cas, ces secours qui sauvent les malheureux des conséquences les plus terribles de la misère, doivent être volontaires pour leur conserver le caractère de bienfaits et pour qu'ils soient, chez ceux qui les accordent, la conséquence d'une vertu sociale ; si on les rend obligatoires et si l'on donne aux pauvres le droit de les réclamer la loi à la main, on tombe dans un effroyable désordre social. Les plus ignorants, les plus incapables, les plus paresseux s'arrangeront pour vivre du travail d'autrui et ne feront aucun effort pour se créer des moyens d'existence ; ils sauront bien prouver qu'il leur est impossible de faire autrement. Les plus capables, les plus travailleurs, irrités de se voir sans cesse dépouillés sans leur consentement, cesseront de produire ce qui ne doit pas leur être laissé, ou se défendront, même par la violence, contre cette injuste exploitation. Cette généreuse assistance d'aujourd'hui qui était un moyen d'exercer et de développer les meilleurs sentiments du cœur humain, prendra, quand elle sera obligatoire, tous les caractères d'un vol, aux yeux de ceux qui en seront les victimes, et ce qui était un principe de fraternité parmi les hommes, deviendra une cause de haine violente et de luttes continuelles. Le résultat le plus certain d'une semblable mesure serait la démoralisation de tous, une affreuse guerre civile et l'appauvrissement universel.

Remarquez aussi, mon ami, que le principe du droit au travail que certains socialistes essayent de proclamer, n'est pas autre chose, au fond, que le droit à l'assistance déguisé sous une forme qui en atténue la signification ; il aurait absolument les mêmes conséquences sociales et il en serait de même de toute mesure qui aurait pour but de fixer le salaire par d'autres moyens que la libre concurrence et le consentement mutuel des intéressés. La grève que l'internationale préconise aujourd'hui comme moyen de faire hausser le salaire, ne constitue pas par elle-même une atteinte à la propriété ; l'ouvrier doit disposer de son travail aussi librement que le propriétaire de son bien, et les lois doivent garantir à tous, travailleurs et entrepreneurs d'industrie, la plus libre disposition possible de leurs personnes, de leurs biens et de leur travail ; elles doivent, de plus en plus, traiter tous les hommes, quelle que soit leur condition, sur le pied de la plus parfaite égalité et le chemin qu'elles ont fait dans cette voie, depuis la révolution française de 1789, est immense ; mais lorsque cette grève se réalise par des moyens violents, elle est injustifiable et constitue, à la fois, une atteinte à la propriété et une atteinte à la liberté de tous ceux qui n'y participent que malgré eux.

Je ne pense pas, mon ami, que ce moyen d'améliorer le sort de l'ouvrier par le refus général de travail, puisse atteindre son but, même quand il ne prend pas une forme violente, et plus tard, quand nous nous occuperons spécialement de ces grèves, nous verrons quelles en sont les conséquences habituelles.

L'élève. Je crois bien, Monsieur, que ces grèves générales sont un mauvais moyen d'améliorer le sort des ouvriers, car j'ai toujours vu, qu'à leur suite, ces ouvriers se trouvaient endettés pour longtemps et, souvent, ne parvenaient plus jamais à se libérer de ces dettes.

L'instituteur. C'est bien là, mon ami, leur résultat le plus général, et ce procédé d'amélioration doit être mis sur la même ligne que toutes les autres rêveries qui attribuent au capital, à l'infâme capital comme disent les réformateurs, tous les malheurs de la classe ouvrière.

Tout cela est insensé et il est déplorable de voir mettre en circulation avec tant d'acharnement, de pareilles billevesées qui viennent se mettre en travers des progrès continus qui se manifestent d'une manière si évidente dans la condition des classes laborieuses, lorsque la paix règne pendant une assez longue suite d'années ; de voir présenter comme un progrès, des conceptions qui défigurent à un pareil degré le type de l'homme et toutes les tendances inhérentes à sa nature, et d'entendre prôner des doctrines propres à donner un si puissant essor à l'égoïsme et à la paresse qui font trouver si agréable de vivre aux dépens du travail d'autrui ; et l'un des plus fâcheux effets de ces doctrines est d'obscurcir toutes les notions du droit et de la justice, dans les consciences qui n'ont pas été fortifiées par une bonne éducation.

Savez-vous, mon ami, quelle est l'une des causes principales de cette guerre acharnée à notre état social ? Suivant moi, elle réside dans une idée étroite, fausse, malsaine, un des mauvais penchants de notre nature, qui fait consister le bonheur de chaque homme à n'en pas voir de plus heureux que lui. Celui qui ne sait pas s'enrichir veut rétablir l'équilibre en appauvrissant le riche, et il ne voit pas qu'en nivelant toutes les conditions, il ne ferait qu'empirer la sienne, et qu'en supprimant les inégalités sociales, il n'arriverait qu'à supprimer la civilisation moderne et, avec elle, toutes les merveilles des arts et de l'industrie.

Ce serait là, il faut l'avouer, un singulier progrès et le titre d'*avancés* que l'on donne souvent à ceux qui l'ont imaginé, me semble appliqué au rebours de sa signification naturelle ; cependant, si les efforts des réformateurs modernes de notre organisation sociale, étaient couronnés de succès, c'est à ce résultat que l'on arriverait infailliblement.

L'élève. Monsieur, pendant longtemps , je me suis

demandé, sans trouver de réponse, pourquoi les biens de la terre étaient si inégalement partagés entre les hommes qui cependant naissent avec des droits égaux, mais aujourd'hui je commence à le comprendre et je vois bien qu'il est impossible de niveler toutes les conditions sans aboutir au chaos social.

L'instituteur. C'est évident et vous allez le comprendre mieux encore.

L'Industrie actuelle, telle que l'ont faite de longs siècles d'efforts et de découvertes merveilleuses, exige par sa nature même, des ordres de travaux bien distincts ; il lui faut des hommes de science recherchant dans le silence du cabinet ou du laboratoire, les lois suivant lesquelles s'accomplissent tous les phénomènes de la nature ; des hommes qui s'occupent de l'application de ces lois à l'exécution de certains produits déterminés, lorsqu'elles président à cette exécution ; enfin une nombreuse catégorie de travailleurs appliqués à la réalisation des projets conçus ; en d'autres termes, il faut des savants, des ingénieurs et des ouvriers. Or si, sous le séduisant prétexte que tous les hommes qui arrivent en ce monde, ont un droit égal au bonheur et que toute l'organisation sociale doit tendre à réaliser cette utopie, on fait rentrer dans le niveau commun toutes les têtes qui tendraient à s'élever au-dessus des autres ; si l'on arrive à niveler toutes les conditions et à faire jouir tous les hommes de la même fortune et de la même éducation, il est évident que tout le monde voudra exercer la profession de savant, ou tout au moins d'ingénieur ou d'entrepreneur, personne la profession d'ouvrier ou de manœuvre, et que l'armée ne sera plus composée que d'officiers et de généraux, sans soldats. Une semblable organisation sociale ne supporte pas une minute la discussion, et tous les tempéraments que les socialistes égalitaires ont été obligés d'introduire dans l'exposé de leur doctrine ne l'ont pas rendue plus acceptable.

Vous voyez bien, mon ami, que le régime industriel, le seul sous lequel les sociétés vivent de leur propre travail et non du travail d'autrui comme certaines sociétés antiques entretenues par l'esclavage, comporte nécessairement les inégalités sociales ; le développement de l'industrie, ainsi que l'accroissement général de bien-être qui en résulte, seraient tout simplement impossible si tous les hommes étaient égaux dans toute l'acceptation que ce mot comporte. Ces inégalités, partout ailleurs que dans la loi, sont inhérentes à notre nature ; elles sont la conséquence forcée de l'œuvre de la production et de notre organisation morale ; elles proviennent des différences profondes qui existent entre les individus et de leur valeur intrinsèque ; elles sont du reste parfaitement conformes à la justice et favorables au bien-être des hommes et de la société. Il n'est pas plus étrange de voir des hommes qui possèdent des fortunes inégales, ou qui sont différents par l'intelligence, par le savoir, par la moralité, que des hommes qui diffèrent par la figure, par la taille, par les proportions du corps ou par les facultés de l'ame ; c'est la loi générale qui préside au développement des êtres organisés, et les arbres dans une forêt, les plantes dans un jardin, ne se ressemblent pas plus que les hommes entr'eux, même lorsque ces végétaux appartiennent à la même espèce.

Le régime sous lequel nous vivons, mon ami, tend certainement à rendre, dans la société, le bien-être plus général et l'inégalité des conditions moins sensible ; mais il tend bien moins à faire disparaître entièrement ces inégalités, qu'à les répartir avec plus de justice entre tous les hommes. Sa tendance la plus prononcée est de faire que les plus industrieux, les plus intelligents, les plus actifs, les mieux réglés, les plus prudents, soient en même temps les plus heureux, les plus riches, les plus libres de cette liberté que donne l'intelligence, et qui consiste dans la faculté d'étendre son action sur toutes les choses humaines ; mais il ne tend pas à rendre tous les hommes également heureux ou également riches, parce que cela n'est pas possible. Ce régime tend à mettre chacun à sa place et à faire de chaque homme tout ce qu'il peut être.

Après vous avoir montré, mon ami, pourquoi le nivellement général de toutes les conditions n'est pas possible, j'ajouterai hardiment qu'il n'est désirable à aucun point de vue. Certes, on pourrait désirer que les tendances naturelles du régime de liberté du travail, de la concurrence et du droit de propriété, fussent plus généralement efficaces, et que les hommes fussent classés avec une justice plus rigoureuse que celle qui, dans certains cas, semble avoir présidé à ce classement, mais il est essentiel qu'ils ne soient pas confondus. On ne peut nier, non plus, que la sottise des uns, la violence, la ruse et l'hypocrisie des autres, fournissent encore parmi nous tant de moyens de conduire à la fortune et parfois même à une sorte de considération ; on peut encore regretter vivement la disproportion choquante que l'on remarque souvent entre la perfection des arts et celle des habitudes dont les progrès ont été moins rapides ; entre la capacité industrielle d'un assez grand nombre d'hommes et le degré de perfection peu avancé de leurs sentiments moraux ; entre la grandeur des fortunes acquises ou recueillies par héritage et le peu de valeur personnelle des individus ; mais ces inconvénients tiennent bien plus aux vices de notre nature qu'à l'organisation actuelle de la société et aucune autre organisation sociale ne pourrait nous en préserver ; il n'y a qu'un remède à cela, c'est l'éducation. Il n'en est pas moins très heureux qu'il y ait des degrés dans la fortune et dans la considération et il est possible, sans rien modifier à l'essence de notre régime actuel, d'arriver par des lois convenables et par un bon système d'éducation, à diminuer dans une certaine proportion le nombre des fortunes mal acquises et à faire intervenir la justice d'une manière plus clairvoyante dans le règlement du droit naturel de propriété, de façon qu'il soit moins souvent éludé ou violé ; mais les supériorités qui ne sont dues qu'à un usage plus intelligent et mieux réglé, de nos facultés, loin d'être un mal, sont un véritable bienfait. Elles sont la source de tout ce qu'il se fait de grand, d'utile, et c'est dans la plus grande prospérité qui suit un plus grand et un plus intelligent effort, que se trouve le principe de notre développement : rendez toutes les conditions semblables, et nul ne sera interressé à faire mieux qu'un autre ; reduisez tout à l'égalité et vous aurez tout réduit à l'inaction, vous aurez détruit tout principe d'activité et de vertus sociales.

Il faut aussi observer, mon ami, qu'il est impossible de développer la richesse dans les classes inférieures, plus rapidement que leur nature ne le comporte ; on ne les enrichirait que pour un instant en leur donnant beaucoup, et cela est indubitable pour la majorité des membres qui les composent ; il faut que leurs progrès soient leur ouvrage pour être durables et en hâtant prématurément ces progrès, on ne ferait qu'exaspérer leurs prétentions et leurs exigences. C'est ainsi qu'aux époques de prospérité industrielle, lorsque les salaires sont très élevés par suite d'une demande considérable de travail, les grèves ne cessent pas de se produire et que les exigences de hausse de ces salaires ne connaissent plus de bornes ; elles iraient, si elles étaient satisfaites, jusqu'à ruiner toutes les entreprises qui ne sont pas dans des conditions de succès exceptionnelles. C'est là un des malheurs de notre temps ; les aspirations de la classe ouvrière, surexcitées par de folles prédications dont elle est incapable d'apprécier la vraie valeur, ne s'arrêtent nulle part, rien ne la satisfait et elle ne sait pas profiter des temps prospères pour s'élever et améliorer son sort d'une manière définitive. Dans son aveuglement, elle vit en état d'irritation perpétuelle contre tous ceux qui possèdent un capital et les accuse de tous ses malheurs sans voir que, sans eux, leur situation serait cent fois pire et que c'est en elle-même et non en dehors d'elle que se trouve la cause de ses maux.

Mon ami, pour vous faire mieux comprendre encore l'impossibilité d'améliorer trop rapidement le sort de l'immense majorité des ouvriers, nous allons faire une hypothèse : Supposons pour un instant, que tous les hommes aient les mêmes ressources matérielles ; par exemple, qu'au mépris de toutes les notions du droit et de la justice, l'on partage également entre tous les habitants de la terre, ou seulement entre tous les habitants d'un même pays, tout ce que ce pays renferme de capitaux et de richesses disponibles. Dans un pays comme la France ou la Belgique, la part de chacun serait assez considérable si, par le fait même du partage, une grande partie de ces richesses ne se trouvaient point annulées, ou leur mise en valeur profondément entravée ; mais il est évident que tous les nouveaux propriétaires n'auront pas le même degré d'intelligence et d'activité, le même esprit d'ordre et d'économie et que leurs fortunes deviendront très-rapidement inégales ; ils n'auront pas le même nombre d'enfants et il arrivera fréquemment que les moins aisés et les moins laborieux seront ceux qui en auront le plus ; un très grand nombre d'entr'eux cesseront de travailler et dissiperont rapidement en de folles orgies, la part qu'ils auront reçue dans le partage, car, en thèse générale, il faut avoir possédé pour savoir conserver, et il n'y aurait rien d'étonnant à ce qu'après un très petit nombre d'années, on ne vît se reproduire le classement primitif des fortunes, à quelques exceptions près. Dans une pareille expérience, le capital, sortant des mains qui l'ont conquis par le travail, ou qui l'ont reçu de leurs pères, et qui savent si bien, en général, le conserver et le faire fructifier, subirait, en passant par une multitude de mains nouvelles, une énorme diminution, parce que la plupart des nouveaux possesseurs le dissiperaient en consommations irréfléchies et en folles entreprises, et la société ne sortirait de cette épreuve qu'appauvrie, démoralisée et se retrouverait encore, comme aujourd'hui, en face du redoutable problème de l'amélioration du sort des travailleurs. C'est alors qu'il serait facile de constater à quel degré le capital contre lequel un grand nombre de socialistes d'aujourd'hui dirigent leurs attaques, est indispensable au développement du bien-être en général, même lorsqu'il ne se trouve qu'entre les mains d'un petit nombre d'hommes, et que l'on comprendrait qu'il est plus facile aux Belges qui ont des capitaux, de construire des usines et des chemins de fer, qu'aux habitants sauvages des Montagnes rocheuses qui n'ont pour tout capital qu'une hutte, un arc et des flèches. C'est alors que l'on reconnaîtrait combien on empêche ce précieux capital de se constituer, lorsque celui qui l'a créé n'est pas sûr de jouir exclusivement des fruits de son travail. Il faut n'avoir jamais réfléchi sérieusement aux conditions d'existence des sociétés, ni à la nature intime de l'homme, pour avancer hardiment, comme on le fait aujourd'hui, que le capital se formerait également, qu'il fut la propriété d'un seul qui l'a créé, ou qu'il fut la propriété commune de tous ; une pareille affirmation est insensée. Toute la classe des travailleurs devrait, au contraire, le voir avec une profonde satisfaction, se développer sous la loi naturelle du droit de propriété, parce que, plus il deviendra abondant, plus sa part dans les profits industriels s'amoindrira, suivant la loi invariable du rapport de l'offre à la demande, plus il y aura de travail demandé aux ouvriers et plus ce travail sera payé à un taux élevé. C'est avec le même sentiment de reconnaissance que ceux-ci devraient voir le développement des machines, conséquence naturelle du développement des capitaux, car, à part quelque malaise passager qu'elles ont produit dans certaines industries quand on les y a appliquées par la première fois, elles ont pour effet naturel d'abaisser le prix de tous les produits, d'occuper finalement plus d'ouvriers qu'il n'y en avait avant elles et de faire hausser leur salaire tout en rendant leur travail moins pénible. Ce sont là des vérités que l'on ne peut plus contester et l'on peut en voir la preuve, tous les jours, en comparant la position des ouvriers de l'industrie à celle des travailleurs agricoles dans les contrées qui manquent de machines et de capitaux. La condition des ouvriers de l'agriculture y est bien inférieure à celle des premiers et il y a une émigration continuelle de ces travailleurs agricoles vers les ateliers où le salaire est bien plus élevé et l'existence plus confortable. Cette émigration se produit au point que l'on entend s'élever de tous les côtés, les plaintes des chefs d'exploitations agricoles qui proclament que les bras leur manquent et que la rareté des ouvriers les oblige à les payer à un taux qui ruine ce genre d'entreprises. Les véritables amis de l'humanité ne peuvent que déplorer les coupables déclamations de ces hommes ignorants, fanatiques et souvent de mauvaise foi qui, sous prétexte de régénérer le monde, surexcitent toutes les mauvaises passions de la nature humaine et s'efforcent de faire croire aux travailleurs qu'ils sont plus malheureux, à mesure que leur sort s'améliore ; qui s'acharnent à développer une aveugle hostilité entre ceux qu'ils nomment des prolétaires, et les propriétaires, et qui repoussent tout progrès raisonnable sous prétexte qu'il ne pourrait que retarder l'avènement du grand jour de la revendication universelle ; ces fous furieux accomplissent là une œuvre abominable.

Ne trouvez-vous pas aussi, mon ami, que ce sont de

singuliers démocrates malgré toutes. leurs bruyantes protestations de dévouement à la démocratie ; tous leurs efforts tendent à faire rentrer dans le néant tout ce qui s'est élevé par le travail, depuis le bas de l'échelle sociale jusqu'aux régions supérieures, ou au moins, jusqu'aux régions moyennes ; leur rage est dirigée surtout contre la classe moyenne qui est arrivée à gouverner la plupart des pays civilisés ; ils l'accusent de despotisme ; ils proclament qu'elle est cause de tous leurs maux et ils la montrent comme l'héritière de l'ancienne aristocratie et la continuatrice du système d'exploitation que celle-ci a, si longtemps, appliqué aux vilains. La société, disent-ils, est encore comme autrefois, partagée en deux classes, dont l'une va en se resserrant de plus en plus et en accaparant tout, et dont l'autre s'accroît continuellement en devenant plus misérable. Cette accusation, colportée au sein de la masse des travailleurs avec une persistance perfide, sous la forme d'une simple affirmation, est radicalement fausse ; les classes moyennes ne sont pas une continuation de l'ancienne aristocratie qui, autrefois, possédait seule la fortune ; elles se composent, au contraire, d'un vaste assemblage d'ouvriers émancipés par le travail, l'ordre, l'intelligence et l'économie ; leur existence constitue l'un des plus glorieux progrès de la démocratie et montre aux retardataires par quels procédés ils peuvent s'élever sans avoir recours à la violence et à des exigences qui les conduiraient à un résultat tout contraire à celui qu'ils veulent obtenir. Tous, tant que nous sommes dans la bourgeoisie, nous descendons d'anciens prolétaires et chacun de nous, en remontant jusqu'à son bisaïeul tout au plus, retrouverait un ouvrier ou un petit marchand économe et intelligent qui a grandi par le travail. Partout, autour de nous, nous voyons à chaque instant des familles qui s'élèvent et qui passent de la catégorie des ouvriers dans celle des propriétaires, sans bouleverser, pour cela, toutes les bases de l'ordre social et par la seule puissance du travail intelligent et de l'économie. En revanche, nous voyons aussi des familles tomber en décadence ; l'oisiveté, les vices qu'elle entraîne, le manque de jugement dans la conduite de la vie et des affaires, font redescendre des propriétaires dans la catégorie des ouvriers. Ce double mouvement parfaitement conforme à toutes les notions du droit et de la justice, se produit sans cesse sous nos yeux, mais le premier est bien plus général et plus étendu que le second, et le nombre des familles qui s'élèvent est bien plus considérable que celui des familles qui tombent en déchéance. C'est encore là une preuve qu'il y aura toujours des inégalités dans la société et qu'elle présentera toujours le spectacle d'un assemblage d'individus très inégalement pourvus de fortune, d'instruction, de capacité, et en général de tout ce qui donne une bonne position dans le monde. D'après ce que je viens de vous dire, mon ami, vous voyez combien il est absurde de prêcher aux misérables une résignation définitive et de leur montrer la misère comme une fatalité que l'auteur de toutes choses doit faire peser sur leur tête jusqu'à la fin des siècles, comme le font certaines gens qui ne voient pas d'autre remède contre les doctrines socialistes ; cette affirmation est désolante et fausse et il faut être, à la fois, ignorant et sans pitié pour la proclamer partout. La misère n'est pas un mal sans remède et il y a, pour les classes malheureuses, des moyens naturels de s'élever ; ces moyens sont les seuls efficaces et tous les autres qui leur sont recommandés ne peuvent conduire qu'à un désastre universel.

On ne peut rendre à la société, de plus grand service qu'en instruisant les ouvriers de ces lois naturelles du mouvement social et si la difficulté de faire pénétrer ces connaissances dans la masse des travailleurs, est considérable, l'entreprise n'en doit pas moins être faite et elle

réussira avec beaucoup de patience, d'efforts et de temps.
Les ouvriers seraient alors bien moins accessibles à ces
furibondes déclamations qui ont la prétention de leur démontrer que leur salut ne dépend que d'une modification
à introduire dans l'organisation sociale, sans qu'ils aient
à faire, pour cela, le moindre effort personnel ou la moindre réforme dans leurs mauvaises habitudes, et que le
but pourrait être atteint par cette merveilleuse association universelle qui est si contraire à toutes les tendances
naturelles de l'esprit humain, qu'elle ne pourrait se maintenir qu'à l'aide du plus violent despotisme, et qu'elle
ferait tout sombrer, richesse, dignité personnelle, liberté
et toutes les conquêtes de la civilisation moderne.

Nous avons vu, mon ami, en 1870 et 1871, quelques-
uns des tristes effets de ces creuses déclamations, et le
règne de la commune de Paris peut donner une idée de
ce que deviendrait l'humanité si la tentative qu'elle a
faite d'appliquer ces doctrines, se généralisait sur toute la
surface de l'Europe. L'enseignement que l'on peut tirer
de semblables catastrophes, est qu'elles sont parfaitement
impuissantes à apporter une modification quelconque aux
lois qui régissent l'humanité, et que si une tentative comme
celle de Paris, se généralisait, le monde ruiné, désolé,
démoralisé en très peu de temps, ne trouverait une planche
de salut que dans la restauration des institutions actuelles
qui sauvegardent, à la fois, la liberté, la propriété des
fruits du travail et l'hérédité, et il s'y rattacherait avec
toute l'énergie du désespoir.

L'élève. Oh Monsieur, je comprends maintenant tout
cela et je vois bien qu'en supprimant en tout, ou seulement en partie, le droit de propriété, on empêche la production et l'on aboutit à la misère universelle, et je vois
aussi qu'en enlevant aux hommes la liberté du travail et
la possession absolue des fruits de ce travail, on leur enlève, toute dignité personnelle, tout stimulant et qu'on

arrive bien vite à les démoraliser complètement. Les rêveurs ignorants, les hommes déclassés et de mauvaise foi, qui prêchent les doctrines nouvelles, sont bien coupables envers l'ensemble de la société et il est très urgent d'éclairer les travailleurs, dans la mesure du possible, sur les conséquences que l'application de ces doctrines entraînerait infailliblement.

L'instituteur. Oui, mon ami, il est indispensable d'éclairer au plus vite la masse des travailleurs ; mais il serait bon aussi d'éclairer les propriétaires et les entrepreneurs d'industrie sur les devoirs qu'ils ont à remplir envers cette partie si considérable de la population dont le sort doit être amélioré progressivement. Après avoir montré à ces travailleurs le chemin qui conduit à l'émancipation, ils doivent leur en faciliter l'accès ; les lois, qu'ils ont le privilège de faire seuls, doivent réprimer toute prétention à exploiter ces utiles auxiliaires ; elles doivent aide et protection à tous, mais surtout aux classes malheureuses, parce qu'elles possèdent peu et que le tort qu'on leur fait est plus difficile à supporter et à réparer. Ces lois doivent les mettre à l'abri de toutes fraudes, et les placer sur le pied d'égalité la plus parfaite avec tout le reste de la population ; elles doivent empêcher que les travailleurs soient trompés dans leurs échanges et prescrire que le prix qu'on leur demande pour les choses qui leur sont nécessaires, soit tout entier le prix du service rendu ou livré et ne provienne pas, pour une partie, d'une protection excessive pour certains membres de la société, dégénérant en oppression pour les autres, comme les droits de douane protecteurs de certaines industries aux dépens de tout le monde, moins le protégé ; ces propriétaires doivent répandre parmi les travailleurs, l'instruction et les connaissances saines qui peuvent servir à améliorer leur sort ; ils doivent veiller avec une sollicitude paternelle sur la conservation de leurs petites épargnes et leur rendre l'acquisition de la propriété aussi facile que possible, car il est un fait avéré, c'est que lorsqu'un ouvrier à commencé à passer dans la catégorie des propriétaires, de quelque peu d'importance que soit sa propriété, il devient un tout autre homme ; il est plus laborieux, plus économe et l'on voit se développer plus énergiquement en lui, le sentiment de la dignité personnelle.

Les classes moyennes et les classes les plus élevées feraient bien aussi de traiter les ouvriers avec moins de dédain, de prendre un peu plus souci de leurs convenances, afin de développer en eux cet excellent sentiment de la dignité personnelle que l'on ne froisse que trop souvent par le manque d'égards et qui entre pour une grosse part dans les rancunes que la classe ouvrière conserve contre la classe des propriétaires et des chefs d'industrie. C'est dans certaines parties du territoire où le développement industriel est devenu considérable, que cette modification dans les relations de maître à ouvrier aurait le plus d'importance. A ces conditions, il est permis d'espérer que la paix finirait par se rétablir entre tous les habitants d'un même pays et que le développement social ne trouverait plus d'obstacle sérieux.

L'élève. Oh, Monsieur, cela serait bien désirable et j'appelle de tous mes vœux l'instant où cet heureux résultat sera obtenu, ne fusse qu'en partie.

CHAPITRE IV.

FONCTION DE LA MONNAIE
DANS LES ÉCHANGES.

L'instituteur. Mon ami, supposons qu'un homme qui a besoin d'habits, de pain, de vin, de viande, d'ouvriers et de matières premières pour l'exploitation de son industrie, ou qui désire entendre un concert ou faire un voyage, fabrique des produits qui conviennent aux marchands d'habits, de pain, de vin, de viande, de matières premières, aux ouvriers qu'il veut employer, ainsi qu'aux entrepreneurs de concerts et de transport des voyageurs ; supposons encore que ces produits soient inaltérables, d'un transport facile, qu'ils puissent se fractionner ou se réunir en lots conservant toujours leur valeur proportionnelle ; ne vous semble-t-il pas que cet homme pourrait échanger directement ses produits contre toutes les choses dont il aurait besoin et que sans jamais posséder de monnaie, il ne manquerait de rien.

L'élève. Monsieur, cela me paraît évident, car nous ne consommons pas directement la monnaie, et des millions d'argent monnayé auraient rendu moins de services à Robinson dans son île, qu'une plante de pommes de terre ou que le moindre gibier.

L'instituteur. Mon ami, généralisez maintenant et supposez que chaque homme puisse produire les objets qui conviennent à ceux dont il veut se procurer les produits, que ces objets puissent être aisément transportés en tous lieux et qu'il en puisse offrir en quantité telle que leur valeur soit toujours exactement égale à celle du produit qu'il veut acquérir, ne vous semble-t-il pas que ceux qui seraient en mesure d'échanger ainsi une grande quantité d'objets, ou de rendre beaucoup de services aux autres, seraient bien pourvus de tout ce qui pourrait leur être utile ou agréable et seraient effectivement riches sans posséder un sou de monnaie.

L'élève. Monsieur, cela n'est pas discutable, mais je ne connais aucun produit qui satisfasse à toutes ces conditions que vous avez posées.

L'instituteur. Vous avez raison et, pour arriver au même résultat, il a fallu employer un moyen détourné. On a cherché une marchandise dont le principal usage fut de satisfaire à ce besoin universel d'échanges en les rendant tous d'une extrême facilité, quelle que fut la valeur relative des objets matériels ou des services que l'on veut échanger. Cette marchandise intermédiaire est la monnaie que l'on a faite avec des métaux précieux, afin que l'on pût transporter des valeurs considérables sous un faible volume ; parce qu'ils sont à peu près inaltérables ; parce qu'ils peuvent se subdiviser sans perdre de leur valeur et parce qu'ils ont une valeur intrinsèque provenant de leur propriété de satisfaire à quelques-uns de nos besoins d'une façon analogue au fer et aux autres métaux dont on ne fait point de monnaie parce qu'elle serait trop lourde ou trop volumineuse.

L'or et l'argent, à l'état de bijoux, d'ornements, de vaisselle ont de la valeur parce qu'ils satisfont à nos besoins de luxe et, à l'état de monnaie, parce qu'ils satisfont à nos besoins d'échanges. La facilité avec laquelle la monnaie peut être convertie en bijoux, en vaisselle, ou ceux-ci en monnaie, ne permet pas qu'il y ait jamais une grande différence entre les valeurs de l'or et de l'argent sous ces deux états, quand la transformation n'en est pas empêchée par des mesures législatives spéciales. La monnaie n'est donc qu'un instrument, un moyen d'opérer les échanges ; elle n'est pas le but de ces échanges. Quand nous voulons nous procurer un habit, en donnant un produit de notre industrie qui a une valeur égale, nous échangeons d'abord ce produit contre une certaine quantité de monnaie, puis nous donnons la monnaie pour l'habit ; de sorte que c'est la valeur réciproque des objets finalement échangés qui fait que nous sommes plus ou moins riches, et non la quantité de monnaie qui est nécessaire pour effectuer l'échange. Si, sur toute la surface de la terre, il n'y avait que le quart de la quantité de monnaie qui y existe aujourd'hui, et que l'on eût les mêmes ressources commerciales et industrielles, il y aurait, à la vérité, moins de vaisselle, de bijoux d'or et d'argent, qu'il n'y en a, mais pour tout le reste, notre aisance n'en serait nullement modifiée ; les mêmes échanges se feraient, on donnerait ses produits pour le quart de la monnaie que l'on en donne aujourd'hui et l'on achèterait également ceux des autres producteurs pour le quart de ce qu'ils en exigent en ce moment ; on y trouverait même l'avantage de transporter plus commodément dans les voyages, une quantité de monnaie suffisante pour satisfaire à ses besoins ou à ses fantaisies.

La *monnaie-marchandise* possède, à chaque époque, un prix-courant soumis aux mêmes variations que celui de toutes les autres marchandises ; ce prix s'élève quand les échanges se multiplient, c'est-à-dire quand le besoin qu'on en a, augmente, ou quand sa quantité diminue, et il s'abaisse quand les relations commerciales se ralentissent et qu'elle est moins demandée, ou encore quand sa quantité augmente ; il subit, en un mot, toutes les vicissitudes du rapport de l'offre à la demande.

L'élève. Pardon, Monsieur, si je vous interromps ici ; est-ce que le prix de la monnaie peut s'abaisser indéfiniment à mesure que l'on en met davantage en circulation ?

L'instituteur. Mon ami, certainement, tant que la quantité de monnaie que l'on fabrique deviendra plus considérable relativement aux besoins des échanges, sa valeur baissera ou il faudra en donner davantage en échange du même produit ; mais cette baisse a une limite naturelle qui est celle du prix de revient du métal avec lequel on la fabrique ; quand il faut dépenser pour extraire celui-ci du sein de la terre et le transformer en monnaie, une somme égale à sa valeur sous cette dernière forme, il n'y a plus de bénéfice à continuer l'exploitation et on la suspend. La masse de métal monnoyé va alors en diminuant par la refonte d'un certain nombre de pièces, par les pertes et par l'usure du métal, et si les échanges ne se sont point ralentis, sa valeur se relève jusqu'à ce que l'exploitation de ce métal puisse être reprise avec bénéfice.

J'insiste ici, mon ami, sur cette considération de variation de valeur des monnaies suivant qu'elles existent en plus ou moins grande quantité relativement à la somme des échanges qui doivent être effectués par leur intermédiaire, parce que nous en tirerons plus tard d'importantes conséquences relativement à la nature des relations commerciales qui peuvent exister entre les différents pays. Cette variation de valeur est la conséquence inévitable de la variation des quantités offertes sur le marché, et la marchandise très-utile nommée monnaie est soumise à toutes les variations de prix que subissent les autres marchandises et pour les mêmes raisons. Il suffit, pour s'en convaincre, d'observer les faits qui s'accomplissent autour de nous ; avant la découverte des mines de l'Amérique, l'or et l'argent étaient rares et chers, c'est-à-dire qu'avec peu de monnaies on se procurait beaucoup de produits propres à la consommation ; après cette découverte, les Espagnols et les Portugais qui faisaient exploiter les mines de ces métaux, virent tout à coup, sans en comprendre la cause, le prix des denrées augmenter rapidement chez eux, parce que le prix de la monnaie diminuait à mesure que l'on en faisait davantage ; puis le même phénomène se manifesta successivement chez toutes les autres nations, à mesure que les trésors métalliques du nouveau monde pénétrèrent chez elles par voie d'échange contre des produits d'une autre nature. Depuis cette époque, le même phénomène s'est continué par suite de l'exploitation des mines de la Californie, de la Russie, de l'Australie et de plusieurs autres pays. L'avantage que possède la marchandise monnaie, sur toutes les autres marchandises, consiste dans l'universalité du besoin qu'on en a, dans la facilité de son transport d'un lieu dans un autre, dans son inaltérabilité, dans la possibilité de la subdiviser à l'infini sans qu'elle perde de sa valeur ; elle sert partout et toujours, ce qui fait que l'on préfère généralement posséder en monnaie la valeur des produits que l'on a créés que de posséder ces produits eux-mêmes, parce qu'ils peuvent se détériorer et que leur échange contre les mille autres produits dont on aura besoin, n'est pas aussi facile ni également assuré. Nous sommes donc tous marchands de monnaie, nous l'achetons quand nous vendons nos produits et la vendons quand nous achetons ceux des autres producteurs ; nous l'achetons à bon marché quand nous donnons peu de nos produits pour beaucoup de monnaie, et nous la vendons cher, quand nous donnons peu de monnaies pour beaucoup de produits. Pour qu'un commerce quelconque soit durable, il faut que la quantité de monnaie que l'on donne pour se procurer les produits qui sont la matière de ce commerce, soit moins considérable que la quantité que l'on en recevra en échange de ces produits à l'époque de leur vente.

L'élève. Monsieur, cela me semble bien clair, car si je vendais pour quatre francs les objets qui m'en ont coûté cinq, je ne tarderais pas à être ruiné.

L'instituteur. Cela, mon ami, n'est pas contestable,

mais continuons : Pour faciliter encore les relations commerciales, pour dispenser du transport des monnaies d'un
lieu dans un autre, lorsque les échanges s'effectuent entre
des points situés à de grandes distances les uns des autres,
on a imaginé les billets de banque, les divers papiers de
commerce et quelques autres moyens d'échange supplémentaires, qui ne sont que des signes représentatifs de
la valeur ou des reconnaissances du droit de toucher une
somme d'argent à une époque déterminée ou à l'époque
qu'il plaira au porteur de choisir ; on peut faire, de ces
signes représentatifs de la valeur, le même usage que de la
monnaie, mais leur emploi ne peut remplacer entièrement
celle-ci, parce qu'il faut toujours une certaine quantité de
cette monnaie pour les solder à l'échéance ou quand il
plait au possesseur de les convertir en argent, parce que
n'ayant point de valeur intrinsèque et leur gage pouvant
n'être qu'imaginaire ou s'évanouir avant qu'il ait été mis
en la possession de son légitime propriétaire, ils n'offrent
pas la même sécurité au porteur. La monnaie, au contraire, porte avec elle toute sa valeur et peut être transformée en bijoux ou en vaiselle, en constituant ainsi
une autre marchandise susceptible d'être échangée contre
d'autres produits, quand on ne veut pas ou quand on ne
peut en faire usage comme monnaie. Cependant l'usage
de ces signes représentatifs de la valeur est si commode
dans la pratique et présente tant d'avantages spéciaux
connus de tout le monde, que l'on en fait un usage
immense malgré les quelques mécomptes éprouvés par
ceux qui les ont reçus sans connaître exactement le degré
de sécurité qu'ils pouvaient offrir ou sans avoir constaté
l'existence effective de leur gage. Sans ces moyens supplémentaires d'échange, il est certain que, malgré l'accroissement rapide et continu de la quantité d'or et d'argent tirée des lieux de production de ces précieux métaux
et transformée en monnaie, la valeur de celle-ci aurait

augmenté considérablement depuis une demi siècle, à cause des besoins toujours croissants du commerce et de l'industrie qui ont pris dans ces derniers temps, un si remarquable essor.

L'élève. Monsieur, je comprends maintenant l'usage de la monnaie dans les échanges et celui des papiers représentatifs de la valeur ; ils ne sont pas le but mais le moyen d'échanger les produits nécessaires à l'entretien et à l'embellisement de notre existence ; quand nous avons échangé un produit de notre industrie contre de la monnaie ou contre un de ces papiers qui la représente, nous n'avons fait que la moitié de l'opération qui doit être effectuée pour nous mettre en possession de ces moyens d'existence ou de ces sources de jouissances ; il faut ensuite donner la monnaie, pour les acquérir.

L'instituteur. C'est cela, mon ami, et maintenant vous connaissez aussi bien que moi, la fonction de la monnaie dans les échanges.

CHAPITRE V.

LES PRODUITS
NE S'ACHÈTENT QU'AVEC DES PRODUITS.

L'instituteur. Mon ami, lorsque nous achetons un habit ou tout autre objet, à l'intérieur de notre pays ou en pays étranger, avec quoi le payons-nous ?

L'élève. Monsieur, avec de l'argent ou des billets qui donnent le droit de toucher une somme d'argent.

L'instituteur. Mais cet argent ou ces billets, par quel moyen sont-ils venus entre nos mains.

L'élève. Il me semble, Monsieur, qu'ils n'ont pu y arriver honnêtement que de deux façons : Par la vente d'un produit que nous avons créé, d'un service que nous avons rendu, ou par voie d'héritage ou de cadeau fait par un parent ou par un ami ; parce que vous et moi nous ne possédons point de mines de métaux précieux.

L'instituteur. Avant d'acheter, il faut donc commencer par vendre et un homme ne peut vendre que ce qu'il a produit ou ce que l'on a produit pour lui. Ce n'est donc qu'avec des produits que s'achètent les produits et chacun de nous sera d'autant plus riche qu'il produira davantage ; la quantité d'or ou d'argent nécessaire pour effectuer les échanges étant tout à fait indifférente, il est bien entendu que tout produit fabriqué doit valoir plus que ses frais de production ; s'il valait moins, la fabrication ne constituerait qu'une destruction de valeur et le fabricant au lieu de s'enrichir, se ruinerait ; une telle opération n'est, évidemment, pas possible indéfiniment et ce n'est jamais là le cas d'une industrie née viable.

C'est si bien avec des produits que s'achètent d'autres produits, que lorsqu'il y a une diminution dans certaines productions, toutes les autres en souffrent, quelle que soit la quantité de monnaie en circulation. Prenons un exemple entre mille : La première fois que s'est déclarée la maladie des pommes de terre, qui forment la base d'alimentation d'un grand nombre de contrées, il s'est produit une véritable crise industrielle partout où la maladie avait sévi avec intensité ; les uns, qui ne cultivaient habituellement la pomme de terre que pour leur consommation, n'en récoltèrent pas assez et furent obligés d'en acheter ; d'autres, qui en cultivaient pour les vendre, n'en récoltèrent que pour eux-mêmes et n'en purent échanger contre d'autres produits ; il fallut en faire venir à grands frais des régions plus favorisées et le prix de ce comestible s'éleva considérablement ; tous furent obligés de consacrer à cette partie de leur alimentation, une fraction plus considérable de leurs ressources ordinaires, tout en diminuant leur consommation, et ne purent disposer, pour l'achat de tous les autres produits, que d'une plus faible portion de ces ressources ordinaires ; il en résulta une diminution dans tous les revenus industriels en même temps qu'un accroissement des dépenses d'alimentation ou, en d'autres termes, un appauvrissement universel. Il en est de même dans toutes les branches de la production humaine ; une bonne récolte des fruits de la terre, une industrie qui prospère, amènent l'aisance dans une multitude de familles qui produisent autre chose et qui jouissent de cette aisance sans en connaître la source.

L'élève. Si vous voulez bien le permettre, Monsieur, j'ajouterai à votre démonstration, une observation que j'ai eu l'occasion de faire dans l'arrondissement de la Belgique que j'habite et qui est grand producteur de houille. Lorsque ce combustible est moins demandé et que les ouvriers ne reçoivent plus qu'une partie de leur salaire habituel, ils en souffrent évidemment et sont obligés de réduire leur consommation ; mais, en même temps, les villes voisines des exploitations, voient leur commerce de vêtements, de bière et de bien d'autres produits, diminuer dans une proportion considérable et l'on n'entend plus que des plaintes de commerçants qui s'appauvrissent et ne peuvent plus satisfaire que difficilement à leurs obligations. Je vois bien aussi que ce malaise doit se propager ailleurs, car les industries qui alimentent les magasins de ces commerçants n'ont plus à leur fournir qu'une quantité de produits moindre qu'auparavant.

L'instituteur. Je suis heureux, mon ami, de me voir aussi bien compris et je crois inutile d'insister encore sur cette considération que la quantité de monnaie qui existe dans chaque pays est sans influence sur les effets généraux d'une diminution dans la production industrielle ; quand celle-ci diminue, l'aisance générale diminue également, quelle que soit la quantité de monnaie qui existe sur le marché, parce que ce sont les produits que l'on peut consommer qui constituent l'aisance et non la quantité de monnaie nécessaire pour opérer les échanges ; avec des milliards d'argent monnayé et point de produits de la terre ni de l'industrie, l'homme ne peut que mourir de froid et de faim, comme s'il avait été déposé tout nu dans les solitudes du pôle nord.

Vous devez aussi, mon ami, comprendre, d'après cela, combien se trompent les partisans de ce que l'on a nommé *la balance du commerce* ; ils prétendent qu'un pays s'appauvrit quand il tire de l'étranger plus de produits qu'il ne lui en envoie, en soldant le surplus avec de la monnaie. Pour ces gens à courte vue, on est riche quand on possède beaucoup d'argent, quelle que soit la quantité de produits que l'on ait à sa disposition, et ils en tirent la conclusion qu'il faut faire venir chez soi beaucoup de métaux précieux et les empêcher de sortir, pour s'enrichir ; c'es t le contraire qui est la vérité ; il faut s'enrichir d'abord , c'est-à-dire produire beaucoup, car alors on ne manque jamais d'or ni d'argent. On retrouve encore dans les écrits de certains publicistes, l'expression de leur étonnement à la vue d'un accroissement général dans la prospérité de leur pays, en face des tableaux de douane qui indiquaient que la quantité de produits importés avait dépassé la quantité de produits exportés.

La crainte de manquer de numéraire est tout à fait chimérique et je vais vous le démontrer en me plaçant dans le cas le plus favorable à cet épuisement, au moins en apparence.

Supposons qu'en Belgique il n'y ait pas un seul produit que l'on puisse fabriquer à aussi bas prix que dans les pays voisins et que, tout à coup, en supprimant les douanes, on ouvre complètement le marché belge aux produits de toutes les nations étrangères ; qu'arriverait-il dans ce cas ?

L'élève. Monsieur, il me semble que nous achèterions au dehors jusqu'à ce que nous n'ayons plus d'argent.

L'instituteur. Non, mon ami, d'abord nous délaisserions tous les produits de notre sol et de notre industrie, pour nous procurer chez nos voisins, à l'aide de la monnaie que nous possédons, tous ceux dont nous avons besoin ; puis bientôt le numéraire devenant rare chez nous, y augmenterait de prix, devenant plus abondant chez les voisins, y diminuerait de valeur, c'est-à-dire que nous verrions le prix de tous les objets de consommation diminuer chez nous et augmenter chez les voisins jusqu'au point où il nous serait à peu près indifférent d'acheter dans un lieu ou dans un autre ; au delà de ce point, la variation des prix continuant à se produire dans le même sens, les voisins commenceraient à trouver avantageux d'acheter nos produits, l'importation du numéraire deviendrait équivalente à l'exportation et notre commerce avec l'étranger se réduirait à un échange de produits, la quantité de monnaie en circulation chez nous demeurant constante.

Remarquez bien, mon ami, que la partie du capital social représentée par la monnaie, n'étant qu'une fraction assez faible de ce capital, il ne serait pas nécessaire qu'il sortît de notre pays une bien grande quantité de monnaie, pour arriver à ce point de valeur relative de ces monnaies, chez nous et chez nos voisins, où tous les échanges se réduiraient finalement à des échanges de produits. Cet état d'équilibre, à peu près stable, entre la valeur des monnaies et celle des produits, ne résulterait pas nécessairement de ce que nous enverrions dans chacune des nations voisines une quantité de produits égale à celle que nous en aurions reçue ; il pourrait aussi résulter, par exemple, de ce que la monnaie sortie de Belgique pour payer des produits français, serait remplacée par de la monnaie envoyée d'Allemagne pour payer des produits belges ; le mode de maintien d'une quantité à peu près constante de monnaie dans notre pays, dépenderait de la valeur relative du prix de revient des divers produits dans les pays qui auraient des relations de commerce avec vous.

L'élève. Monsieur, je vous comprends bien, ce n'est qu'en regardant tous les pays voisins ou éloignés avec lesquels nous faisons des échanges, comme une seule nation, que l'on peut dire avec certitude que nos produits ne s'échangeraient que contre des produits ; la loi que vous m'avez expliquée ne s'applique qu'au résultat d'ensemble et non à chacun des résultats fourni par notre commerce avec chaque nation considérée isolément.

L'instituteur. C'est cela, mon ami, et nos partisans de la balance du commerce qui considèrent comme ruineux les échanges avec certaines nations, lorsque la balance devient, suivant leur façon de s'exprimer, favorable à celle-ci, c'est-à-dire lorsque nous leur envoyons plus de monnaie que nous n'en recevons d'elles, ne paraissent pas se douter que c'est à l'augmentation de valeur du numéraire due à cette diminution dans la quantité en circulation chez nous, nous devons la demande de nos produits par d'autres nations avec lesquelles la balance du commerce nous est favorable ou qui nous envoient plus de numéraire que nous ne leur en expédions. En suivant les avis de ces aveugles conseillers, nous réduirions dans une énorme mesure la quantité de produits que nous fabriquons pour le commerce extérieur et le développement de toute prospérité matérielle en serait suspendu.

L'élève. Je le vois bien, Monsieur, si nous supprimions notre commerce avec les nations auxquelles la balance du commerce est favorable, nous renoncerions à nous procurer un grand nombre de produits à plus bas prix qu'ailleurs et, du même coup, nous ne fabriquerions plus les produits avec lesquels nous retrouvons la quantité de monnaie que nous avons exportée.

L'instituteur. C'est bien cela, mon ami, mais comme la question dont nous nous occupons, est d'une extrême importance, comme les résultats que je viens de vous exposer, sont encore contestés par un grand nombre de personnes qui font de l'Economie politique sans en connaître les notions les plus élémentaires, j'y veux revenir encore pour que ma démonstration vous paraisse plus évidente :

Nous avons plus haut, admis, par hypothèse, que l'état industriel de la Belgique fût tel que nous aurions bénéfice à acheter tous les produits dont nous avons besoin, à l'étranger ; puis nous avons vu qu'en partant de cet état, nous devions arriver rapidement à un état dans lequel les produits tirés de l'étranger seraient payés exclusivement avec nos produits, la quantité de monnaie, en circulation dans notre pays demeurant, à peu près, constante. Je dois maintenant vous faire observer que, dans ce cas, les échanges avec les étrangers ne se feraient pas indifféremment contre tous les produits fabriqués chez nous ; il y en aurait plusieurs que l'augmentation du prix de notre monnaie, pendant sa période d'exportation définitive, nous permettrait d'envoyer à l'étranger avant les autres que nous continuerions à faire venir du dehors ; ce sont ceux que, par notre position géographique, par la nature particulière de notre sol, par le degré de perfectionnement de nos procédés de fabrication, nous pourrions créer le plus avantageusement et ce sont ceux-là que les étrangers trouveraient bénéfice à nous acheter, parce que mis en présence des produits similaires de leur pays, ils sont les premiers qui pourraient être acquis à plus bas prix que ces derniers.

Rendons ce raisonnement plus clair par un exemple : Supposons qu'en Angleterre, avant la période d'exportation de notre numéraire, 12 mètres d'une étoffe de coton coûtent 8 francs et 1 mètre de drap également 8 francs, et qu'en Belgique, 12 mètres de la même étoffe de coton coûtent 12 francs et 1 mètre du même drap, 10 francs ; puis que, par suite de la suppression des douanes entre les deux pays et de la quantité de monnaie exportée en Angleterre pour payer le drap et le coton que nous y achèterions, parce qu'ils nous coûteraient ainsi moins que chez nous, le prix de la monnaie augmente en Belgique de 1/5 et baisse en Angleterre de 1/10, comme conséquence de l'ensemble des échanges que nous effectuons contre notre numéraire et de l'augmentation de la quantité de monnaie en Angleterre.

Dans ces conditions, le prix de tous les produits haussera en Angleterre de 1/10, ce qui signifie qu'il faudra donner 1/10 de monnaie de plus qu'auparavant pour les obtenir, et il baissera chez nous de 1/5, c'est-à-dire qu'on pourra les y obtenir avec 1/5 de monnaie de moins qu'avant la période d'exportation du numéraire. Il résultera évidemment de cette variation dans la valeur relative des monnaies dans les deux pays, que les 12 mètres de coton anglais qui coûtaient primitivement 8 francs, coûteront 8,80 francs, que le mètre de drap anglais qui coûtait 8 francs, coûtera également 8,80 francs ; tandis qu'en Belgique, où la valeur des produits aura baissé de 1/5, les 12 mètres de coton ne coûteront plus que 9,60 francs au lieu de 12 et le mètre de drap, 8 francs au lieu de 10. Dans ces nouvelles conditions, les anglais nous achèteront le drap et nous continuerons à leur acheter l'étoffe de coton ; de sorte qu'en envoyant en Angleterre pour 8,80 francs de ce drap, nous nous procurerons le coton qui nous aurait coûté 9,60 francs à fabriquer chez nous.

L'élève. Maintenant, Monsieur, je comprends bien qu'en vertu de ce rôle que joue la valeur de la monnaie dans les échanges, on doit arriver à ne plus échanger les produits que contre des produits, car en appliquant votre raisonnement à tous les pays et à tous les produits susceptibles d'être échangés, il devient évident que la valeur de la monnaie s'établira d'elle-même et, dans chacun de ces pays, à un taux tel qu'il ne payera plus qu'avec ses produits ceux qu'il tirera de l'étranger, et que chacun arrivera à se procurer ainsi tous les objets dont il aura besoin en échange de quelques produits spéciaux qu'il sera en mesure de fabriquer à plus bas prix que les autres ; par ce moyen chacun se trouvera pourvu de tout ce qu'il est en mesure d'acquérir, au plus bas prix possible.

L'instituteur. Cela est vrai, mon ami, et plus nous achèterons à l'étranger, plus nous aurons à lui fournir de ces produits que nous sommes capables de fabriquer plus avantageusement que lui et pour lesquels nous n'avons pas à craindre la concurrence. De plus, outre ces produits destinés à la consommation intérieure et extérieure, nous nous livrerions également à la fabrication de tous ceux qui, par leur nature, doivent être consommés sur place, ou dont le transport serait trop coûteux ou trop nuisible à leur qualité pour que les Belges et les étrangers aient à redouter leur concurrence réciproque.

Dans cet état, que nous pourrions nommer *l'état normal*, la richesse de chaque pays dépend de la quantité de produits qu'il peut créer pour sa consommation intérieure et pour la consommation extérieure, puisque c'est celle-ci qui lui permet de se procurer par voie d'échange, beaucoup de marchandises qu'il ne produirait lui-même que trop chèrement et qu'il ne pourrait plus alors consommer qu'en moindre quantité ou pas du tout. Pour que ces échanges deviennent très actifs, il faut évidemment que le consommateur étranger trouve chez lui beaucoup de produits à meilleur marché que partout ailleurs. Il résulte de là que la richesse de chaque pays, ou la quantité de produits qu'il peut consommer, est proportionnée à la fertilité de son territoire, à son travail, au génie de ses habitants et au dégré de perfectionnement de ses procédés industriels ; résultat qu'avec du bon sens, on trouve parfaitement conforme aux lois providentielles qui régissent l'univers. Aucune mesure protectrice, aucune prohibition ne peut faire arriver à la richesse, ni même à l'aisance, des populations peu industrieuses, peu travailleuses ou établies en des points de la surface terrestre peu favorisés de la nature. Les prohibitions, que l'on a nommé des mesures protectrices, ne servent qu'à empêcher les habitants d'un pays, de se procurer chaque chose au plus bas pris possible, et si elles peuvent enrichir quelques personnes privilégiées, dans chaque pays, ce n'est qu'aux dépens des autres, en leur faisant payer plus cher les objets de consommation protégés.

L'élève. Mais d'où vient, Monsieur, cette idée de prendre aux uns pour enrichir les autres auxquels on ne doit rien.

L'instituteur. Mon ami, vous le saurez tout à l'heure quand je vous aurai entretenu des effets de la liberté des échanges, mais nous pouvons toujours, pour l'instant, tirer de notre entretien les conséquences suivantes :

1° Dans l'état normal du commerce, tous les produits que nous achetons à l'étranger et à l'intérieur de notre pays, nous les payons avec nos produits, soit que nous échangions directement ces produits, soit que les échanges s'effectuent par l'intermédiaire de la monnaie. Les mesures douanières peuvent bien troubler momentanéments ce fait général et accroître la quantité de monnaie dans un pays pour la diminuer dans un autre ; mais bientôt à l'aide d'une variation de valeur du numéraire dans les deux pays, les choses se rétablissent dans l'état normal et il n'y a plus qu'échange de produits.

2° La quantité de numéraire en circulation, dans l'état normal du commerce, n'augmente pas lès capitaux d'une nation ; ils peuvent être considérables avec peu de monnaie et faibles avec beaucoup de monnaie. Il n'y a qu'une augmentation constante de prospérité intérieure et un besoin toujours plus grand de numéraire pour les échanges, qui puissent prod' ire une importation constante de monnaie, supérieure à l'exportation et, dans ce cas, l'accroissement de la quantité de monnaie en circulation, qui ne peut être que très lent, est l'effet et non la cause de l'opulence.

3e Enfin, la crainte de manquer jamais d'or et d'argent est la plus puérile de toutes les craintes et ne provient que de la confusion perpétuelle qui règne dans certains esprits au sujet des lois qui régissent les fonctions de la monnaie dans les échanges. Ils ont cru, à cause de la facilité avec laquelle on se procure toutes choses avec de l'argent, que c'était là la véritable richesse et que l'unique but que l'on devait se proposer était d'en attirer chez soi le plus que possible ; ils ont confondu, en un mot, la monnaie avec les capitaux qui, en réalité, peuvent exister sous toutes les formes , et même, à la rigueur, sans monnaie, si l'on pouvait trouver un moyen de la remplacer par des papiers dont le gage serait formé par des capitaux autres que les métaux précieux.

L'élève. Monsieur, je comprends cela très bien, et il en résulte évidemment qu'aucun pays ne peut être entièrement dépouillé de monnaie et que celle-ci prend, dans chacun, une valeur d'autant plus grande que l'état de son commerce et de son industrie, est plus arriéré.

L'instituteur. Mon ami, la conséquence que vous tirez de notre entretien, est exacte.

CHAPITRE VI.

DE LA LIBERTÉ DES ÉCHANGES.

L'instituteur. Mon ami, nous allons étudier aujourd'hui une question d'une importance capitale ; celle de la liberté commerciale.

Représentons-nous le monde industriel et commercial, peuplé du même nombre d'individus qu'aujourd'hui, ou d'une population lentement croissante et débarrassée de toutes les barrières de douanes comme s'il ne formait qu'une seule nation. Supposons, en outre, tous les hommes également pénétrés de l'utilité de communications sûres, rapides, faciles ; toutes les professions sociales, depuis les plus infimes jusqu'aux plus élevées, parfaitement garanties de toutes violences et de toutes prétentions injustes. Enfin supposons que chaque état se soit procuré à l'aide de cotisations modérées payées par ses habitants, les moyens de satisfaire à tous les besoins de son administration, sans gêner en rien la circulation des marchandises ; qu'il soit établi constitutionnellement qu'aucun homme ne peut rien exiger d'aucun autre à titre de protégé, de monopoleur ; que le prix que chacun exige de ses produits ou de ses services, doit être uniquement le prix du produit livré ou du service rendu et ne provenir, dans aucune mesure, d'aucun droit exclusif au profit de certaines personnes, ni d'aucune protection pour les uns, telle qu'elle dégénère en oppression pour les autres ; en un mot que l'état ait réduit sa tâche à procurer, à tous, la plus grande somme de sécurité possible. Quel serait, dans ces circonstances, le développement que prendraient l'industrie et le commerce ainsi livrés à leurs propres forces et délivrés de toute entrave ?

La réponse, mon ami, est facile, et les adversaires les plus acharnés de la liberté commerciale n'ont jamais trouvé que les plus pitoyables raisons pour en contester la vérité, parce qu'elle est indiquée par le plus simple bon sens et que son énoncé seul porte la conviction dans tous les esprits.

Il se produirait une division spontanée du travail et de la production, selon les conditions spéciales de chaque peuple, selon sa position géographique, selon son génie particulier, selon les ressources que son climat et la composition de son sol lui auraient départies ; le capital se distribuerait suivant les mêmes lois naturelles, dans l'intérêt bien entendu des producteurs et des consommateurs ; on produirait dans chaque pays, d'une qualité excellente et à bas prix, les marchandises que l'on ne pourrait produire ailleurs qu'imparfaitement ou à grands frais, et le commerce les transporterait partout où le besoin s'en ferait sentir, en échange de produits équivalents d'une autre nature. Chacun obtiendrait ainsi toutes les choses qu'il désire, au plus bas prix et de la meilleure qualité possible, en se livrant à une seule espèce de fabrication ; chaque homme profiterait alors, sans sortir de chez lui, des avantages immenses que procurent la fertilité de certaines régions, l'aptitude de leurs habitants à produire certaines denrées que l'on ne peut obtenir ailleurs qu'à des prix exorbitants et de mauvaise qualité ; il profiterait du génie spécial à certaines populations et de leurs dispositions à perfectionner tous les appareils qui servent à la fabrication de divers produits et qui permettent de les fabriquer à bas prix. Ce serait l'application sur une vaste échelle, du principe de la division du travail qui a produit tant de merveilles dans chaque industrie considérée isolé-

ment. La consommation favorisée par l'abondance et le
bon marché, stimulerait la production ; il n'y aurait point
d'efforts perdus, point de vaines tentatives, point de capital hasardé ; le niveau de la richesse publique s'élèverait
rapidement et laisserait bientôt aux travailleurs les loisirs
nécessaires à la culture de l'esprit et au développement du
goût des jouissances morales. Au lieu d'une multitude de
marchés, il n'y en aurait plus qu'un, libre de toute entrave
comme de toute impulsion artificielle ; où chacun sui-
vrait la voie indiquée par les conditions naturelles de son
pays, et une loyale et réelle concurrence maintiendrait tous
les prix à un taux raisonnable. On n'aurait plus à redouter que les erreurs individuelles, peu importantes au
point de vue de la richesse générale, et les irrégularités
des forces de la nature, irrégularités dont les plus graves
conséquences pourraient être prévues, jusqu'à un certain
point, et attenuées par divers moyens ; par exemple à
l'aide des assurances qui rendraient presque insensibles
en les généralisant, les effets désastreux que peuvent produire en certains points isolés, le manque des récoltes, la
grêle, les inondations, les incendies et toutes les autres
causes physiques de misères humaines. Tout deviendrait
possible dans cet état de prospérité et de stabilité commerciales, sous l'inspiration d'un intérêt légitime et sous
l'inspiration d'idées morales saines et bien affermies ; mais
si le niveau moral restait en arrière du niveau de l'aisance,
si les hommes ne se servaient de l'accroissement de leurs
ressources que pour satisfaire à de grossières jouissances
physiques qui les dépravent, le progrès général en serait
retardé et ceux qui auraient ainsi perdu le sens moral ne
sortiraient pas de leur infime position.

L'élève. Monsieur, le tableau que vous venez d'exposer
à mes yeux est bien séduisant et il réalise à peu près les
rêves romanesques de certains auteurs partisans de l'organisation communiste des sociétés, que j'ai lus parfois

dans les soirées d'hiver ; mais pourquoi donc les hommes n'ont-ils pas appliqué ces principes à toutes leurs relations internationales, puisqu'il devait en résulter le bien du plus grand nombre, et pourquoi chaque état se trouve-t-il, aujourd'hui, entouré d'une barrière de douaniers qui servent à empêcher les produits étrangers d'entrer librement chez lui ?

L'instituteur. Mon ami, c'est là un des graves méfaits de l'ignorance et de la cupidité humaines, qui en ont commis bien d'autres, et je vais essayer d'analyser avec vous notre organisation industrielle et commerciale actuelle, pour vous en montrer les vices et les désordres.

En portant nos regards un peu en arrière, à l'époque où existaient les corporations par exemple, nous voyons que ces corporations consistaient en associations d'hommes exerçant la même profession et qui avaient obtenu de l'état représenté par le roi, le privilège exclusif de l'exercice de cette profession ; elles se recrutaient dans leur propre sein et, pour maintenir l'égalité entre leurs membres, il était interdit à chacun d'eux d'appliquer des procédés de fabrication plus perfectionnés que ceux de ses co-associés ; c'était le système de protection usité aujourd'hui dans chaque état, mais appliqué à chaque commune avec des mesures aggravantes. Il n'existait pas une seule de ces agrégations d'hommes voués à la même industrie, qui n'exerçat en dehors d'elle, quelque genre de despotisme et qui, en revanche, ne souffrit quelque genre d'oppression ; si chacun faisait la loi, chacun la subissait et si quelque prospérité régnait dans ces corporations, elle était due, en grande partie, au pouvoir qui écartait d'elles, par la force, tous les concurrents qui attendaient dans une profonde misère, qu'on voulut bien les admettre au nombre des élus, quelle que fut, du reste, leur capacité. Toute activité, dans ce système, était dirigée suivant des idées injustes et tyranniques et l'on cherchait bien plus à écarter des rivaux qu'à les surpasser en mérite. Telle communauté d'artisans demandait le monopole de tel genre de fabrication ; telle classe de marchands voulait avoir le privilège de tel genre de commerce ; tous élevaient des prétentions analogues. En voulant accaparer une industrie, on se faisait interdire toutes les autres ; pour faire plus de bénéfice dans ses ventes, on payait plus cher tous ses achats ; tout cela au risque de tomber dans la plus profonde misère sans espoir d'en sortir, lorsque cette industrie ou commerce privilégié venaient à tomber en décadence. Triste société dans laquelle chacun était dupe de tous les autres ! Dans un semblable système, non seulement on dépouillait injustement, de l'usage innocent de leurs facultés, tous les hommes placés en dehors des corps qui avaient accaparé les divers modes de commerce et d'industrie, mais encore on ne parvenait jamais à établir la paix parmi les accapareurs. Partout ce n'était que vengeances et représailles ; on allait supplier effrontément le pouvoir de supprimer telle industrie dont on redoutait la concurrence ; on s'épuisait en frais, en sollicitations, en prières et l'on ne commettait toutes ces bassesses que pour avoir le droit d'être injuste. Une pareille organisation sociale ne pouvait tenir indéfiniment devant le progrès des lumières et elle fut renversée dès le début de la révolution de 1789.

L'élève. Monsieur, il m'est cependant arrivé parfois d'entendre des hommes vanter ce système des corporations, le préconiser comme le plus favorable à l'industrie et le considérer comme un élément indispensable à la résurrection de ce bon vieux temps qu'ils regrettent.

L'instituteur. Mon ami, ce sont des gens mal informés de ce qui se passait alors et vous le comprendrez mieux tout à l'heure. Après 1789, à l'époque terrible de transition de la féodalité au régime de la liberté civile, on fit d'autres essais. A la suite d'une période d'extrême cherté

des subsistances causée par de mauvaises récoltes, on
établit le *maximum* qui consistait à obliger les marchands
de denrées alimentaires, à les vendre à un taux inférieur
à leur prix de revient. Outre qu'une semblable mesure
était un attentat contre la propriété, que les circonstances
difficiles dans lesquelles on se trouvait, auraient fait
excuser en partie, elle alla directement contre son but.
Personne ne voulant travailler ni faire le commerce à
perte, la production diminua et, par suite, la consommation ; au point que ceux qui auraient pu payer les produits
alimentaires à un prix rémunérateur, ne pouvaient plus
s'en procurer et que l'on vit la famine régner à Paris où la
loi était exécutée avec rigueur, tandis qu'une abondance
relative régnait dans les provinces où elle était moins
fidèlement observée. Il est évident que tout système de
fixation légale du prix des produits, ne fait pas que ce
prix soit la valeur réelle de ces produits ; si cette taxe
est inférieure au prix de revient, le vendeur est volé et
suspend sa production ; si elle est supérieure à ce prix
plus la rémunération raisonnable du fabriquant, l'ache-
teur est trompé et on l'oblige injustement à donner au
vendeur une certaine somme en sus de ce qu'il lui doit ;
c'est pour cela que l'expérience révolutionnaire ne fut
pas de longue durée et que le *maximum* fut supprimé.

Après que la révolution eût détruit toutes les entraves
à la liberté du travail, et depuis cette époque jusqu'à nos
jours, on pût constater que l'esprit qui avait animé les
corporations n'était point éteint ; un grand nombre de
chefs d'industries ont cherché avec ardeur à ressusciter
les anciennes entraves sous une autre forme ; en les
appliquant à l'état tout entier au lieu de les appliquer à
chaque municipalité. Autrefois les corps de métiers de-
mandaient le monopole de la fabrication ; de notre temps,
tous les industriels demandent le monopole de la vente ;
ils veulent un marché commode, privilégié, à leur porte,

qui s'étende jusqu'à la frontière, et dont on défende l'entrée aux étrangers avec une bonne armée de douaniers. Bon gré, malgré, que cela convienne au consommateur ou ne lui convienne pas, que cela augmente ou diminue ses jouissances, que cela le plonge ou non dans la misère, ils demandent qu'on lui dise, voilà votre marché, voilà vos fournisseurs, il vous est défendu de vous pourvoir ailleurs avec votre argent, quand même vous pourriez ainsi, pour la même somme, vous procurer le double de produits à consommer et des produits de meilleure qualité, et ils ont trouvé des gens qui ont imaginé une série de sophismes pour démontrer qu'un tel système était favorable à chaque pays et ils l'ont décoré du beau nom de *système protecteur de l'industrie nationale.*

L'élève. Il me semble bien, Monsieur, que l'on protège ainsi quelques industries, mais que deviennent alors les personnes dont les produits et le commerce ne sont pas protégés.

L'instituteur. Mon ami, cela n'intéresse nullement les privilégiés et ils se gardent bien, dans leurs écrits, dans les démarches sans nombre qu'ils font près des hommes dépositaires du pouvoir, de faire jamais la moindre mention de la nombreuse catégorie de personnes qui sont victimes des privilèges qu'ils réclament. Mais examinons maintenant les effets économiques et la moralité de ces mesures restrictives.

Excepté dans le cas très rare d'une prime que le gouvernement délivre à ceux qui exportent des produits à l'étranger, la prétendue protection qu'il accorde à l'industrie consiste à prohiber ou à grever d'un droit plus ou moins élevé, à la frontière du pays, certaines marchandises étrangères que fabriquent aussi les nationaux, afin que ceux-ci puissent les vendre plus cher. On prétend, par ce procédé, développer le travail national et se dispenser de *payer*, comme on dit, *tribut à l'étranger.*

D'abord ce n'est point un tribut que l'on paye à l'étranger quand on lui achète un produit quelconque, c'est un échange que l'on fait avec lui ; on ne paye tribut que quand on ne reçoit rien en échange de ce que l'on donne. Quand les Anglais nous vendent une machine et que nous leur envoyons de la toile de lin en échange, où est le tributaire ? Est-ce l'Anglais ? est-ce le Belge ? ils ne le sont évidemment ni l'un ni l'autre et l'on ne peut voir là qu'un acte raisonnable qui profite à tout le monde.

L'élève. Monsieur, c'est évident, il ne me semble pas que nous soyons, dans ce cas, plus tributaires des Anglais, que je ne suis tributaire de mon tailleur quand je lui achète un habit.

L'instituteur. C'est très vrai, mon ami. Mais s'écrient de tous côtés les industriels qui demandent d'être protégés, la protection, et surtout la prohibition, assurent du travail aux producteurs nationaux et de l'emploi à leurs capitaux, tout cela serait perdu sans elles ! Voyons ce que valent, au fond, ces déclamations : si nous achetons aux Anglais pour 100 millions de marchandises, c'est apparemment parce que nous sommes assez riches pour les acheter, car ils ne les donneraient pas pour rien ; mais, avec quoi les payons-nous ? bien certainement avec nos produits nationaux, ce que nous avons suffisamment démontré dans le chapitre précédent, avec 100 millions d'autres marchandises fabriquées chez nous, qui ont fourni du travail aux producteurs de ces marchandises et de l'emploi à leurs capitaux. Si, pour protéger les producteurs nationaux de ces produits que nous tirons d'Angleterre, nous prohibons ceux-ci à l'entrée ou si nous les grèvons d'un droit considérable, les producteurs nationaux, moins habiles, moins bien placés, nous fabriqueront, pour 100 millions, une quantité de ces produits plus faible que celle que nous aurions reçue des Anglais, un dixième de moins par exemple, et les producteurs nationaux des 100 millions de produits que ceux-ci nous eussent achetés, ne les fabriqueront plus. Il y aura dans notre pays, même travail, même emploi des capitaux dans les deux cas, mais dans le premier, nous aurons obtenu pour notre consommation, un dixième de marchandises de plus que dans le second ; de sorte que la prohibition ou un droit suffisant pour empêcher l'échange avec les Anglais, nous aura infligé sans compensation, une perte de 10 millions qui sera retombée sur les consommateurs de ces marchandises, lesquels, pour leurs 100 millions, n'en ont eu que ce que les Anglais leur auraient donné pour 90 millions. De quelque façon que l'on retourne la question, on arrive au même résultat.

L'élève. Monsieur, je le vois bien clairement, et cela ne peut être contesté qu'en niant que les produits ne s'échangent que contre des produits ; ce qui est cependant bien évident d'après la loi de variation de valeur du numéraire que vous m'avez expliquée.

L'instituteur. Mon ami, il y a encore une autre manière de faire sentir plus vivement, si c'est possible, l'absurdité de la protection ; c'est de montrer que sans changer d'effets et de nature, elle peut prendre la forme d'une taxe directe imposée par l'Etat et distribuée en primes, aux industries privilégiées.

Supposons, par exemple, que le prix des fontes de moulage anglaises, soit de 10 francs les 100 kilos, tous frais payés et rendues à Anvers, et que le producteur anglais ne puisse, sans travailler à perte, les vendre à un prix inférieur à 9 fr. 50. Supposons encore que le prix des mêmes fontes de fabrication belge, sur le même marché belge, doive être de 14 francs les 100 kil. pour que le producteur fasse de bonnes affaires, parce que son prix de revient est supérieur à celui des Anglais. Il est bien clair que si le commerce entre les deux nations, est libre, les Belges ne vendront pas leurs fontes aux consommateurs et que la production en sera suspendue ; mais si l'Etat, pour protéger l'industrie nationale des fontes, impose un droit d'entrée de 5 fr. par 100 kilos sur les fontes anglaises, les fontes belges se vendront 14 francs et les fontes anglaises ne se vendront plus parce que le producteur anglais ne pourra plus les vendre, sans perte, au dessous de 14 fr. 50. Mais l'Etat pourrait aussi, en supprimant les droits d'entrée, prélever un impot quelconque sur la totalité des Belges et en employer le produit à payer aux producteurs de fontes, une somme de 5 frs. par 100 kil. de fonte qu'ils fabriqueraient ou livreraient à la consommation ; de cette façon, ils vendraient leurs fontes à 9 frs. les 100 kil. et ce prix ajouté aux 5 frs. que leur donnerait l'Etat, formerait les 14 fr. qui leur sont nécessaires pour faire de bonnes affaires ; tandis que les Anglais qui ne reçoivent rien et qui ne peuvent vendre au dessous de 9 fr. 50, ne pourraient plus vendre leurs fontes en Belgique. Il est impossible de trouver la moindre différence entre ces deux façons de protéger l'industrie nationale ; leurs principes et leurs effets sont les mêmes ; seulement le fardeau retombe sur quelques-uns dans l'emploi de premier procédé et sur tous dans l'emploi du second, qui me parait plus juste, plus loyal et moins coûteux. De plus, il dispenserait d'une armée de douaniers à la frontière, et le public qui verrait clair dans l'opération, se lasserait bientôt de subsidier chèrement quelques privilégiés et protesterait contre ce communisme partiel qui consiste à enlever aux uns une partie des produits de leur travail pour enrichir les autres.

L'élève. Monsieur, vous avez raison, si l'Etat venait me demander tous les jours une partie de mon salaire pour le donner au fabricant de meubles qui demeure dans mon voisinage, parce qu'il ne fait pas d'assez bonnes affaires, je crierais bien fort que l'on me vole et je crois que je ne tarderais pas à être délivré de cette injuste contribution.

L'instituteur. C'est vrai, mon ami, et si vous supposez que l'on étende ce système de protection à toutes les industries qui croiront y avoir droit, vous verrez ses effets se détruire en se généralisant, chacun étant obligé de payer pour protéger les autres, une somme égale à celle qu'on lui aurait donnée pour le protéger lui-même, et ceux qui ne seraient pas protégés du tout payeraient pour tous ; on arriverait ainsi à une sorte de mystification universelle avec aggravation du prix des produits pour tous les habitants du pays.

Nos partisans du système protectionniste s'efforcent, par tous les moyens imaginables, de propager la crainte que l'étranger, à l'aide de procédés plus perfectionnés que les nôtres, ne parvienne à obtenir sur notre marché, la préférence sur tous nos articles de consommation, ne finisse par produire tout ce qui est nécessaire à notre consommation en nous enlevant notre numéraire et, suivant le terme consacré, *ne nous inonde de ses produits.* Si cette allégation était aussi vraie qu'elle est fausse, nous n'y verrions pas grand inconvénient, si l'inondation de blé, de vêtements, de fer, de houille, qui nous empêcherait de mourir de faim et de froid, pouvait durer toujours, car nous ne vivons pas d'or et d'argent consommés en nature ; mais cette crainte est absurde au plus haut degré puisque, d'une manière permanente, nous ne pouvons rien acheter à l'étranger sans le payer avec nos produits autres que le numéraire. Craindre que l'étranger ne finisse par tout produire, c'est craindre qu'il ne nous approvisionne de tout gratuitement, car nous ne produisons point d'or ni d'argent, et il faudra bien qu'il reçoive nos produits en échange des siens, à moins qu'il ne nous les donne pour rien ; cela n'est pas contestable. Si l'étranger produit à meilleur marché que nous, certains objets de consommation, si ses procédés de fabrication sont plus perfectionnés, c'est une raison de plus pour les lui acheter et je vais vous prouver que, dans ce cas, c'est le pays le moins favorisé par la nature et par la perfection des procédés de fabrication, qui gagne le plus aux échanges.

Mettons en présence deux populations, l'une riche, possédant un sol fertile, des capitaux abondants, de puissants moyens de fabrication, en un mot pouvant produire beaucoup avec peu de travail ; l'autre pauvre, ne possédant qu'un sol aride, peu de capitaux, c'est-à-dire ne produisant que peu avec beaucoup de travail ; puis supposons que l'on supprime toute entrave au commerce entre les deux nations. La monnaie y prendra bientôt, comme nous l'avons démontré, des valeurs différentes, telles, que le pays pauvre payera avec ses propres produits ceux qu'il achètera au pays riche. Mais l'échange ne consiste pas en choses utiles contre choses également utiles ; il consiste en choses qui ont, au même lieu, la même valeur en numéraire. Or, le pays riche a mis dans ses produits plus d'utilité pour sa valeur en numéraire, parce que l'utilité résulte à fois de la part que la nature a prise à la confection des produits, de la part qui correspond au perfectionnement des procédés appliqués à la fabrication et de la part correspondante au travail de l'homme, tandis que leur valeur en numéraire ne dépend que de la part de ce dernier travail, à cause de la concurrence qui fait que l'on ne paye pas la participation de la nature et des procédés perfectionnés, à la fabrication de ces produits. D'un autre côté, pour la même valeur, le pays pauvre dans lequel les procédés sont peu perfectionnés et la nature avare de sa participation, n'a pu mettre que son travail dans la valeur de ses produits. Il en résulte évidemment que ce pays pauvre, en faisant l'échange d'une valeur contre une valeur égale, reçoit gratuitement ce que la nature et les ressources de toute espèce du pays riche ont mis d'utilité dans les produits étrangers ; donc l'échange est plus favorable au pays pauvre et c'est lui qui gagnerait le plus à ouvrir ses frontières à ces produits étrangers.

Pour rendre ce résultat plus évident encore, je vais, mon ami, prendre le premier exemple venu : Supposons que la quantité de numéraire dans le pays pauvre, ait été amené pas les relations commerciales, à ce chiffre pour lequel les échanges ne se font plus qu'entre produits, et je vous ai démontré qu'il faut nécessairement en arriver là. Supposons encore que ce pays, avec un produit qui vaut chez lui 15 francs, veuille acheter du drap. Comme le prix du drap, dans le pays riche, s'est établi d'après la quantité de travail qui est nécessaire pour le fabriquer et l'importance du capital qu'il faut y consacrer, et que plus les procédés seront perfectionnés, moins il faudra de travail et de capitaux pour fabriquer une quantité donnée de ce drap, il est clair que son prix sera d'autant moindre, que ces procédés de fabrication seront plus parfaits et que les ressources mises par la nature à la disposition du fabricant seront plus considérables. Le pays pauvre, pour son produit de 15 francs aura donc plus de drap qu'il n'en aurait eu, si la nature ou le génie des habitants du pays riche les avaient traité moins favorablement et les avaient laissé pauvres comme leurs voisins. Les mêmes considérations seraient applicables, et d'une façon plus évidente encore, si au lieu du drap, nous prenions pour exemple un produit agricole, car la terre fournit d'autant plus aisément, avec moins de travail et à un prix d'autant moindre, d'excellents produits, qu'elle est plus fertile.

La conséquence de ce raisonnement est celle-ci : Il n'y a pas plus de péril à commercer librement avec des pays très riches et très industrieux, qu'il n'y en a à voir des parties quelconques d'un même état s'élever rapidement par l'industrie, à un haut degré de prospérité, à découvrir une mine plus riche, un sol plus fertile ou une machine plus expéditive. Les protectionnistes n'ont pas encore songé à étouffer dans leur berceau, ces dernières causes de bien-être qui devraient produire suivant eux, tout comme les relations avec les pays voisins, un *commerce ruineux* pour les autres parties du même état et les rendre *tributaires* de leurs concitoyens qui les *inondent* de leurs produits. L'idéal de la protection c'est la suppression de tout perfectionnement dans toutes les branches de l'activité humaine, et le maintien indéfini de la misère avec toutes ses conséquences.

Une prohibition de marchandise étrangère, ou simplement un droit protecteur qui nous force à remplacer cette marchandise par une production indigène, égalise les conditions de vente sur le marché national, mais non les conditions de production ; le droit peut bien faire que le café et les épices cultivés en serre chaude en Belgique, coutent aussi cher que le café et les épices de l'ile Bourbon ou du Brésil, mais il ne peut faire que les conditions de production soient égales ; le café de l'ile Bourbon et les autres produits des pays chauds se fabriqueront indéfiniment avec moins de travail et de capitaux, dans ces pays qu'en Belgique, ils y seront de meilleure qualité et coûteront moins cher. Il vaut mieux, évidemment, se les procurer par le procédé le plus parfait, par la voie des échanges contre nos produits, ce qui nous permettra, avec la même quantité de travail, de nous procurer cent fois plus de ces produits étrangers que si nous les avions fabriqués nous-mêmes à grands frais et de mauvaise qualité. Ne voyez-vous pas, mon ami, que ces droits protecteurs équivalent exactement, à un règlement industriel qui nous obligerait, pour créer un produit, à nous servir d'un procédé dispendieux au lieu d'un procédé rapide et peu coûteux, à cultiver une terre stérile au lieu d'une terre fertile, à remplacer la charrue par la bêche et, finalement, pour pousser la protection du travail national jusqu'à ses dernières conséquences, à remplacer la bêche par les ongles. Il est vrai qu'alors personne n'aurait le temps de chômer, ce qui ne nous empêcherait pas de mourir de faim et de froid, par milliers.

L'élève. Je vois bien, Monsieur, que la protection n'est pas un encouragement accordé au travail national, dans le sens raisonnable qu'il faut donner à ce mot, car si elle augmente ce travail, c'est pour arriver à un résultat moindre que celui que l'on eût pu obtenir avec moins de peine ; c'est-à-dire qu'elle remplace un travail à produits abondants par un travail à produits médiocres et transforme le caprice en règle de législation.

L'instituteur. Vous avez raison, mon ami, et de plus, elle engendre encore d'autres inconvénients : Sous l'empire du système prohibitif, les capitaux se portent en masse vers les industries privilégiées, en abandonnant un meilleur emploi, sans profit même pour les capitalistes ; car la concurrence intérieure ne tarde pas à réduire ses bénéfices au taux ordinaire. C'est un artifice qui profite à ceux qui exploitent les premiers la protection accordée à certains produits, et qui ensuite ne profite plus à personne, en causant au pays une perte sans compensation, égale à la différence qui existe entre le prix auquel l'étranger aurait pu livrer le produit et le prix auquel peut le livrer le travailleur indigène sans perdre son travail et ses capitaux.

Toute production qui ne peut se soutenir qu'à l'aide de la protection, cause un perte continue au pays ; elle n'a besoin d'encouragements que parce qu'elle cause de la perte, et si le producteur ne la subit pas lui-même, c'est le consommateur qui la paye à sa place. L'état a beau faire, il ne peut donner de l'argent aux uns qu'en le prenant aux autres, car il ne produit rien de matériel qui ait un cours en argent sur le marché et il ne peut augmenter ses ressources à la façon des producteurs ordinaires ; ce n'est point avec des règlements d'administration qui distribuent arbitrairement les produits du travail, qui attribuent aux uns une part des bénéfices réalisés par les autres, qui font, en définitive, du *communisme* dans la pire acception du mot, que l'on enrichit une nation ; ce sont les profits qui enrichissent les nations et les profits résultent de l'exploitation des industries qui ne se développent qu'avec la liberté et sans rien prendre aux autres ; ce sont ces industries qui favorisent le commerce intérieur et extérieur, bien plus qu'elles n'en sont favorisées, et c'est lorsque les manufacturiers savent créer des produits très utiles, à très bon marché, que le commerce doit trouver à les vendre ; pour qu'ils augmentent la richesse nationale, il ne faut compter que sur leur mérite. La véritable prime d'encouragement à l'industrie consiste dans le maintien rigoureux de la sécurité des personnes, des propriétés et dans l'établissement des institutions propres à faire respecter les droits de chacun. Quant à la richesse absolue d'une nation, elle sera toujours proportionnée à la quantité des terres en culture relativement à sa population, à leur fertilité, à l'activité, au génie industriel de ses habitants et à l'importance du capital national formé par leurs économies ; quelle que soit, du reste, la quantité de monnaie qui fait partie de ce capital. L'Espagne s'est appauvrie pendant que ses habitants délaissaient leur industrie intérieure, pour se livrer à l'exploitation des métaux précieux du Nouveau monde, et l'Angleterre s'est enrichie, sous le premier empire français, pendant que le cours forcé de son papier monnaie en faisait sortir tant d'or et d'argent qui passèrent dans les pays voisins.

Les agriculteurs, pas plus que les manufacturiers, n'ont droit à une protection qui leur permette d'exclure les agriculteurs étrangers du marché national et de vendre leurs produits à un prix de monopole. Une telle prétention est odieuse parce que, sous peine de mort, on ne peut se passer de denrées alimentaires, et que le fardeau de la prime qu'on leur accorde pèse bien plus lourdement sur le pauvre que sur le riche qui n'y applique qu'une faible partie de ses ressources. Ils s'exposent, en réclamant des droits protecteurs, à de fâcheuses représailles de la part de manufacturiers qui réclameront aussi le droit de leur vendre tous leurs produits plus cher. Il se produit ainsi une espèce d'antagonisme universel, des sentiments haineux et jaloux qui divisent les peuples, et l'on a souvent vu des guerres acharnées devenir la conséquence inévitable de ces luttes commerciales.

En même temps qu'il divise les hommes, le système protecteur offre encore bien d'autres inconvénients ; il oppose de graves obstacles au progrès de toutes les industries, tant agricoles que manufacturières ; il les laisse s'endormir à l'ombre du monopole et les délivre des concurrents qui pourraient les tirer de leur sommeil léthargique ; il est un encouragement à la paresse, à la routine, à la persistance dans de fausses directions et dans l'emploi de procédés surannés ; à quoi bon, disait un fabricant français, dans une enquête commerciale, m'informer des procédés anglais que l'on me vante, ne suis-je pas suffisamment protégé ; il intervertit partout l'ordre naturel du développement des diverses industries et imprime à leur expansion une marche fort irrégulière, à cause des vicissitudes de l'importance des protections accordées, car toutes les industries en cause, aux époques de renouvellement des traités de commerce, se sentent menacées d'une crise capable d'en entraver la marche ordinaire. Ce système pousse, dans chaque pays, à fabriquer un grand nombre de marchandises dont la fabrication, pour le moment du moins, n'aurait aucune chance de s'y soutenir d'elle-même et il entrave, en même temps, l'essor d'autres industries qui pourraient y être exploitées sans aucune espèce de protection ; il fait hausser le prix des produits de toute nature, en troublant l'ordre naturel des choses ; il encourage la contrebande qui s'est donné la mission de rectifier ses écarts et qui, malgré les efforts qu'il fait pour la réprimer, devient l'industrie qu'il favorise le plus énergiquement ; à ce point même que, le long des frontières, les industriels les plus protégés et qui, par conséquent, ont les meilleures raisons pour respecter les restrictions douanières, sont souvent pris en flagrant délit de fraude.

On a beau dire et répéter partout que, tous, nous sommes alternativement producteurs et consommateurs ; que chacun retrouve avec bénéfice dans ses ventes, ce qu'il paye de trop dans ses achats ; tous ces mensonges, qui commencent à être appréciés à leur vraie valeur par quelques hommes plus clairvoyants que les autres, cesseront bientôt de faire des dupes par suite de la diffusion des lumières économiques. Il s'exécute, dans chaque pays, beaucoup de travaux qui gagnent moins par la protection qu'ils ne perdent et qui trouveraient profit à l'émancipation complète des échanges, et il y en a un nombre immense qui ne sont pas protégés du tout. En effet, pour qu'un produit puisse être protégé, il faut qu'il ait une forme tangible, matérielle, sur laquelle on puisse asseoir une taxe, et il y a une multitude de travaux qui ne se présentent point sous cette forme, par exemple :

Ceux des employés d'administrations, depuis le ministre jusqu'au garde champêtre, des magistrats, des militaires, des marins, des avocats, des avoués, des notaires, des greffiers, des huissiers, des auteurs, des artistes, des médecins, des professeurs, des prêtres et de beaucoup d'autres ; tous ces hommes payent les protégés et n'en reçoivent rien en échange.

Une autre classe qui s'occupe exclusivement de la distribution des produits, est aussi exclue des faveurs de la protection ; elle comprend les banquiers, les marchands en gros et en détail dont le nombre est immense, les agents de change, les assureurs, les courtiers, les voituriers, les entrepreneurs de diligences........

Une troisième classe se compose de tous ceux qui font un travail dont le produit se consomme sur place ou uu travail qui se ferait de quelque part que vînt la matière première, comme les tailleurs, les cordonniers, les maçons, les charpentiers, les menuisiers, les forgerons, les jardiniers....... et tant d'autres travailleurs.

Il faut aussi compter comme évincés de la curée protectionniste, tous ceux qui cultivent ou fabriquent des objets qui ne craignent nullement la concurrence étrangère. Enfin, il faut encore ajouter à cette nomenclature, la totalité de la classe ouvrière dont les membres en nombre si considérable, sont, sans qu'ils le soupçonnent, victimes du système protecteur, même ceux qui sont employés dans les industries protégées. En effet, sous l'influence de la protection, les uns se sont engagés dans des industries incapables de se soutenir par leurs propres forces et, en vertu de la concurrence, leurs salaires n'y sont pas plus élevés que dans celles qui peuvent se maintenir sans cette protection ; et les autres rentrent dans la catégorie générale des victimes du système protecteur, sans compensation.

Tous ces hommes, par le progrès naturel des lumières, sentiront tôt au tard que ce système leur impose une contribution véritable et très lourde, sans que l'Etat, dans son ensemble, en tire aucun profit, et ils comprendront que s'il est absurde de prétendre qu'une nation est tributaire d'une autre nation à laquelle elle achète librement, spontanément et à prix loyalement débattu, les marchandises dont elle a besoin, il est complètement sûr que l'immense majorité de ses habitants sont tributaires de toutes les industries nationales qui, à la faveur des droits et des prohibitions, leur font payer les produits qu'elles créent au-dessus de leur vraie valeur. C'est bien là, en effet, un tribut véritable, une servitude réelle, une subvention accordée sans services reçus en échange et il est étonnant que de nos jours, il ne s'élève pas plus d'énergiques réclamations dans la catégorie si nombreuse des hommes exploités, ni plus de plaintes amères et légitimes contre les charges imposées par ces industries privilégiées que l'on a, bien à tort, décorées du titre d'industries nationales.

L'élève. Monsieur, cette absence de protestations de la part des victimes de la protection, me parait, comme à vous, bien étrange, pourquoi donc se laissent-elles ainsi exploiter indéfiniment sans demander bien haut qu'on les délivre de ce lourd impôt qui ne s'applique pas aux besoins généraux de l'Etat.

L'instituteur. Mon ami, cela tient au peu de lumières économiques répandues dans l'immense majorité des habitants de chaque pays, aux sophismes accumulés par les intéressés qui, généralement, prennent une part considérable à la conduite des affaires de l'Etat ; ce sont, comme on dit, des gens haut placés ; puis aussi à certains phénomènes qui, mal observés et mal interprétés, donnent une apparence plus favorable au système protecteur. Ainsi, par exemple, lorsque l'Etat accorde une protection efficace à une industrie qui s'est implantée dans une partie peu étendue d'un pays, on voit cette industrie prospérer immédiatement ; les ouvriers y sont très demandés et y gagnent de fort salaires ; les manufacturiers y font fortune et répandent autour d'eux plus d'aisance parce qu'ils achètent davantage ; on présente cette prospérité locale, effet du système protecteur, comme s'étendant sur tout le reste du pays, et les intéressés crient bien haut que lui seul est capable de faire fructifier et de développer le travail national. La majorité de la nation qui ne voit pas que cette prospérité résulte uniquement de ce qu'elle apporte gratuitement à cette petite partie de la population, une portion plus ou moins considérable des produits de son travail pour combler le déficit de l'industrie privilégiée ; qui ne voit pas pourquoi son malaise ou les obstacles à l'accroissement de son bien-être, s'accroissent encore plus rapidement que la richesse des quelques industriels protégés, laisse s'accomplir, sans protester, cet insigne déni de justice. C'est à ce défaut de clairvoyance, dans la grande masse de la population, qu'il faut attribuer l'existence de ce système qui constitue aujourd'hui l'un des principaux obstacles au progrès matériel de l'ensemble des hommes qui constituent une nation ; si l'on protégeait tout le monde, les bénéfices des protégés actuels ne suffiraient pas pour payer la protection accordée à tous les autres et il en résulterait un appauvrissement général.

L'élève. Monsieur, permettez moi d'interrompre un instant votre démonstration, pour vous soumettre le seul doute qui reste encore dans mon esprit au sujet des effets généraux du système protecteur, en me servant pour cela d'un exemple. Lorsqu'un fabriquant de fer belge a produit une certaine quantité de ce fer, et qu'il peut l'échanger contre des produits français de diverses natures, dont il a besoin, je vois bien que si une mesure protectionniste l'oblige à faire cet échange contre les mêmes produits fabriqués en Belgique dans de mauvaises conditions de prix de revient, il obtiendra moins de ces produits pour son fer et ses intérêts seront évidemment lésés ; mais cette protection aura permis la fabrication, en Belgique, de tous ces produits échangés contre le fer et ils n'auraient pas été fabriqués sans elle ; est-ce que ce fer fabriqué, malgré sa diminution de valeur relativement aux autres produits, plus la valeur de ces produits qu'a fait naître la protection, ne constituent pas ensemble une valeur plus considérable que celle du fer tout seul échangé contre les produits fabriqués en France. Il me semble qu'il y a alors deux produits au lieu d'un seul en Belgique et que la richesse de l'ensemble de notre pays doit s'en trouver augmentée.

L'instituteur. Mon ami, c'est une pure illusion, et je vais vous le démontrer. Rappelez-vous la démonstration que je vous ai donnée du principe qui concerne l'échange des produits : *Pour une quantité déterminée de monnaies en circulation dans l'ensemble des pays en relation d'affaires, chaque nation ne peut acheter aux nations voisines, une quantité déterminée de produits de diverses natures, sans leur vendre en échange, pour une valeur égale de ses propres produits ; parce que la quantité de ces monnaies qu'elle possède, relativement à ses besoins, est à peu près invariable.* Je ne dis pas que, pour chaque produit d'une valeur de cent francs, qu'elle enverra à l'étranger, elle en recevra pour cent francs de produits autres que de la monnaie, parce que la loi des échanges ne comporte pas un semblable degré de précision ; mais toutes les fois qu'elle aura acheté aux producteurs étrangers, une quantité de produits, suffisante pour faire hausser un peu le prix de la monnaie chez elle, les prix de ses propres produits baisseront et les habitants des pays voisins chez lesquels les prix auront haussé par suite de la surabondance des monnaies, trouveront avantage à lui acheter pour une somme égale de ses produits, ce qui ramènera partout le prix de la monnaie à sa valeur normale.

On peut donc, sans commettre d'erreur, admettre que tout achat à l'étranger provoque la vente, aussi à l'étranger, d'une somme de produits dont la valeur est égale à celle des produits que l'on en a tirés.

Ce résultat que l'expérience a parfaitement confirmé, étant admis, supposons qu'un marchand belge qui a besoin de 1000 mètres de drap, puisse les acheter en France pour la somme de 10000 francs et ne puisse se les procurer chez un fabricant belge que pour 12000 francs, parce que celui-ci est moins habile, ou ne se trouve pas dans des conditions aussi favorables pour l'achat des matières premières, ou se trouve obligé de payer la main-d'œuvre plus cher. Il est clair que si le drap peut entrer en Belgique librement, sans droits protecteurs, le marchand achètera son drap en France, que le manufacturier belge ne le fabriquera pas, et que si ce même marchand en achète en France pour 12000 il aura 1200 mètres de drap au lieu de 1000 mètres que le fabricant belge lui eût fourni pour le même prix. Il pourra donc vendre ce drap à meilleur marché et habiller un plus grand nombre de ses compatriotes, qui auront moins à dépenser, chacun, pour être vêtus convenablement. Ces derniers auront ainsi profité de la plus grande habileté du fabricant français ou des meilleures conditions de fabrication dans lesquelles il se trouvait.

Dans ce cas, l'industrie nationale du fabricant de drap belge n'aura pas été favorisée dans la mesure des 12000 fr. payés par le marchand au fabricant français, mais comme cette somme de 12000 est sortie de Belgique, elle aura provoqué, de la part de marchands étrangers, un achat de produits belges qui n'ont pas besoin d'être protégés, pour une somme égale de 12000 francs, et c'est l'industrie nationale des fabricants de ces derniers produits qui sera encouragée, à la place du fabricant de drap et dans la même mesure.

Si le gouvernement, pour protéger l'industrie du drap, avait créé un droit à l'entrée du drap français en Belgique, suffisant pour l'empêcher d'entrer, le marchand aurait été obligé d'appliquer ses 12000 francs, à l'achat de drap belge ; il n'en aurait eu que 1000 mètres au lieu de 1200 ; il eut été obligé de le vendre plus cher et il y aurait eu moins de belges vêtus convenablement à bon marché.

Dans ce dernier cas, l'encouragement à l'industrie nationale eut été appliqué au fabricant de drap au lieu de l'être au fabricant des produits qui eussent été vendus à l'étranger si le drap avait été acheté en France, et il n'y aurait qu'un déplacement de la protection accordée au travail et aux capitaux nationaux, avec la circonstance aggravante qu'un certain nombre de Belges ont été obligés de dépenser plus d'argent pour se faire habiller et en ont conservé moins pour faire prospérer d'autres industries nationales.

L'élève. Maintenant, Monsieur, je vois plus clair dans la question ; la protection accordée à une industrie, au moyen de prohibitions ou de droits d'entrée dans un pays, n'augmente ni le travail, unique ressource de la classe ouvrière, ni l'importance des emplois possibles des capitaux ; elle oblige seulement ce travail et ces capitaux à s'appliquer à une industrie qui n'est pas susceptible de procurer des profits quand elle n'est pas subventionnée par les particuliers, au lieu de s'appliquer à une industrie capable de subsister par elle-même en remunérant convenablement le travail et les capitaux que l'on y applique, et cela au grand dommage des consommateurs. Je vois bien encore qu'en laissant tout entrer chez eux sans obstacles, les habitants de chaque pays profitent largement de la fertilité du territoire des autres nations, des perfectionnements de leurs procédés de fabrication, et qu'au lieu de fabriquer nous-mêmes toutes les choses dont nous avons besoin, il est infiniment plus profitable de se les procurer par voie d'échange contre d'autres produits que nous pouvons fabriquer aussi bien ou mieux que partout ailleurs, en développant la fabrication de ces derniers.

L'instituteur. C'est très bien, mon ami, et je puis vous citer, à l'appui de ma démonstration, un exemple que je viens de recueillir dans notre pays. Les habitants de la partie des Ardennes belges, la plus pauvre, ont essayé pendant un grand nombre d'années de faire produire à leur sol si peu fertile, du blé et un certain nombre d'autres subsistances dont ils ne pouvaient obtenir que de très faibles quantités avec beaucoup de travail et d'engrais ; puis ils se sont, un jour, aperçus que ce sol si ingrat, était très propre à la culture de la pomme de terre et de l'avoine ; depuis ce temps ils se sont bornés, à très peu de choses près, à cultiver ces dernières plantes et ils obtiennent aujourd'hui, en échangeant leur avoine et leurs pommes de terre contre du blé et d'autres produits, deux ou trois fois plus de ces derniers, avec le même travail, que s'ils les avaient cultivés ou fabriqués directement. Depuis ce temps, cet emploi plus profitable de leurs forces, joint aux ressources de transport que le voisinage des chemins de fer leur a fournies, ont transformé toute cette région et les vastes terrains couverts de bruyères et de fougères qui environnaient chaque village se rétrécissent à vue d'œil pour faire place à des champs couverts d'avoine et de pommes de terre ; la population y est mieux vêtue, mieux nourrie qu'autrefois et les maisons, quoiqu'elles soient loin encore de ressembler à nos maisons de ville, y présentent cependant, au point de vue de la propreté et de l'ameublement, des améliorations telles qu'elles seraient difficilement reconnues par leurs anciens propriétaires morts il y a trente ans, s'ils ressuscitaient pour vingt quatre heures.

Si, pour protéger la production du blé dans ces villages, on avait obligé les consommateurs de blé qu'ils renferment, à manger exclusivement le blé communal, leur misère d'autrefois n'aurait pas disparu aujourd'hui.

Pour mettre bien en évidence toute l'absurdité du système protecteur de diverses industries nationales, il n'y a qu'à montrer les conséquences extrêmes auxquelles il peut aboutir. Ainsi, par exemple, si pour augmenter le travail à fournir aux ouvriers et l'emploi des capitaux, le gouvernement prenait la résolution de bannir de la Belgique le café et les épices des Antilles et des autres régions voisines de l'équateur, pour obliger les belges à produire eux-mêmes, dans des serres convenablement chauffées, le café, la canelle, la vanille etc. dont ils ont besoin ; il y aurait certes, par une semblable mesure, un emploi assuré pour des capitaux assez importants et du travail mis à la disposition d'un grand nombre d'ouvriers, mais qu'y gagnerait la Belgique ?

L'élève. Monsieur, j'ai assez compris ce que vous m'avez dit pour répondre à cette question. Un certain nombre d'entrepreneurs de culture du café, de la canelle etc. en serres chaudes, avec les ouvriers qui leur viendraient en aide, pourraient prospérer au début, avant que la concurrence vint les forcer à se contenter des profits industriels ordinaires ; mais tous les Belges seraient condamnés à consacrer à l'achat de café, de canelle etc. de très mauvaise qualité, une partie de leurs revenus bien plus considérable qu'auparavant et il leur en resterait moins pour soutenir toutes les autres industries. Il en résulterait évidemment un véritable appauvrissement général et les Belges, avec un travail national plus considérable seraient moins bien pourvus de tout ce qui est nécessaire à l'entretien ou à l'embellissement de leur existence. La mesure prohibitive dont vous me parlez, augmenterait le travail et diminuerait la quantité de choses utiles produites ; ce serait évidemment un acte de démence. Il est bien plus raisonnable de nous procurer le café, la vanille etc. par voie d'échange avec les habitants des régions suffisamment chauffées par le soleil pour produire ces denrées sans grands frais, en leur envoyant des étoffes ou du fer que nous savons produire si économiquement. Avec cent fois moins de capital et de travail, nous nous procurons ainsi toutes les denrées des régions tropicales, qui nous sont nécessaires, et elles sont d'excellente qualité.

L'instituteur. Mon ami, nous sommes parfaitement d'accord et toutes les observations que vous venez de faire à propos des effets de la prohibition des produits des pays voisins de l'équateur, afin de protéger le travail national des producteurs de café, de vanille et de canelle belges, sont rigoureusement applicables à toutes les industries qui, dans le cas de commerce libre avec nos voisins, ne pourraient se soutenir par leurs propres forces. Elles appauvrissent le pays en diminuant la quantité de choses utiles qu'il peut consommer et en paralysant toutes les industries qui peuvent se passer de protection ; elles les empêchent de produire tout ce qui servirait à se procurer par voie d'échange, les produits qui ne se fabriquent chez nous qu'avec l'aide de la protection ; celle-ci agit ici exactement comme une loi qui obligerait les Belges, pour produire une chose utile, à employer le procédé le plus coûteux et le moins judicieusement approprié à cet usage, au lieu du procédé le moins coûteux et le plus perfectionné.

L'élève. Monsieur, je vois bien maintenant que cela est vrai et qu'il n'y a de différence entre les résultats des mesures dites protectrices, appliquées aux diverses industries, que dans le plus ou le moins de tort qu'elles causent à notre pays, et que les plus désastreuses sont celles qui protègent les industries les plus arriérées au point de vue des procédés de fabrication et dont les produits se consomment en plus grande quantité ; mais il reste encore un point obscur dans mon esprit : les droits protecteurs à l'entrée de notre pays ne sont pas toujours assez élevés pour empêcher complètement l'achat des produits qu'ils concernent, dans les pays voisins ; j'en connais quelques-uns qui permettent de se procurer ces produits tantôt à l'intérieur de notre pays, tantôt à l'étranger ; à peu près au même prix. Ces droits protecteurs sont-ils aussi nuisibles aux Belges, que les droits assez élevés pour empêcher complètement l'entrée des produits étrangers ?

L'instituteur. Non, mon ami, ils nous sont moins nuisibles et la question présente alors une double face. Pour la partie de ces produits que nous achetons à l'intérieur, le prix que nous payons se compose d'une fraction égale au prix de ce produit à l'étranger et d'une seconde fraction égale au droit d'entrée que nous payons alors au producteur indigène à titre de subvention ; c'est un impôt que celui-ci prélève fort injustement sur notre bourse. Pour la partie que nous achetons à l'étranger, le même prix du produit se compose du prix d'achat chez le producteur, plus le droit d'entrée que nous payons à l'Etat et qui constitue une partie de ses revenus généraux appliqués à tous les besoins de l'administration du pays. Ce droit d'entrée, pour la partie des produits qui nous arrive par la frontière, n'est qu'un impôt comme un autre et l'on ne peut guères lui reprocher que de couter fort cher à prélever, à cause de l'armée de douaniers et de commis de bureaux nécessaires à sa perception. Pour que l'Etat reçoive une certaine somme nette par ce procédé, il faut, très-certainement, qu'il en prélève une beaucoup plus considérable sur les consommateurs. Les impôts directs prélevés sur l'habitant coutent moins cher de perception et sont, par conséquent, moins onéreux pour le contribuable, qui n'a pas l'air de s'en douter. Vous voyez d'après cela, mon ami, qu'un droit imposé à l'entrée d'un produit étranger dans notre pays, par exemple, ne commence à être protecteur du produit similaire indigène, que lorsqu'il devient assez élevé pour nous permettre d'acheter au même prix le produit étranger et le produit indigène. S'il est assez fort pour empêcher l'entrée du produit étranger, il devient protecteur au plus haut degré et équivaut à la prohibition absolue. S'il est assez faible pour qu'il nous soit encore plus avantageux d'acheter le produit étranger que le produit indigène, il n'est plus protecteur du tout et la totalité des droits payés, revient à l'Etat ; ce n'est plus dans ce cas qu'un *droit fiscal* ou un *impôt* qui s'applique, comme tous les autres, aux besoins généraux de la société.

L'élève. Monsieur, tout cela me paraît incontestable, mais il m'est toujours difficile de comprendre pourquoi, dans nos sociétés civilisées où chacun défend ses intérêts avec tant d'énergie, et où les lumières paraissent répandues avec tant de profusion, le système des droits protecteurs du travail national de quelques industriels a pu s'établir sans soulever une réprobation unanime et comment ce *communisme constitutionnel*, qui consiste à enlever aux uns une partie des fruits de leur travail ou à les empêcher de développer leur industrie, pour permettre aux autres de s'enrichir, n'a pas été renversé par les justes réclamations de l'immense quantité de victimes de ces injustifiables spoliations.

L'instituteur. Mon ami, je vous l'ai déjà dit, c'est l'ignorance des véritables lois qui président au développement des sociétés, qui est ici le vrai coupable. Les partisans sincères, ou non, du système protecteur se servent, comme argument principal, de la prospérité momentanée que l'on constate dans les industries fortement protégées, proclament que c'est là le moyen le plus efficace de faire fructifier le travail national et affirment qu'en l'appliquant à tous les genres de produits tous les producteurs feraient d'excellentes affaires ; pas un ne songe à montrer l'envers de la médaille qui est le tort qu'il cause à ceux qui ne sont pas protégés du tout et qui font largement tous les frais de cette prospérité locale. Si l'on protégeait dans la même mesure, tous les producteurs, ou plutôt tous les habitants du pays, si cela était possible, chacun serait obligé, pour payer la protection accordée à tous les autres, de payer, comme je vous l'ai déjà fait observer, une somme égale à celle que lui a valu la protection dont il jouit et personne n'y gagnerait une obole ; le résultat le plus clair du système ainsi généralisé, serait un appauvrissement général provenant de l'obligation d'acheter chèrement aux producteurs nationaux, tous les produits que l'on aurait pu se procurer à plus bas prix dans les pays voisins.

Les protectionnistes exploitent encore, dans l'intérêt de leurs prétentions, une autre conception aussi fausse que la première. Voyez, disent-ils, ce qui arriverait si nous achetions à l'étranger plus de produits que nous ne lui en vendons : tout notre argent sortirait du pays puisque nous n'en produisons pas, et bientôt nous n'en aurions plus pour payer nos ouvriers, nos matières premières, et le reste de la nation n'en ayant pas davantage, nous ne pourrions vendre nos produits et nous serions obligés de fermer nos manufactures et d'abandonner nos ouvriers sur le pavé des rues. Pas un ne dit, ou ne sait, qu'un résultat pareil est impossible, comme je vous l'ai démontré, et l'immense majorité des victimes de la protection qui n'ont jamais étudié la question et qui n'y comprennent rien, les approuve et les laisse prendre, législativement, ces mesures dites protectrices, qui appauvrissent l'ensemble du pays et permettent à certains habitants de puiser dans la poche de tous les autres, pour améliorer leurs affaires.

Il y a encore, mon ami, un grand mot que les partisans de la protection font sonner bien haut en toutes circonstances, c'est celui de *concurrence*. La concurrence, disent-ils, détruirait notre industrie, elle serait un fléau ; à quoi servirait aux travailleurs qu'on leur offrît toutes les denrées à bon marché si , manquant de travail , ils sont hors d'état de les acheter ? n'est-ce pas elle qui amène entre les différents pays ces rivalités de professions ? n'est-ce pas un principe permanent de discordre ?.

L'élève. Oh ! Monsieur, j'ai souvent entendu ces plaintes dans la bouche des industriels fortement protégés, mais en présence de la contribution qu'ils prélevaient sur mon petit budget, chaque fois que j'avais besoin d'un de leurs produits, ils ne m'ont pas inspiré une bien vive sympathie. Qu'arriverait-il, bon Dieu, si la concurrence qu'ils veulent tant faire disparaître, venait à être supprimée et qu'ils fussent libres de nous vendre leurs produits aux prix qu'il leur plairait d'assigner ? je crois qu'ils iraient jusques dans le voisinage des prix auxquels il ne nous serait guères plus avantageux de leur acheter que de fabriquer nous-mêmes tout ce dont nous avons besoin, et en généralisant ce système nous reviendrions en arrière jusqu'aux temps primitifs de l'apparition de l'homme sur la terre.

L'instituteur. Mon ami, vous avez raison quoique vous alliez un peu loin dans le système de suppression de la concurrence ; pas un des protégés n'oserait demander de supprimer radicalement toute concurrence faite à son industrie, afin d'être seul autorisé à fabriquer certain produit ; le bon sens public aurait bientôt fait justice d'une si absurde prétention ; mais je vais vous exposer, avec plus de développement, mon opinion sur la concurrence. D'abord, cette concurrence n'est pas, par elle-même, un principe de discordes ; si les luttes existent et si elles prennent quelquefois un caractère haineux, il n'en faut accuser que les lois immorales qui ont autorisé le privilège, l'injuste appui que l'on a accordé à certains monopoles et les détestables habitudes que ces monopoles ont engendrées. Si la concurrence n'avait jamais été restreinte par des mesures légales, si l'on n'avait pas, pendant longtemps, consacré par la loi, des prétentions exclusives et iniques, nous n'entendrions plus parler de ces luttes violentes qui menacent, à chaque instant, de porter un trouble profond dans les relations internationales. Une loyale et réelle concurrence ne saurait être, pour personne, l'occasion d'une plainte légitime ni devenir une cause de division. Il n'est pas vrai que l'on soit en hostilité parce que l'on est en concurrence, et il n'y a, dans ce cas, ni oppresseur ni opprimé ; celui qui exerce la même industrie que moi ne se constitue pas mon ennemi parce qu'il devient mon émule ; il est dans son droit ou je n'y suis pas, et ce qu'il fait ne saurait m'être défendu sans qu'il y ait, à mon égard, violation de toutes les règles de la justice. La concurrence, loin d'empêcher d'agir, stimule le travail, engendre les perfectionnements, et lorsque l'un a plus de succès qu'un autre, celui-ci peut s'affliger de son incapacité mais non se plaindre d'injustice ; c'est la concurrence qui est le lien véritable, la base fondamentale de toute société civilisée ; c'est elle qui , largement comprise , peut nous conduire à la paix universelle par l'abondance de toutes choses à bas prix ; elle est la source de tout bien-être et de toute civilisation ; c'est elle seule qui peut faire disparaître, dans une large mesure, l'encombrement artificiel de certains produits et proportionner, d'une manière constante, le nombre des travailleurs aux besoins du marché et aux forces que les capitaux, avec l'aide de la nature, mettent en jeu ; pourvu que la classe ouvrière sache résister à cette tendance aux accroissements irréfléchis de population qui causent en grande partie, ses souffrances ; ce n'est enfin que sous son règne que le travail et les capitaux pourront suivre leurs voies naturelles, au grand bénéfice de l'humanité.

Si, comme le disent les protectionnistes, la concurrence était funeste en principe, pourquoi ne pas se hâter de la supprimer partout, de rétablir les barrières de province à province, de ville à ville ? Quand un principe est bien fondé, les conséquences les plus extrêmes que l'on peut en tirer logiquement, doivent être excellentes. Malheureusement pour les protégés, ces conséquences extrêmes seraient si évidemment désastreuses, qu'ils n'ont point osé aller jusque-là, comme nous le disions tout à l'heure, et ils se sont arrêtés en chemin. La concurrence, disent-ils, est ruineuse d'état à état, mais elle est excellente dans l'intérieur de chaque état. Comment se fait-il, alors, que cette concurrence intérieure , si redoutée, si combattue comme engendrant la ruine de l'industrie, sous le règne des corporations, soit tenue aujourd'hui pour favorable ? Comment se fait-il qu'elle ne le soit qu'à l'intérieur du marché national et que l'utilité qu'on lui reconnaît s'arrête juste à la frontière ? Evidemment, toutes les objections qu'on lui oppose d'une manière générale, ne sont que des inventions de l'intérêt particulier et nous sommes convaincus qu'elle est bonne, excellente, partout et en toutes circonstances et j'espère, mon ami, que vous en êtes maintenant aussi convaincu que moi.

L'élève. Oui, Monsieur, mais pourquoi n'adopte-t-on pas immédiatement, un régime plus juste et plus favorable au bien-être des populations ?

L'instituteur. Mon ami, à part l'obstacle énorme que la suppression des mesures dites protectrices, rencontre dans l'ignorance presque universelle des véritables résultats de ces mesures, il existe encore une autre difficulté très réelle. La concurrence absolue établie brusquement au milieu de notre système artificiel, serait funeste à un grand nombre de travailleurs que les protections ont engagés dans des directions qu'ils n'auraient pas suivies s'ils avaient été laissés dans les conditions les plus équitables de la production. A force d'artifices, d'entraves, d'encouragements de toute espèce, on les a poussés vers certaines professions, vers certains travaux dont les produits sont actuellement trop imparfaits ou trop coûteux pour soutenir la concurrence étrangère. C'est là ce qui condamne doublement le système établi ; déjà désastreux par lui-même, il présente encore l'inconvénient de rendre excessivement difficile le retour au système le plus juste.

L'élève. Cela est vrai, Monsieur, il serait inhumain de condamner brusquement à l'inaction et, par conséquent, à la ruine, les chefs et les ouvriers des industries dont les produits ne trouvent aujourd'hui à se vendre qu'avec l'aide des subventions que leur procure le système protecteur.

L'instituteur. Cependant, mon ami, malgré la valeur réelle de cet argument, je crois que l'on en a exagéré beaucoup la portée. D'abord, est-il bien vrai, comme on cherche à le faire croire, que l'inégalité dans les conditions de production, entre deux industries semblables, entraîne nécessairement la chûte de celle qui est le

moins bien partagée, et qu'il soit absolument nécessaire
d'égaliser les conditions de vente pour que la lutte reste
possible à l'industrie des pays les moins avancés ? Je ne le
pense pas et il me semble que la peur d'un dérangement
quelconque dans les conditions du marché de certaines
industries et l'ignorance si générale des principaux effets
de la concurrence, ont beaucoup exagéré le danger de la
suppression de ces mesures qualifiées de régulatrices. Si
toutes choses n'ont pas été arrangées, dans ce monde, de
manière que toute industrie pût être exercée indifféremment partout, ou toute culture, comme par exemple celle
du café, pratiquée avec un égal avantage en tous pays,
elles n'ont pas été arrangées, non plus, de manière que
certaines localités fussent exclusivement propres à certaines fabrications ou à la culture de certaines denrées.
Nul lieu ne réunit tous les avantages, nul lieu n'a été complètement deshérité et quoique certaines contrées soient
plus propres à certains travaux, que d'autres, et que l'intérêt bien entendu de l'espèce humaine eût voulu que les
hommes se fussent toujours placés de manière à faire les
choses dans les lieux qui réunissaient le plus de circonstances favorables à leur production, il n'en est pas moins
vrai que la plupart des industries les plus importantes
peuvent parfaitement co-exister en plusieurs pays et même
prospérer en même temps. Il existe toujours entre les
situations, quoiqu'on n'y fasse pas souvent grande attention, des diversités infinies, non seulement d'état à état,
mais encore de province à province, de ville à ville, et
l'on voit prospérer simultanément dans plusieurs cantons,
dans plusieurs villes d'un même royaume, des industries
tout à fait semblables, au moins en apparence. Ainsi pour
n'en citer qu'un exemple entre mille, est-ce que la fabrication des draps à Sedan n'a pas prospéré en même temps
que cette même fabrication à Elbeuf et à Louviers. Les
plus graves inégalités apparentes n'empêchent donc pas

toujours une certaine prospérité commune, dans un cercle limité, en vertu de certaines qualités particulières des produits, en vertu de l'augmentation de prix de certaines marchandises lourdes, qu'entraîne leur transport dans les pays éloignés, et surtout à cause des progrès incessants qui se réalisent partout où une pressante nécessité s'en fait sentir. Quand il s'agit d'industries similaires qui coexistent dans des pays situés à de grandes distances les uns des autres, chacune est protégée jusqu'à une certaine distance du lieu où elle s'exerce, par l'aggravation de prix qu'imposerait aux autres, le transport de leurs produits sur le marché de cette dernière. Est-ce que l'on ne produit pas du froment dans tous les pays de l'Europe et n'en produirait-on pas également si l'on supprimait partout la protection au blé national? Est-ce que l'Angleterre a produit moins de céréales après la suppression presque totale de la protection si élévée qu'elle leur avait accordée, qu'avant cette suppression? Si un peuple quelconque renonçait aujourd'hui à la culture du blé, c'est qu'il aurait trouvé un moyen de produire plus de blé, par échange contre d'autres denrées, qu'en le produisant directement. Les phénomènes économiques ont une souplesse, une élasticité, des ressources de nivellement auxquelles on ne songe pas assez et qui, le cas échéant, étonneraient les adversaires les plus fougueux de la liberté commerciale et les industriels les plus effrayés du développement que prennent de nos jours, les doctrines du libre échange.

Par exemple, en agriculture, quelle est l'une des causes principales qui permettent de cultiver avec bénéfice, des terres fort inégalement fertiles? Évidemment la différence des prix d'achat de ces terres. En industrie quelle est la cause qui maintiendrait dans chaque pays, la très grande majorité de ses établissements nés sous le régime de la protection, quand même ils ne seraient pas immédiatement en mesure de soutenir la concurrence étrangère ? Comme nous l'avons démontré précédemment, c'est une simple augmentation dans la valeur du numéraire qui se produirait inévitablement dans le cas d'une liberté d'échange complète avec les pays voisins plus favorisés par la nature ou par le génie de leurs habitants, s'ils achetaient à ceux-ci, momentanément, plus de produits qu'ils ne leur en vendraient.

Du reste, il y a de fortes raisons de douter de cette prétendue nécessité d'égaliser les conditions de vente, par les douanes, pour maintenir les diverses industries créées dans chaque pays sous le régime vicieux de la protection, car nous trouvons dans la plupart des états de l'Europe la même insistance à réclamer l'appui du régime protecteur et à repousser la concurrence. Nous sommes les plus faibles, s'écrie-t-on, de tous les côtés, nous sommes hors d'état de lutter contre la concurrence étrangère. Toutes ces frayeurs si bruyantes enchérissent les uns sur les autres et, à chaque discussion du tarif douanier, entre deux pays voisins, les intéressés les menacent d'un véritable cataclysme social si on touche au tarif autrement que pour en augmenter les droits protecteurs.

J'admets volontiers qu'une partie de ces frayeurs soient sincères, mais non qu'elles soient fondées et que tout le monde ait raison d'avoir peur ; car il s'ensuivrait qu'aucune nation n'est en état de supporter la concurrence d'aucune autre, ce qui est absurde et ressemble fort à une mystification réciproque universelle. Il est certain qu'un examen plus attentif de toutes les questions commerciales, et leur discussion publique aidée des lumières acquises aujourd'hui, ne manqueraient pas de rassurer une multitude d'intérêts au sein desquels on aurait suscité tant d'inquiétudes et de craintes.

Le besoin de considération que doivent éprouver tous les gouvernements qui ont la prétention de s'asseoir sur des bâses solides et durables, doit encore contribuer pour une large part, à faire disparaître un jour des législations commerciales, toutes ces mesures qui consacrent hautement l'injustice et le privilége. Ils ont bien pu, jusqu'à présent, sous l'influence des préjugés universels et au milieu de l'ignorance générale des véritables lois qui doivent présider aux échanges, accorder à des sollicitations incessantes, des monopoles qui procurent aux uns des bénéfices aux dépens des autres ; mais quand la lumière sera faite de tous côtés, quand tout le monde s'apercevra que ces prétendues protections ne sont, en réalité, que des extorsions pratiquées par les uns sur le produit du travail des autres, quelque bien déguisées qu'elles puissent être ; quand tous les intérêts froissés se lèveront pour demander justice, pour exiger qu'on les débarrasse de toutes ces charges injustifiables que certains producteurs font peser sur eux, les gouvernements pourront-ils résister ? Je ne le pense pas, mais la tâche sera rude et difficile, car il n'est pas douteux que les protégés ne fassent entendre de violentes réclamations et ne présentent la concurrence absolue comme devant conduire chaque pays à une ruine complète ; nous avons déjà entendu de semblables réclamations toutes les fois qu'il a été question d'abaissement de droits ou d'union douanière entre deux pays voisins. Il faut aussi compter un peu sur les progrès de la morale publique, et l'on peut espérer qu'un jour viendra où personne n'osera plus demander à l'Etat, de ces lois dites protectrices dont chacun connaîtra le véritable caractère et qui ne constituent ni plus ni moins que de nouveaux droits féodaux en vertu desquels certaines personnes prélèvent la dîme sur les produits du travail du reste de la nation.

L'élève. Effectivement, Monsieur, je ne puis voir aucune différence entre ces anciens droits féodaux qui permettaient à un seigneur de s'emparer d'une partie des récoltes

de ses vassaux, et les droits protecteurs qui obligent les
consommateurs à délivrer une partie de leurs revenus à
des industriels protégés par une mesure douanière. Cependant il me reste un dernier doute à vous soumettre. J'entends, à chaque instant, des hommes qui passent pour
très éclairés, soutenir que le libre échange ne peut s'établir que lorsque toutes les nations voudront bien l'adopter
en même temps, et que, tant que les pays voisins imposeront des droits à l'entrée de nos produits chez eux, nous
serions trois fois dupes en laissant les leurs entrer librement chez nous ; je voudrais bien, Monsieur, savoir si
vous partagez cette opinion.

L'instituteur. Non, mon ami, c'est encore là un préjugé
soigneusement entretenu par ceux qui jouissent des avantages de la protection ; en fait d'échanges externationaux,
la réciprocité n'est nullement nécessaire. Lorsque nos voisins, pour favoriser leur industrie nationale, décrètent un
droit d'entrée sur nos produits, ils en souffrent les premiers et nous font tort en diminuant ou en empêchant la
vente de ces produits chez eux ; mais ce n'est pas une
bonne raison pour refuser la libre entrée de leurs produits
chez nous. En effet, quel que soit le régime qui préside
aux échanges internationaux, les produits ne peuvent
s'échanger d'une manière permanente que contre des produits, comme je vous l'ai démontré ; en grevant d'un droit
à l'entrée chez vous les produits des nations voisines, vous
êtes obligé de payer ces produits plus cher à des industriels protégés et, en même temps, vous supprimez la
fabrication et la vente de ceux que les étrangers auraient
été obligés de vous acheter en échange de ceux qu'ils vous
auraient vendus. Vos voisins se font tort à eux-mêmes et
à vous en imposant un droit à l'entrée de vos produits et
quand, par représailles, vous refusez l'entrée libre des
leurs chez vous, vous ne faites qu'aggraver le dommage
qu'ils vous ont causé, et c'est une singulière vengeance à

tirer de ceux qui vous ont fait tort, que de vous imposer un sacrifice nouveau pour le simple plaisir de leur infliger quelque dommage. Ces représailles, cependant, quand elles ne sont que temporaires, peuvent être justifiées jusqu'à un certain point, en les considérant comme une arme de bonne guerre pour obliger nos voisins à nous ouvrir leur marché, en leur offrant de réduire les droits qui grèvent leurs produits à leur entrée chez nous, à la condition qu'ils accorderont un dégrèvement équivalent à l'entrée de nos produits chez eux ; mais il ne faut pas, sous peine de graves dommages, continuer cette petite guerre trop longtemps.

L'élève. Monsieur, c'est bien clair, puisque nous trouverions un grand avantage à recevoir librement leurs produits chez nous, même lorsqu'ils continueraient à percevoir des droits protecteurs sur les notres ; mais n'y aurait-il pas des inconvénients à ouvrir ainsi, brusquement, notre marché à l'entrée libre de tous les produits de nos voisins.

L'instituteur. Oui, mon ami, il y en aurait, au moins temporairement, et je vous l'ai dejà dit. Le système protecteur, surtout dans les pays où la protection a pris un développement considérable, a produit des résultats qui intéressent au plus haut dégré le bonheur et la prospérité d'un assez grand nombre d'hommes. Ceux-ci poussés dans des voies artificielles par des lois protectrices qu'ils considéraient comme devant durer toujours, ne pourraient s'engager dans les voies nouvelles qui s'offriraient à eux sans éprouver des pertes d'une importance plus ou moins considérables. Les ouvriers et les capitalistes qui ont consacré leur fortune à la création des industries incapables de se soutenir par elles-mêmes, perdraient, les premiers leur gagne pain, les autres une partie de leurs capitaux, même en présence d'autres industries qui prendraient un grand développement par suite de la suppression des mesures protectrices et qui, par conséquent, solliciteraient de nouveaux ouvriers et de nouveaux capitaux. Le maître et l'ouvrier qui cesseraient d'être protégés, redeviendraient apprentis dans les nouvelles carrières qu'ils devraient embrasser et pourraient payer assez chèrement leur apprentissage ; puis, les capitaux immobilisés en bâtiments et en machines, pourraient ne trouver que difficilement un autre emploi et, dans beaucoup de cas, seraient entièrement perdus. Il y aurait à craindre qu'une transition trop prompte, n'amenât en certains points du territoire où les habitants se sont voués à une seule industrie, un état de misère, tel, que les protectionnistes en tirassent parti pour décrier les nouvelles mesures libre-échangistes, pour les accuser de causer des désastres irréparables sans compensation, et pour soutenir que le développement industriel, qui serait constaté ailleurs en même temps, serait dû à d'autres causes qui l'auraient produit également sans la suppression des mesures protectrices. Ils pourraient peut-être, dans ces instants de crises partielles et à la faveur d'une diffusion trop peu générale de la connaissance des lois économiques, faire renaître tous les anciens préjugés et amener une résurrection très énergique de toutes les mesures protectionnistes.

L'élève. Mais, Monsieur, que faire en présence de cette difficulté de faire rentrer la société dans de meilleures conditions normales d'existence ? Faut il donc se croiser les bras et renoncer à toute amélioration sociale, comme un homme qui, après s'être cassé une jambe, refuserait de faire appeler le chirurgien, sous prétexte que l'opération nécessaire à la remise en place des parties de ce membre, est trop douloureuse.

L'instituteur. Non, mon ami, ce n'est pas là mon avis, mais il faudrait agir avec beaucoup de circonspection et de lenteur, afin d'éviter les crises trop intenses. Par exemple , s'interdire a priori la création de nouvelles mesures protectrices et l'aggravation des anciennes, c'est-à-dire tout pas en avant dans la voie de la protection ; puis, chaque fois qu'une occasion favorable se présenterait, diminuer un peu l'importance de la protection accordée à certaines industries qui sont presque en mesure de vivre sans secours. Il est extrêmement probable que la conviction bien établie, d'être bientôt abandonnées à leurs propres forces, deviendrait une cause très efficace de progrès et que ces industries trouveraient rapidement avantage à abandonner toute prétention à être protégées, à la condition d'être délivrées des charges que la protection des autres industries leur imposent. Au reste chaque industrie reste toujours naturellement protégée dans une certaine mesure, et jusqu'à une certaine distance du lieu où elle s'exerce, par la différence des prix de transport, surtout quand ses produits sont lourds et volumineux.

Quant aux industries, en très petit nombre, qui seraient trop arriérées, qui auraient subi les inconvénients de la torpeur et de la paresse que la protection ne manque jamais d'engendrer, ou qui se trouveraient dans des conditions locales très désavantageuses au point de vue de l'économie de fabrication, on leur accorderait plus de temps pour se transformer ou se liquider. Mieux vaudrait encore aider leur liquidation par des secours publics ou privés, que leur continuer indéfiniment une protection qui deviendrait pour tout le reste du pays une charge injuste et sans fin. Il est évident mon ami, qu'il faudrait pour accomplir cette réforme des hommes d'état à convictions bien enracinées et capables de poursuivre imperturbablement l'exécution de leur programme, au milieu des objurgations et des réclamations de tous les industriels protégés.

L'élève. Mais, Monsieur, je me rappelle encore une objection que j'ai entendu formuler contre la suppression des douanes. Certaines industries nouvelles, dit-on, ne peuvent s'implanter dans un pays sans que l'on soutienne leurs premiers pas par la protection, même lorsqu'elles sont appropriées aux conditions climatériques de ce pays, et au génie particulier de ses habitants ; en leur refusant cette protection qui ne serait du reste que temporaire, ne priverait-on pas toute la nation d'une nouvelle source de prospérité pour l'avenir ?

L'instituteur. Mon ami, je ne le crois pas, et il y a d'autres moyens d'encouragement pour les nouvelles industries que les habitants d'un pays considéreraient comme devant leur fournir, dans l'avenir, un puissant élément de prospérité. D'abord, en présence de cette audace d'entreprises qui caractérise notre époque, il semble que le plus sûr moyen de créer chez soi une industrie profitable au pays, soit d'en recevoir librement tous les produits ; il arrivera probablement un instant où un homme plus clairvoyant ou plus adroit que les autres, importera de l'étranger tous les procédés de fabrication. Il aura le modèle sous les yeux, l'avantage d'un prix courant établi, une prime constante en sa faveur, résultant des frais de transport et de commission que le produit étranger est obligé de payer de plus que le sien, et enfin un dernier avantage qui a son importance, celui d'être à côté du consommateur et de pouvoir, à chaque instant, modifier ses produits suivant le goût et le besoin de ce consommateur.

Si tous ces encouragements naturels ne suffisaient pas pour mener à bien, rapidement, une entreprise qui doit un jour être très utile au pays, il vaudrait encore mieux accorder à l'entrepreneur des subsides puisés dans le trésor public que d'avoir recours à la protection. On saurait ainsi ce que l'on fait et le sacrifice pèserait sur tous les habitants, tandis que pour arriver à fournir la même somme d'encouragements à l'entrepreneur par l'intermédiaire de la protection, il faudrait la prélever seulement sur les consommateurs de ses produits et prélever encore en sus, toute la somme nécessaire à l'entretien de l'armée de douaniers qui serait indispensable pour rendre la protection efficace.

On payerait ainsi deux fois l'encouragement réclamé et Dieu seul sait alors à quelle époque il serait possible de le supprimer.

L'élève. Monsieur, il me semble que la lumière est faite maintenant dans mon esprit, au sujet de cette question des échanges internationaux. Ils peuvent s'effectuer sous deux régimes différents ; dont l'un est le régime protectioniste et l'autre, le régime libre échangiste. Sous le premier, les habitants de chaque pays, pris dans leur ensemble, se procurent le minimum de produits avec le maximum de travail et, sous le second, ils obtiennent le maximum de produits avec une quantité de travail déterminée. Désormais, vous pouvez me considérer comme un libre échangiste convaincu.

CHAPITRE VII.

DE LA DIVISION DU TRAVAIL.

L'instituteur. Mon ami, si un navire chargé d'én..grants de tout âge et de tout sexe, d'animaux domestiques et des provisions indispensables à leur établissement dans une contrée vierge, venait à échouer sur la côte d'une île habitée seulement pas des animaux sauvages, couverte de vastes forêts, d'immenses prairies, et située à une distance de toute région habitée par des hommes, telle, qu'il n'y eût aucun espoir d'y être visité un jour par quelqu'autre navire en voyage de long cours ; que pensez-vous qu'auraient à faire tous ces malheureux, dans l'hypothèse où ils auraient sauvé leurs personnes et leur cargaison ?

L'élève. Monsieur, j'ai lu dans mon enfance le récit bien intéressant des aventures de Robinson Crusoé, mais il ne me semble pas qu'un grand nombre de naufragés, pour se procurer d'une manière permanente, les choses les plus essentielles à l'entretien de leur vie, devraient, chacun de leur côté, imiter ce héros imaginaire qui était obligé de tout faire lui-même, une hutte pour se loger, la chasse aux animaux sauvages pour subvenir à ses premier besoins, la culture du blé et de quelques autres plantes comestibles pour amasser des provisions qui devaient lui être indispensables dans la mauvaise saison ; de faire des vêtements avec des peaux de bêtes, des armes pour se défendre contre les animaux féroces et pour chasser, sans compter une foule d'autres petits travaux pour accroître un peu son bien-être. Si chacun des naufragés, dans le cas que

vous venez de poser, était obligé de subir toutes les mêmes
épreuves, absolument comme s'il avait fait naufrage tout
seul, la plupart d'entr'eux seraient bien mal pourvus et,
très probablement, les femmes, les enfants et même les
hommes de santé débile, seraient condamnés à mourir
bientôt de faim et de misère.

L'instituteur. Mon ami, vous avez raison, nos émigrants
auraient mieux à faire que de s'isoler et de chercher, chacun de leur côté, leurs moyens d'existence sans se préoccuper des autres. Après avoir arrêté, dans un conseil
général, le bilan de tout ce qu'ils peuvent trouver dans
l'île, de tous les travaux auxquels ils devraient se livrer
pour souffrir le moins possible de l'état d'abandon absolu
dans lequel ils se trouvent, il est infiniment probable
qu'ils se partageraient la besogne suivant les aptitudes
particulières à chacun d'eux. Les plus vigoureux iraient
couper du bois dans la forêt voisine et construiraient des
huttes pour toute la communauté ; d'autres plus adroits
à la chasse seraient chargés d'assurer la provision de
gibier et d'écarter les animaux dangereux ; ceux qui
avaient exercé la profession de laboureur, laboureraient
et ensemenceraient la terre ; les artisans exerceraient de
leur métier, chacun, tout ce qu'ils en pourraient tirer
avec les matériaux qu'ils ont sous la main ; les femmes
prépareraient les repas, entretiendraient les vêtements en
bon état et, au besoin, en feraient de nouveaux avec des
peaux d'animaux sauvages si toute espèce d'étoffe fabriquée dans les régions civilisées, faisait défaut, et soigne-
raient les enfants ; ceux de ces enfants qui seraient assez
grands pour se passer des soins matériels, garderaient
les troupeaux et les ramèneraient le soir au logis ; enfin
on imiterait, dans la mesure du possible, toute l'organisation sociale des régions civilisées. Dans ces conditions,
toutes choses seraient faites le mieux et le plus rapidement que possible, et la colonie serait cent fois mieux

pourvue que si chacun s'avisait de faire lui-même tout
ce dont il a besoin sans s'inquiéter des autres, parce
que chacun ferait pour tous les autres ce qu'il fait le
mieux et n'aurait point à s'occuper du reste qui lui serait
fourni par ses compagnons d'infortune.

L'élève. C'est bien évident, et je vais vous faire une
comparaison qui vous prouvera que j'ai bien compris. Je
suppose que dans une colonie ainsi abandonnée à son triste
sort, une femme et un chasseur aient besoin, chacun, d'un
vêtement de peaux de mouton dont on possède une provision, et de gibier pour vivre pendant quelques jours ; le
chasseur aura plus vite tué du gibier pour lui et pour la
femme qu'il n'en aurait tué pour lui seul et fait ensuite
son vêtement, et la femme aura plus vite fait les deux
vêtements qu'elle n'en eût fait un seul et abattu sa provision de gibier que, probablement, elle n'arriverait jamais
à conquérir parce qu'elle ne sait pas se servir d'une arme
à feu.

L'instituteur. C'est bien cela, mon ami, et c'est ainsi
que toutes choses sont organisées dans les pays civilisés.
Ici c'est un ouvrier qui se livre à la fabrication d'un seul
produit et qui arrive, après un certain temps d'exercice,
à acquérir une précision et une rapidité du coup d'œil et
de la main qui lui permettent de fabriquer, de ce produit,
une quantité considérable dans un temps relativement très
court ; là c'est un entrepreneur d'industrie qui paye un
nombre d'ouvriers plus ou moins grand, pour leur faire
exécuter un ou plusieurs produits, en n'appliquant chaque ouvrier qu'à l'exécution d'une fraction de chacun de
ces produits, de façon qu'il devienne très prompt et très
précis dans cette partie des opérations totales nécessaires
à l'exécution complet de ce produit. Partout les manœu-
vres se décomposent, se simplifient, pour qu'elles soient
exécutées promptement, avec précision, et le produit qui
passe de main en main se fait complet, en peu d'instants.

L'élève. Monsieur, je vais vous raconter une expérience personnelle qui m'a convaincu des immenses avantages de la spécialisation des attributions dans le travail des ouvriers de l'industrie : L'autre jour je suis entré dans l'atelier d'un ouvrier qui fabriquait des clous avec des baguettes de fer qu'il tirait d'un laminoir voisin, et j'ai été étonné de la rapidité et de la précision avec lesquelles ses clous étaient forgés ; ils paraissaient tous sortis du même moule. Je l'ai prié de me permettre d'en faire un, en appliquant les mêmes procédés que lui, mais j'y ai mis autant de temps qu'il lui en aurait fallu pour en faire trente, et encore le résultat de mon travail était-il si imparfait, quoique j'y eusse mis toute mon attention, qu'aucun marchand de clous n'en eût voulu accepter une fourniture de semblables.

L'instituteur. Mon ami, il en est de même de la presque totalité des produits consommés dans les sociétés civilisées, et parmi eux, il y en a une quantité considérable qui exigent un long apprentissage et des aptitudes particulières pour être fabriqués convenablement, c'est-à-dire d'une façon bien appropriée à l'usage que l'on en doit faire.

Vous devez comprendre maintenant qu'un pays dans lequel tous les hommes en état de travailler, sont appliqués, chacun, à l'opération la mieux appropriée à leurs facultés naturelles, et sont préparés de longue main à cette opération par un apprentissage, doit être bien plus largement fourni de toutes les choses nécessaires à l'entretien et à l'embellissement de l'existence de ses habitants, que si chacun de ceux-ci avait été obligé d'exécuter lui-même tous les produits qu'il consomme. Les exemples que vous m'avez cités le prouvent suffisamment, mais il serait possible d'en citer d'autres où quelques ouvriers, avec l'aide d'outils appropriés à l'exécution des opérations simples en lesquelles la fabrication totale de certains produits peut être subdivisée, arrivent à fabriquer avec beaucoup de perfection, des quantités de ces produits suffisantes pour en alimenter une province peuplée d'un million d'habitants. Ce sont là les merveilles de l'industrie moderne et le secret du bon marché fabuleux de quelques-uns de ces produits ; ainsi, par exemple, regardez cette boucle en fer qui me sert à régler la largeur de mon gilet d'après la dôse d'embonpoint dont je suis pourvu, et qui est couverte d'un vernis noir très brillant, eh bien, il est possible de la fabriquer avec bénéfice pour soixante quinze centimes la grosse, c'est-à-dire les douze douzaines.

L'élève. Monsieur, c'est vraiment merveilleux, car je crois qu'il me faudrait bien une journée pour en faire une, et encore ne vaudrait-elle pas celles qui se vendent à si bas prix.

L'instituteur. Les causes principales de ce bon marché, indépendamment de la rapidité d'exécution qu'atteint l'ouvrier par la répétition des mêmes mouvements simples, sont encore : l'économie du temps que cet ouvrier aurait perdu à changer d'opération s'il avait dû exécuter toutes celles qui sont indispensables à l'achèvement complet du produit ; la possibilité de réduire son outillage à un seul outil, tandis qu'il lui en aurait fallu autant qu'il aurait eu d'opérations différentes à exécuter s'il avait fabriqué seul le produit tout entier, et enfin la possibilité de remplacer la main de l'homme par l'action des machines dont la rapidité de fonctionnement devient prodigieuse quand on les applique à ces opérations élémentaires dont la série est appropriée à l'exécution complète de ce produit.

Lorsqu'à la place de la force musculaire de l'homme, on peut appliquer à ces machines-outils, les forces motrices naturelles si considérables que la nature met à notre disposition à la surface de la terre, comme la pesanteur utilisée par des roues hydrauliques, la chaleur utilisée par les machines à vapeur et par tant d'autres, on arrive à des résultats plus surprenants encore. Nous examinerons cette dernière question prochainement, dans une conférence qui sera spécialement consacrée à l'analyse des résultats de l'emploi des forces motrices naturelles, dans l'œuvre de la civilisation.

L'élève. Oh, Monsieur, j'entrevois déjà tous ces résultats avant que vous me les ayiez placés sous les yeux, mais je m'attends, néanmoins, à plus d'une surprise quand vous voudrez bien me les exposer avec le caractère d'évidence que vous avez imprimé à tous les principes dont vous m'avez entretenu.

L'instituteur. J'espère, mon ami, qu'il me sera possible de vous éclairer sur cette question, aussi complètement que sur les autres, mais avant de l'aborder, je veux vous montrer encore une application spéciale du principe de la division du travail.

Il y a une quantité considérable de produits qui peuvent être fabriqués à peu près indifféremment partout, c'est-à-dire qui n'exigent aucunes conditions spéciales de climat ou de nature du sol ; ceux-ci peuvent donc, avec un égal avantage, s'exécuter dans chaque pays suivant les principes de la division du travail dont nous venons de parler. Mais il y en a aussi un grand nombre qui exigent des conditions de température et de composition du sol que l'on ne peut trouver en tous lieux ou que l'on n'y pourrait créer qu'imparfaitement et à l'aide d'un travail et d'une dépense énormes ; par exemple le coton, l'aloès, le café, les épices, la soie et tant d'autres. Ces produits ne peuvent se cultiver avec peu de travail et de dépense, que dans certaines régions voisines des tropiques et c'est là seulement qu'ils sont de bonne qualité. Il serait insensé de chercher à produire toutes ces matières premières de plusieurs de nos industries et tous ces aliments, en tous pays, à l'aide de hautes températures artificiellement créées dans des serres ; le prix de revient serait sans rapport avec l'utilité de ces produits que nous nous procurons si aisément par échange avec nos propres produits, en nous appropriant ainsi et sans dépenses spéciales, les conditions climatériques et de composition du sol les plus favorables à leur culture. Nous nous approprions par ce procédé, je le répète, et sans les payer, toutes ces conditions climatériques de bonne végétation des denrées tropicales dont le producteur ne nous fait payer que les frais directs de culture. C'est ainsi que le travail de production se partage entre tous les hommes qui habitent la surface terrestre ; chacun d'eux s'applique à la production des choses que la nature du sol dans la région qu'il habite, la température de l'atmosphère et le génie particulier dont il est doué, lui permettent de produire avec moins de travail et de meilleure qualité que tous les autres, et il se procure les autres produits dont il a besoin, par voie d'échange avec ceux qui sont fabriqués dans d'autres régions. A ce point de vue, toute la surface terrestre peut être considérée comme un immense atelier où se fabrique tout ce qui est utile, nécessaire, ou simplement agréable à l'espèce humaine et dans lequel, en vertu du principe si fécond de la division du travail, chaque ouvrier n'est appliqué qu'à l'opération qu'il est le plus capable d'exécuter bien et rapidement ; la répartition des produits s'effectuant ensuite, par voie d'échange, entre tous les hommes suivant leurs besoins et leurs ressources. Il serait impossible, évidemment, de trouver une meilleure façon d'utiliser le travail des hommes, et de les pourvoir de toutes choses avec le minimum d'efforts.

L'élève. Monsieur, cela est tout simplement admirable et me fait trouver encore plus absurdes, les personnes qui, sous prétexte de favoriser le travail national, s'efforcent de porter le trouble dans cette merveilleuse organisation, pour arriver à charger certains manufacturiers de produire les choses qu'ils ne peuvent produire qu'avec plus de travail et de dépense, que d'autres. C'est envisager le travail comme le but final et non comme un simple moyen de production ; ils veulent que l'on travaille davantage pour produire moins, et le résultat le plus complet de ce système d'accroissement continu du travail, sans tenir compte des produits obtenus, serait réalisé par la suppression complète de la division du travail et de tous les engins à l'aide desquels l'homme a su rendre son travail productif ; il ne lui resterait plus que ses bras et ses ongles au service de la production et il est certain que, dans ces conditions, il lui faudrait un travail infini, seulement pour subsister, si chaque pays contenait plus d'habitants que son sol n'en peut nourrir avec ses ressources naturelles de gibier et de plantes qui produisent sans culture.

CHAPITRE VIII

DE L'INFLUENCE

DE L'EMPLOI DES MACHINES SUR LA PRODUCTION ET SUR LA CIVILISATION.

L'instituteur. Mon ami, je vous ai promis, à la fin de notre dernier entretien, de vous parler prochainement du rôle que jouent les machines dans nos sociétés civilisées ; aujourd'hui je viens tenir ma promesse.

L'homme tel qu'il a été créé, au commencement de toutes choses, n'ayant, pour se défendre et pour se procurer les aliments indispensables à son existence, que ses bras et ses jambes, exposé aux attaques des bêtes féroces, cherchant au hasard les fruits sauvages que la nature n'offre qu'en si petite quantité, serait, bien certainement, le dernier et le plus mal pourvu des animaux de la création, s'il n'avait reçu en partage l'intelligence qui lui a fourni les moyens de s'établir en maître sur toute la surface de la terre et de forcer celle-ci à lui fournir avec abondance tout ce qui est nécessaire à l'entretien de sa vie, à sa sécurité et à son bien-être.

L'élève. Monsieur, c'est vrai, s'il n'avait que les produits que la nature fournit sans culture, il serait évidemment plus malheureux que les animaux qui trouvent de quoi vivre dans nos forêts.

L'instituteur. Oui mon ami, mais il a l'intelligence qui vaut mieux que la force, l'agilité et toutes les qualités qui sont souvent si développées chez les animaux ; c'est par elle qu'il agit sur la nature. L'un de ses principaux moyens d'action, le plus énergique, consiste dans l'emploi des machines et cette dénomination s'applique à tous les appareils qui augmentent ses moyens d'action sur la matière, depuis la bêche et le marteau jusqu'au métier de Jacquard pour tisser les étoffes, jusqu'à l'appareil à laminer les rails des chemins de fer et jusqu'à la locomotive qui transporte les voyageurs avec la vitesse de vingt lieues par heure.

Toutes ces machines, depuis la plus simple jusqu'à la plus compliquée, peuvent se diviser en deux catégories ; la première comprend tous les appareils à l'aide desquels l'homme agit directement sur la matière par sa force musculaire dont le mode d'action est déterminé par son intelligence, et ceux qui lui servent à utiliser la force musculaire des animaux qu'il a su forcer à lui rendre des services. La quantité de machines de cette espèce employées aujourd'hui, est innombrable, mais leur puissance de production est limitée par la faiblesse inhérente à la nature humaine et par l'impossibilité de multiplier à l'infini le nombre des animaux domestiques.

La seconde catégorie comprend tous les appareils qui servent à utiliser les forces naturelles autres que celles de l'homme et des animaux et dont la puissance productrice peut être considérée comme susceptible d'un accroissement indéfini.

La plus grande partie des phénomènes qui s'accomplissent à la surface de notre globe, sont dûs à des forces dont la nature intime nous est inconnue, dont nous ne constatons l'existence que par les effets souvent si considérables qu'elles produisent, mais dont la source, quelle qu'elle soit, peut-être considérée comme inépuisable. Ce sont : la pesanteur en vertu de laquelle tout ce qui est matière tend à se précipiter vers le centre de la terre ; la chaleur qui dilate tous les corps et les rend susceptibles, pendant cette dilatation, de surmonter d'énormes résistances ; l'air en mouvement ou le vent qui peut exercer des efforts considérables contre de grandes surfaces ; l'électricité qui vient de faire son apparition dans l'industrie comme agent d'éclairage et comme agent de transmission du travail à grandes distances. L'homme qui eût le premier l'idée d'appliquer ces forces naturelles à une machine, au lieu d'y appliquer sa force musculaire ou celle de son cheval, afin de produire certaines choses utiles à son existence, eût certainement une idée d'une fécondité immense et dont les conséquences, relativement au sort de l'humanité, furent d'une importance incalculable.

Les anciens n'ont guères connu que les machines de la première catégorie ; celles de la seconde, à l'exception des appareils les plus élémentaires qui utilisaient l'action du vent ou celle de la pesanteur sur l'eau des courants, datent du commencement de ce siècle et peuvent être considérées, en grande partie, comme le résultat de l'affranchissement du travail que la plus grande partie du continent européen doit à la première révolution française.

L'élève. Monsieur, je crois bien qu'en ceci vous avez raison, car si les corporations que la révolution a détruites et dont vous m'avez parlé, avaient continué à subsister, elles auraient étouffé en germe toutes les idées des inventeurs, pour éviter leur concurrence.

L'instituteur. Il est possible mon ami, que vous ayiez ainsi deviné du premier coup, un des principaux bienfaits de la révolution, mais revenons à la question qui nous occupe :

Comme je viens de vous le dire d'une manière générale, l'homme, en se fabriquant des armes est devenu le plus redoutable des animaux et n'a plus permis aux autres d'exister que dans la mesure qu'il a jugée convenable ; la bêche, puis la charrue lui ont fourni les moyens de se procurer en abondance les aliments qui ne naissaient point spontanément sous ses pas ; il a filé, tissé des matières textiles, puis s'en est fait des vêtements, avec des appareils spéciaux, d'abord rudimentaires, puis de plus en plus parfaits ; il s'est fait une scie et une hache pour débiter du bois, des marteaux et des ciseaux pour tailler la pierre ; en un mot, il s'est créé, à l'aide des matériaux qu'il a rencontrés à la surface du globe, une multitude d'organes supplémentaires sans lesquels il n'eût pu vivre et qui l'ont rendu maître absolu de tous les autres êtres ; il a même su en obliger quelques-uns à travailler à sa place pour s'épargner de la fatigue et pour être mieux pourvu d'une multitude de choses utiles et agréables.

L'homme, sans machines, réduit à ses mains et à ses ongles, est donc radicalement impuissant ; il n'est complet qu'avec les machines ; sans elles, il n'est qu'un esclave sans cesse menacé de mort ; avec elles, il est le roi de la création ; mais cette royauté est d'autant plus réelle, plus incontestée que ces moyens auxiliaires de défense et de production sont plus parfaits et qu'ils lui permettent de se procurer, avec la même somme d'efforts, une plus grande quantité de toutes les choses nécessaires à son existence.

Dans les sociétés anciennes, l'homme agissait lui-même, directement, sur ces machines, ou y appliquait d'autres hommes qu'il avait réduits à l'état d'esclaves, en vertu de l'abominable droit du plus fort, ou enfin, se servait dans le même but, de quelques animaux domestiques : les galères romaines étaient conduites par des rameurs, le blé était broyé à la main dans des mortiers ou avec des meules ; les matières textiles étaient filées à la main, tissées à la main ; à la guerre, l'homme massacrait son semblable avec une hache ou une massue, car il faut noter en passant, qu'il n'a pas toujours fait un bon usage de ses organes auxiliaires ; les transports, à cause du mauvais état des routes, à quelques rares exceptions près, se faisaient à dos d'homme, de cheval, d'âne ou de mulet ; le fer et les divers instruments de métal se fabriquaient à la main ; dans les mines et dans les carrières, l'ouvrier remontait les pierres ou les minérais sur son dos ou à l'aide d'engins élémentaires qu'il manœuvrait de sa main. Partout, dans ces sociétés antiques, nous rencontrons les machines comme complément des organes de l'homme, comme un moyen de faire plus vite, ou mieux, ou avec moins d'effort, les opérations qu'il ne pouvait exécuter directement, ou qu'il n'exécutait ainsi que mal ou avec trop de lenteur ; mais il était toujours le moteur immédiat et, surtout dans les travaux qui exigeaient une grande puissance, son action se trouvait naturellement limitée par sa faiblesse physique ou par celle des animaux qu'il faisait travailler à sa place.

Dans les sociétés modernes, à partir de la seconde moitié du siècle dernier, les choses changent de face par l'emploi des machines de la deuxième catégorie.

L'homme, au lieu de faire mouvoir lui-même les machines ou les outils qui fabriquent les objets dont il a besoin, y applique les forces naturelles qu'il avait laissées si longtemps et à peu d'exceptions près, se dépenser inutilement à ses côtés, et provoque, à l'aide d'une connaissance plus approfondie des lois de la nature, le développement de ces forces naturelles qu'il veut utiliser.

Il oblige la pesanteur, par l'intermédiaire des cours d'eau, ou le vent, à moudre son blé dans une plus large mesure qu'il ne l'avait fait jusqu'alors ; il se sert de l'eau dilatée par la chaleur ou de la vapeur, pour mettre ses navires en mouvement, pour faire fonctionner ses métiers à filer ou à tisser les étoffes, pour mettre en marche ses outils à forger et à laminer le fer, pour souffler l'air dans ses hauts fourneaux ; il distille la houille pour en éclairer ses villes au lieu de cultiver des graines pour en extraire de l'huile ; il charge la vapeur de transporter ses marchandises et lui-même avec une énorme vitesse ; il transmet instantanément ses pensées d'un bout du monde à l'autre par l'électricité et le magnétisme ; c'est l'époque des merveilles et du plus grand rôle qu'il ait été donné à l'homme de jouer sur la terre dont il prend définitivement possession, non pas seulement comme maître des autres animaux, mais encore comme directeur intelligent des forces naturelles, en s'appropriant l'immense quantité de choses propres à entretenir et à embellir son existence, qu'elles sont capables de produire sous sa direction.

Mon ami, pour vous donner une idée plus nette des avantages immenses que l'homme a tirés de l'emploi des forces naturelles, je vais vous montrer dans quelle mesure sa puissance productive s'est trouvée augmentée par l'emploi des forces naturelles, dans quelques-unes de leurs applications. D'après Homère, douze femmes étaient constamment occupées, dans la maison de Pénélope, à moudre le blé nécessaire à la consommation des maîtres et des serviteurs du palais du roi d'Ithaque. Vu l'importance de ce pauvre royaume contenu tout entier dans un ilot de la Méditerranée, M. Michel Chevalier pense qu'en portant à 300 le nombre des bouches ainsi alimentées, on doit se placer au delà de la vérité. Il fallait donc, à cette époque, une personne pour moudre le blé nécessaire à la consommation de 25. De nos jours, aux moulins de St-Maur, près de Paris, 40 paires de meules mises en mouvement par des roues hydrauliques et surveillées par 20 ouvriers seulement, réduisent en farine 720 hectolitres de blé par jour. Or 720 hectolitres pèsent environ 56160 kil. et en admettant que la consommation journalière de chaque personne, homme, femme ou enfant, s'élève en moyenne à 0,75 kil., les 720 hectolitres pourraient nourrir 74880 personnes ; et comme 20 ouvriers suffisent pour cela, il en résulte que chaque ouvrier peut alimenter de farine 3744 personnes, tandis que chez le roi d'Ithaque, il n'en alimentait que 25. Pour compléter le tableau, veuillez comparer le pain d'excellente qualité qui peut se fabriquer avec la farine actuelle, à la galette noire que le blé grossièrement écrasé à la main, pouvait fournir au personnel de la cour de Pénélope.

Passons à un autre exemple : avec les anciens procédés de fabrication du fer, auxquels on avait donné le nom de procédés catalans, et qui étaient encore employés pendant la première moitié de ce siècle, dans quelques usines situées au pied des Pyrénées, la quantité de fer fabriquée par chaque ouvrier, ne dépassait guères 6 à 7 kilogrammes par journée de travail, et nos hauts fourneaux, sous la direction d'un très petit nombre d'ouvriers aidés de machines à vapeur qui font mouvoir de puissantes souffleries, et qui élèvent au gueulard les ménérais, le combustible et les fondants, fournissent jusqu'à 80000 kil. de fonte par vingt-quatre heures.

Voici un exemple bien plus remarquable encore que tous les autres ; avant Arkwright qui prit son premier brevet d'invention pour une machine à filer le coton, en 1760, toutes les matières textiles se filaient à la main et l'on a calculé que deux fileuses habiles faisaient, tout juste, autant d'ouvrage que l'une des broches du célèbre métier. Or cinq ouvriers suffisent pour surveiller deux métiers accouplés portant 400 broches chacun, quand ils sont mis en mouvement par une roue hydraulique ou par une machine à vapeur ; soit un ouvrier pour 160 broches. Chaque ouvrier file donc autant de coton que 320 fileuses d'autrefois. Des résultats analogues ont été obtenus dans la filature de la laine, du lin et de la soie. D'après quelques données statistiques déjà anciennes (elles datent de 1856), le nombre d'ouvriers employés, en Angleterre, dans l'industrie du coton, fileurs, tisseurs, fabricants de tulles, de broderies, de bonneteries, imprimeurs sur étoffes, teinturiers ; menuisiers, maçons, mécaniciens, batissant les fabriques et construisant les machines, était

en 1833, de 2000000 et leur production correspondait en
1856 au travail de 91000000 d'ouvriers d'autrefois. Si
l'on veut bien admettre que le nombre d'ouvriers employés
dans ces fabrications, ait augmenté de 1000000 depuis
1833 jusqu'en 1856, on voit qu'à cette dernière époque,
3000000 travailleurs aidés des forces naturelles mises
en jeu par des machines hydrauliques ou à vapeur, pro-
duisaient autant que 91000000 d'anciens ouvriers et que
le travail de ces forces naturelles faisant mouvoir des
outils bien conçus, a remplacé, avec avantage au point
de vue de la perfection des produits, 88000000 d'hommes.
Depuis cette époque de nouveaux progrès ont été faits
et les résultats sont devenus encore plus surprenants.

Il est inutile, je pense, de vous faire remarquer que des
résultats analogues ont été obtenus dans les autres pays
et tout spécialement dans le nôtre. Je vais, pour vous en
convaincre, vous citer un exemple choisi à notre porte ;
l'exploitation de la houille. Prenons le cas d'une entreprise qui tire chaque jour du sein de la terre, 20000 hectolitres de houille, en environ 1800000 kil. ; supposons
que cette houille soit extraite à la profondeur de 600 m.
et que le poids d'eau qu'il faut tirer de la même profondeur pour permettre aux ouvriers de travailler sans être
immergés, soit le même ; cette supposition, mon ami, ne
dépasse pas ce qui se pratique en quelques points de
notre pays.

Ce travail d'élévation de la houille correspond, si l'opération se fait en 10 heures, à 600 chevaux. Si la machine
d'épuisement ne travaille, non plus, que 10 heures sur
les 24, ce qui est un cas assez fréquent, elle aura aussi
une puissance de 600 chevaux vapeur. Si, au lieu d'employer la vapeur, on employait, pour tirer la houille et
l'eau, des hommes avec les outils rudimentaires de nos
ancêtres, il en faudrait au moins 20 pour faire le travail
d'un cheval vapeur ; de sorte qu'il faudrait 24000 ouvriers

robustes pour remplacer les 1200 chevaux que produisent les machines dont le fonctionnement est réglé par quelques chauffeurs et quelques mécaniciens.

En admettant que la journée d'un homme soit payée 3 fr., les 24000 ouvriers coûteraient 72000 fr. qui répartis entre les 20000 hectolitres de houille extraite, constitueraient une dépense de 3 fr. 60 par hectolitre.

D'autre part, les 1200 chevaux vapeur produits par les machines exigeraient probablement une vingtaine d'ouvriers conducteurs et chauffeurs qui, payés à raison de 4 fr. l'un, constitueraient une dépense de 80 fr. ; puis une dépense de combustible d'environ 3 kil. par cheval et par heure ou de 30 kil. pour les 10 heures de travail. Pour les 1200 chevaux, cette dépense s'élèverait donc à 36000 kil. ou à 400 hectolitres qui comptés au taux de 1 fr. l'hectolitre, constitueraient une dépense journalière de 400 fr.

Ces 400 fr. ajoutés aux 80 fr. qui représentent le salaire des ouvriers, formeraient une dépense journalière de 480 fr., et en la répartissant sur les 20000 hectolitres, la dépense pour chacun d'eux ne s'élèverait qu'à 0 fr. 024 ou moins de 25 centimes au lieu de 3 fr. 60 que nous avons trouvés pour le cas d'emploi du premier procédé. Remarquez, mon ami, que je ne vous parle que de deux des nombreuses opérations nécessaires à l'exploitation de la houille, et que si je tenais compte du travail de ventilation des chantiers souterrains, du transport de cette houille dans les galeries par lesquelles on l'amène au bas des points d'extraction, et de toutes les autres opérations indispensables à son exploitation, ces opérations faites à bras d'homme ajouteraient encore un surcroît très considérable au prix de revient qui dépasserait probablement 6 à 7 fr. par hectolitre pour les grandes profondeurs.

L'élève. Monsieur, je vous remercie d'avoir fait pénétrer dans mon esprit un peu de lumière sur ces graves questions ; souvent je me suis demandé dans quelle mesure, ces énormes engins que j'ai vu fonctionner sur les puits de nos exploitations, avec une imperturbable régularité, pouvaient influer sur le bonheur de l'humanité et, malgré que j'en eusse un vague pressentiment, je n'avais pu arrêter mon esprit sur aucune appréciation un peu satisfaisante. Aujourd'hui j'en possède une notion plus précise et je vois ce qu'il arriverait si ces puissants appareils venaient à disparaître. Il faudrait évidemment une quantité énorme d'ouvriers pour les remplacer, le travail national serait largement protégé et pas un homme valide ne serait sans ouvrage ; ce serait une superbe victoire partielle remportée par le protectionnisme, mais elle coûterait cher. Avec la houille à 6 fr. l'hectolitre, les ouvriers, toutes les personnes qui n'ont qu'un mince revenu, comme vous et moi, mourraient de froid pendant l'hiver et tous les propriétaires de fabriques, même dans l'hypothèse où ils conserveraient leurs machines motrices à vapeur, verraient quadrupler les frais d'entretien de ces machines et seraient obligés d'élever le prix de tous leurs produits pour n'être pas ruinés. Il est clair que le consommateur serait considérablement appauvri, en ce sens qu'avec la même somme d'argent, il ne pourrait plus se procurer la même quantité de toutes les choses nécessaires à son existence, qu'auparavant.

L'instituteur. C'est bien, mon ami, vous m'avez compris et vous voyez clairement maintenant, ce que deviendrait l'humanité si la suppression des machines qui utilisent les forces naturelles, que nous avons d'abord limitées aux charbonnages, s'étendait à toutes les industries, en nombre si considérable, qui utilisent aujourd'hui ces forces motrices naturelles autres que celle de l'homme et des animaux. Je ne crois pas que j'exagère en affirmant que, dans un petit pays comme la Belgique, qui contient approximativement 5 millions d'habitants, ceux-ci peuvent produire et consommer, avec l'aide des inventions si ingénieuses qui ont été faites depuis 60 ans, et de ces forces naturelles qu'ils ont su s'adjoindre, autant de choses utiles et agréables, de toute nature, que 50 à 60 millions d'hommes bien constitués auraient pu en produire dans les sociétés antiques.

L'élève. Monsieur, c'est là un merveilleux résultat qui me fait parfaitement comprendre pourquoi nos sociétés modernes jouissent de cent fois plus de bien-être que les sociétés anciennes ; je l'avais souvent entendu dire, mais je n'en voyais pas clairement la raison comme aujourd'hui ; c'est parce que nous n'avons pas à payer le travail de toutes ces forces naturelles qui font l'ouvrage d'un si grand nombre d'hommes.

L'instituteur. Oui, mon ami, et maintenant je vais vous entretenir de l'industrie complémentaire de toutes les autres, c'est à-dire de l'industrie des transports qui sert à effectuer les échanges et dans laquelle nous reconnaîtrons des progrès non moins merveilleux accomplis depuis un demi siècle environ. Son but est de procurer à chacun de nous les produits dont il a besoin, par voie d'échange, au plus bas prix possible ou avec la moindre somme d'efforts possible, en le faisant jouir de tous les perfectionnements de fabrication qui s'effectuent en un point quelconque de la surface de la terre et en mettant à sa portée, eu quelque lieu qu'il ait fixé sa résidence, les produits si variés que l'on tire de tous les pays dont chacun est particulièrement propre à certaines cultures ou à certaines fabrications.

Au commencement de ce siècle, dans la plupart des régions les plus avancées du continent, tous les transports se faisaient à dos d'homme, de cheval, de mulet ou sur des voitures traînées par des chevaux ; mais ce dernier moyen, le plus perfectionné de tous, n'était possible ni en tous lieux ni toujours.

D'après des rapports de l'administration française des

ponts et chaussées, il n'y avait en 1820 dans ce pays, qu'un très petit nombre de routes qui fussent viables en toutes saisons et les produits d'une certaine partie du territoire français, n'en pouvaient sortir que sur le dos des hommes ou des animaux.

Essayons, pour nous rendre compte de l'immense progrès accompli depuis cette époque, dans l'industrie des transports, d'apprécier la différence qui existe entre ce procédé primitif et celui qu'a mis à notre disposition, l'invention des chemins de fer et des locomotives.

Un homme bien constitué peut porter chaque jour un poids de 30 kil. à la distance de 40 kilomètres, ou de 8 lieues belges. Pour porter 1 hectolitre de blé à cette distance, ou environ 75 kil., il lui faudrait donc deux journées et demie. Au prix de 2 francs la journée d'un tel ouvrier, les frais de transport d'un hectolitre à la distance de 8 lieues, s'élèveraient donc à 5 francs. Si le prix de l'hectolitre était de 20 francs, les frais de transport à la distance de 32 lieues doubleraient ce prix.

Un cheval vigoureux chargé sur le dos, peut transporter par jour, à la même distance, une charge de 200 kil., mais il exige un conducteur. En payant le cheval et le conducteur 7 francs par jour, je reste certainement en dessous de la réalité. Dans ces conditions, le cheval et l'homme transporteraient à la distance de 32 lieues, 2 2/3 hectolitres pour la somme de 28 francs, ce qui représenterait encore environ 10 fr. 52 par hectolitre.

Le même cheval attelé à une voiture ordinaire, sur une route dont l'état d'entretien n'est ni mauvais ni exceptionnellement bon, peut traîner une charge de 1000 kil. ou de 13 1/3 hectolitres de blé à la même distance et recommencer le lendemain. En supposant que le prix de la journée du cheval, du conducteur et du véhicule s'elève à 8 francs, le transport des 13 1/3 hectolitres à la distance de 32 lieues, coûterait 32 francs ; soit 2 fr. 40 par hectolitre.

Dans les pays de montagnes, sans routes entretenues, comme il en existait tant au commencement de ce siècle, les frais de transport devaient encore dépasser notablement ceux que je viens de mettre sous vos yeux. Sans aller bien loin pour vous trouver des exemples, je vous citerai, mon ami, un renseignement emprunté à un économiste espagnol, M. Figuerola, relativement à l'état économique de certaines parties du centre de l'Espagne, il y a une vingtaine d'années ; ces parties n'avaient point de routes entretenues. D'après M. Figuerola, lorsque la récolte du blé était abondante, dans ces contrées, le prix de l'hectolitre s'abaissait jusqu'à 6 francs et l'on ne pouvait échanger la partie surabondante contre d'autres produits, qui eussent été bien nécessaires, parce que les frais de transport à la plus courte distance, étaient énormes. A ce taux, l'agriculteur ne pouvait retrouver les frais de production dans le prix de vente et il était ruiné. Lorsque la récolte était mauvaise, le prix de l'hectolitre s'élevait jusqu'à 54 francs et, pour une contrée pauvre, c'était un prix de famine ; la plupart des habitants étaient obligés de se nourrir de glands pour ne pas mourir de faim.

Dans de semblables régions, l'homme n'est pas plus sûr de trouver les moyens d'entretenir sa vie que les sauvages qui meurent d'inanition lorsque la reproduction du gibier a été entravée par quelques circonstances atmosphériques qui se reproduisent de temps en temps.

Passons maintenant, mon ami, à la situation présente des pays civilisés.

On construit aujourd'hui des machines locomotives capables de transporter, sur des chemins de fer, des charges de 200000 kil. à la vitesse de 50 kilomètres par heure, et comme elles ne sont point susceptibles de fatigue, on peut, en remplaçant le chauffeur et le mécanicien après chaque période de 12 heures, tirer d'un semblable appareil, 24 heures de travail effectif par jour, c'est-à-dire transporter, pendant ce temps, les 200000 kil. à la distance de 1200 kilomètres, ou ce qui revient au même, transporter 200000×1200=240,000,000 de kilogrammes à la distance de 1 kilomètre, ou $\frac{240000000}{32\times5}$=1,500,000 kil. à la distance de 32 lieues belges qui est celle que nous avons adoptée en déterminant l'effet utile des autres moyens de transport. Cette opération se fait avec l'aide de 2 mécaniciens, de 2 chauffeurs et de la provision de houille nécessaire à l'alimentation de la machine.

Les 1500000 kil. représentent le poids de 20000 hectolitres de blé qui sont ainsi transportés à la distance de 32 lieues par jour, par quatre hommes aidés d'une machine puissante, et qui n'ont à faire que des efforts musculaires peu considérables.

Une semblable machine, comme instrument de transport, avec l'avantage spécial d'une rapidité inconnue à nos ancêtres, remplace une armée de 200000 hommes ou de 30000 chevaux chargés sur le dos, ou de 6000 chevaux attelés à des voitures roulant sur des routes ordinaires ; N'est-ce pas admirable, et les conditions d'existence des populations qui jouissent d'un si grand bienfait n'en sont-elles pas radicalement transformées.

L'élève. Monsieur, j'en suis stupéfait et en voyant passer nos trains de chemins de fer, il ne m'était pas venu à l'idée que ce moyen de transport, à part la vitesse énorme qui le caractérise et qui n'est réalisable par aucun autre moyen, offrît un si grand avantage sur les moyens de transport de nos pères.

L'instituteur. Vous allez voir, mon ami, jusqu'où s'étendent les conséquences de cette magnifique invention : aujourd'hui nos chemins de fer peuvent transporter le blé pour le prix de 3 centimes par kilomètre et par tonne. La tonne étant le poids de 13 1/3 hectolitres, environ, le transport de 1 hectolitre à la distance de 1 kilomètre, coûte donc 0,225 de centime, ou 2 francs 25 pour la distance de 1000 kilomètres. Par navires à voiles les frais de transport sont encore moindres.

Il en résulte qu'en Belgique, lorsque le prix du blé dépasse de quelques francs, son prix sur les marchés d'Odessa, de Hongrie ou des ports d'Amérique, nous pouvons trouver bénéfice à faire venir notre blé de ces contrées éloignées.

Dans de semblables conditions, la famine qui autrefois, sévissait tantôt d'un coté, tantôt de l'autre, est devenue impossible, parce que les récoltes ne sont jamais mauvaises, en même temps, sur toute la surface de la terre et quelque maltraitée par les circonstances atmosphériques, qu'ait été une contrée restreinte, il n'en peut résulter, à part les ruines individuelles de quelques producteurs de blé, qu'une augmentation de quelques francs sur le prix de l'hectolitre ; les blés étrangers arrivent alors de toutes parts vers la région maltraitée où ils se vendent bien quand ses habitants possèdent une certaine aisance.

A mesure que les chemins de fer, les canaux et les entreprises de transports maritimes se développent, ces avantages vont en croissant et les frais de transport, en s'amoindrissant, et si l'on veut observer que tous les produits jouissent des mêmes avantages que le blé, on reconnaîtra que, sans se livrer à un accès d'enthousiasme purement poétique, on peut prévoir que dans un avenir assez prochain, chaque pays pourra jouir à peu de frais, de toutes les productions des autres, même les plus éloignés et que bientôt nous trouverons sur nos marchés, à côté de nos fruits et de nos légumes, tous les produits des climats plus favorisés du soleil. De fait, nous en voyons déjà arriver un certain nombre que la plupart d'entre nous ne connaissaient que de nom.

Je pense, mon ami, que ces exemples vous suffiront pour comprendre les prodigieux résultats matériels obtenus depuis le commencement de ce siècle, par un judicieux emploi des forces naturelles que les sociétés anciennes n'avaient que bien faiblement utilisées, et pour mettre en lumière les causes véritables de ces progrès étonnants qui sont dûs aux machines dont le rôle social ne fait que commencer et doit, par sa nature même, devenir de plus en plus important.

L'élève. Oui, Monsieur, je vois pourquoi la richesse publique s'est tant accrue depuis un demi siècle, que tous les descendants des anciennes classes ouvrières, qui l'ont fortement voulu et qui ont acquis une somme de connaissances suffisante pour utiliser les circonstances favorables, sont devenus des bourgeois aisés et souvent riches.

L'instituteur. Maintenant, mon ami, si des machines, causes directes de notre bien-être actuel, nous remontons à la cause première de leurs applications sur une si vaste échelle et des perfectionnements continuels qu'elles reçoivent, nous la trouvons principalement dans l'affranchissement du travail, dans le règne de la liberté que les anciens n'ont point connu, dans le développement extraordinaire des sciences appliquées et, en général, dans le progrès intellectuel qui s'est produit dans toutes les branches de l'activité humaine, depuis l'énergique ébranlement de 1789 qui a relevé dans l'homme le sentiment de sa dignité qui s'était engourdi sous le fardeau d'une longue oppression.

Il nous reste maintenant à examiner l'influence que le développement du bien-être matériel a eu sur la civilisation considérée dans sa meilleure acception.

Comme je vous l'ai déjà dit, au commencement de cette conférence, l'immense assemblage de matières et de forces diverses, d'êtres organisés et vivants dont se compose l'univers, n'était pas, dès l'origine de toutes choses, plus approprié à l'entretien de notre existence qu'à celui de l'existence de la plupart des autres animaux ; mais nous avions reçu, de plus qu'eux, la faculté de modifier, d'approprier la création primitive à nos besoins. C'est par cette faculté, qui est l'intelligence, que le monde est devenu notre domaine, et que nous avons pu accumuler autour de nous tous les moyens actuels d'existence et de bien-être.

Lorsque les hommes ont renoncé à la vie sauvage ou pastorale et ont passé à la vie agricole, l'emploi de quelques machines élémentaires leur a bientôt permis de produire une quantité de subsistances bien supérieure à celle qui était nécessaire à leur alimentation ; la population s'est accrue et une partie s'est livrée à d'autres travaux. Les besoins se sont alors étendus et la division du travail aidée de quelques appareils fort simples, a augmenté rapidement la puissance de production. Les richesses se sont accumulées et une classe d'hommes, plus ou moins nombreuse, a pu être dispensée des travaux matériels et se livrer au développement des facultés humaines ; c'est là le commencement de toutes les civilisations.

Dans ces sociétés anciennes, l'ignorance de la plus grande partie des lois de la nature, qui a empêché les hommes de mettre à profit les forces répandues en si grande abondance autour d'eux, a été le plus grave obstacle au développement de la production ; tous les appareils mécaniques étaient peu perfectionnés et ils étaient obligés de les faire mouvoir à la main. La somme de bien-être, dévolue à chaque individu et à sa famille, y était donc assez limitée et l'histoire n'aurait eu à enregistrer qu'un état général de civilisation peu avancé, sans un fait particulier qui a été la cause de certaines civilisations éclatantes qui se sont, à différentes époques, développées en quelques points du monde habité ; il s'agit de l'Esclavage.

Le jour où des hommes plus forts, plus hardis que leurs voisins, purent traiter ceux-ci comme des animaux domestiques, les faire travailler et s'emparer de la meilleure partie des produits de leur travail, en ne leur laissant que ce qui était strictement nécessaire pour ne pas mourir, ces hommes furent en position d'accumuler des richesses, de vivre dans l'opulence, de cultiver les beaux arts, la littérature, ou tout au moins, de provoquer cette culture et de protéger spécialement ceux que la nature y avait spécialement prédisposés. C'est ainsi que se sont produites, au milieu de l'état de sauvagerie dans lequel était plongé, à cette époque, la plus grande partie du monde habité, la civilisation grecque du temps de Periclès et plus tard, la civilisation romaine du temps des Césars, qui ont laissé de si grands témoignages arrivés jusqu'à nous. Malheureusement, dans ces sociétés temporairement civilisées, le progrès ne reposait que sur une base trop fragile et qui ne pouvait tarder à s'écrouler. D'une part, toutes les populations environnantes torturées, pressurées pour les dépouiller du plus clair de leurs ressources, devaient être sans cesse disposées à revendiquer énergiquement leurs droits et à secouer violemment un joug si odieux et, d'autre part, l'engourdissement progressif et l'abatardissement inévitable des races dominantes accoutumées à jouir de tout sans rien produire, devaient les rendre peu propres à résister à une vigoureuse revendication des droits de l'humanité ; aussi, toutes ces brillantes civilisations ont-elles disparu sous le choc des haines et des convoitises qu'elles avaient accumulées contr'elles, mais non sans laisser dans le passé, une trace lumineuse dont nous sommes encore éblouis, et des œuvres d'art qui n'ont point été dépassées depuis.

Nous trouvons un autre exemple des mêmes causes produisant les mêmes effets, à une époque bien plus rapprochée de nous ; je veux parler du règne de Louis XIV. Qui de nous, dans sa jeunesse, n'a pas admiré, avec les historiens, les splendeurs de la cour de Versailles, cette brillante pléiade de littérateurs, de poëtes, si complaisamment admirateurs du roi soleil. Quel est celui d'entre nous qui, après une visite à cette antique résidence des rois de France, ne s'est pas senti fortement impressionné par l'aspect grandiose de cette admirable demeure. Là, tout était beau, tout était grand, tout tendait à donner la plus haute idée de la puissance de l'homme. Mais si, à cette époque, quelqu'un était sorti de cet oasis créé à quelques lieues de Paris, pour suivre le maréchal de Vauban dans les campagnes de France, celui-ci lui eut montré le pays tout entier réduit à la misère pour subvenir à ce faste de cour ; les paysans mourant de faim, logés dans des huttes de terre et de branchages, plongés dans l'ignorance la plus absolue, sans cesse traqués par les agents du fisc qui les dépouillaient du fruit de leur travail ; c'était l'esclavage sous une forme différente de celle des temps antiques, mais toujours l'esclavage avec tout son cortège de violences, d'abaissement moral et de haine contre les auteurs de tous ces maux. Aussi qu'en est-il advenu ? les littérateurs sont morts, les peintres, les sculpteurs n'ont point été remplacés, pas plus que les grands généraux, les ressources se sont épuisées, les grands travaux commencés ont été abandonnés et, après un certain nombre d'années pendant lesquelles la lutte s'est développée sourdement entre les spoliateurs et leurs victimes, les premiers ont été violemment renversés avec toutes leurs richesses mal acquises. A une époque encore plus rapprochée de nous, la partie méridionale des Etats-Unis d'Amérique a offert un nouvel exemple du peu de stabilité de ces civilisations fondées sur l'esclavage ou la spoliation ; mais, heureusement pour elle, l'affreux bouleversement dont elle a été le théâtre n'a pas été le fait de ses victimes qui se seraient, peut être, vengées encore plus cruellement ; il a été l'œuvre d'une population qui possédait toutes les ressources des civilisations mieux assises et qui lui a apporté, en même temps, tous les éléments d'une régénération sociale.

L'élève. J'ai beaucoup entendu parler, Monsieur, de cette terrible guerre entre les états du Nord et ceux du Sud des Etats-Unis, et je sais qu'après une longue série de combats meurtriers et de vastes exploitations dévastées, l'infâme institution de l'esclavage a été abolie dans les états du Sud et que, depuis ce temps, leurs désastres se réparent progressivement sous l'action du travail libre et de l'emploi des puissances mécaniques que les vaincus n'ont pas eu à découvrir et qu'ils ont pu appliquer sans tâtonnements.

L'instituteur. C'est vrai, mon ami, mais je veux encore avant de terminer cette série d'exemples de civilisations prédestinées à une inévitable décadence, vous en citer quelques-uns déjà fort anciennes et qui reposaient sur de meilleurs fondements. Celles-ci sont le résultat de l'application d'une force motrice naturelle, le vent. Certaines populations, à l'aide de cette force appliquée à la navigation, ont fait un immense commerce et ont acquis des richesses considérables en transportant d'un pays à un autre les produits du sol et de l'industrie ; c'est là l'origine de la prospérité de certaines républiques italiennes, de l'Angleterre et de la Hollande. Il est facile de se figurer ce qu'eut été ce commerce, si ces populations n'avaient eu pour instrument de transport que les anciennes galères conduites par des rameurs. Ces dernières civilisations fondées sur le travail et non sur la spoliation, portaient en elles-mêmes le principe d'un développement indéfini et aucun de ces vices radicaux qui conduisent fatalement à la ruine ; aussi, à l'exception de quelques petites républiques italiennes qui ont succombé sous le despotisme de conquérants, les autres se sont continuées jusqu'à nos jours avec une rapidité que la grande industrie du 19ᵉ siècle n'a fait qu'accroître.

Mon ami, lorsqu'on a lu l'histoire ancienne, ce long martyrologe de l'humanité, ou l'histoire moderne des peuples qui n'utilisent les forces naturelles que dans une très faible mesure, ce qui comprend la population de la plus grande partie du monde habité, depuis le sauvage du centre de l'Afrique et de certaines régions de l'Amérique, jusqu'à l'Indien soumis à la domination anglaise, au Russe incomplètement délivré du servage et jusqu'à l'habitant de la Turquie si complètement exploité par ses pachas, on repose avec bonheur sa pensée en contemplant le sort présent, et surtout futur, des populations qui, comme les nôtres, ont su asservir les forces naturelles et les faire travailler à leur profit. Dans toutes ces contrées, à l'aide d'économies faites sur les consommations possibles antérieurement, c'est-à-dire d'un capital matériel, à l'aide de l'immense capital intellectuel accumulé dans les livres et dans les traditions d'ateliers, lesquels s'accroissent avec une rapidité inouïe depuis le commencement de ce siècle, on construit de toutes pièces, sous la forme de machines, des millions d'esclaves dociles, infatigables, dont on n'aura jamais à redouter la vengeance, qui ne consomment pour vivre qu'un peu d'huile pour graisser les axes et une très petite partie de la houille que quelques-unes d'entr'elles servent à extraire, et qui fabriquent avec une vitesse et une perfection inconnues des anciens, la plus grande partie des produits que nous avons jugés utiles à notre existence et à notre bien-être.

Les machines sont les vrais esclaves du 19e siècle ; les seuls que le moraliste puisse accepter ; les seuls capables d'accumuler dans nos mains des richesses dont l'origine soit avouable ; les seuls qui puissent créer pour un certain nombre d'hommes et sans dépouiller les autres, les loisirs, les ressources de locomotion, la possession sous forme de livres, des connaissances antérieurement acquises qui sont nécessaires au développement de leur intelligence ; les seuls qui puissent les faire assez riches pour élever ces monuments et provoquer l'exécution de ces œuvres d'art qui sont l'honneur et la gloire de l'humanité ; pour encourager les sciences et les lettres qui, à leur tour et par réaction, tendent à augmenter la somme de produits obtenus avec la même somme d'efforts, en éclairant sans cesse d'une lumière plus vive les secrets de la nature et en indiquant les moyens de développer l'usage des forces qu'elle renferme. Ce sera l'éternel honneur de notre temps, d'avoir découvert tous les éléments de la vraie civilisation, de celle qui permet à l'homme de devenir de plus en plus homme, en devenant plus intelligent et en appropriant plus complètement toutes les choses créées, à son usage, sans violer les lois immuables de la justice et de la morale.

Mon ami, pour vous donner une idée exacte du rôle des machines dans les sociétés modernes, supposez qu'en Belgique, par exemple, toutes les machines soit brusquement anéanties, qu'il en soit de même de toutes nos connaissances acquises consignées dans les livres et dans la mémoire de nos contemporains, et que les 5000000 de Belges d'aujourd'hui en soient réduits aux moyens de production que possédaient leurs ancêtres du temps de César ; il est probable qu'il ne survivrait à cette immense catastrophe qu'un petit nombre d'hommes et que leurs enfants se retrouveraient dans l'état de sauvagerie qui était celui des anciens Belges.

L'élève. Monsieur, vous devez avoir raison car la suppression de toutes nos manufactures, de toutes nos grandes entreprises où les machines jouent un si grand rôle, de tous nos outils perfectionnés, même ceux de l'agriculture, laisserait sans ressources une immense partie de la population qui se trouverait ainsi condamnée à périr d'inanition. De plus, il est certain que ceux qui ne posséderaient plus rien feraient une guerre acharnée aux autres pour leur enlever les aliments qu'ils pourraient encore posséder et que, dans ce chaos général, le plus clair des ressources conservées pourrait bien disparaître dans un immense gaspillage.

L'instituteur. C'est vrai, mon ami, et remarquez, pour compléter cette appréciation du rôle des machines dans les sociétés modernes, que nous ne sommes qu'au début de ces applications des forces naturelles ; si l'on excepte l'action du vent dont on fait usage depuis longtemps sur une vaste échelle, les autres forces n'ont été que peu ou point appliquées. Jusqu'au commencement de ce siècle, l'action de la pesanteur sur l'eau n'a été appliquée aux roues hydrauliques que dans une faible mesure et à l'aide d'appareils très imparfaits ; les fameuses roues hydrauliques de Marly construites sous Louis XIV pour élever les eaux de la Seine dans les jardins de Versailles, ne rendaient pas 5 pour cent de la puissance produite par la chûte d'eau ; l'action de la chaleur, par l'intermédiaire de la vapeur d'eau n'a été appliquée pour la 1e fois qu'en 1710, et ce n'est que depuis une cinquantaine d'années que ses applications se sont répandues suffisamment pour produire des phénomènes sociaux importants.

La grande force motrice à l'ordre du jour depuis un petit nombre d'années, la force électrique, à part ses admirables applications à la télégraphie et à l'éclairage, n'a encore rendu aucun service industriel important au point de vue des machines, mais il est permis d'espérer aujourd'hui que bientôt elle apportera sa part dans l'œuvre de la civilisation par ses applications à ces puissants engins de production. Les propriétés des courants électriques sont connues ; ils produisent de la chaleur, de la lumière et aussi de puissantes attractions et répulsions magnétiques qui peuvent très bien, comme la vapeur, mettre en mouvement des outils considérables ; le seul obstacle à cette application des courants électriques, jusqu'à présent, est leur prix de revient qui fait que le travail ainsi recueilli dans une manufacture, coûterait plus que celui que fournit la vapeur. Mais que cette découverte fasse encore un pas, qu'un inventeur trouve le moyen de produire très économiquement ces précieux courants et une véritable révolution sera opérée dans l'industrie, car ces courants peuvent encore servir à un grand nombre d'autres usages que celui qui consiste à engendrer de la puissance et de la lumière.

Maintenant, mon ami, joignez à cet emploi des forces naturelles qui ne peuvent que remplacer la force brute de l'homme et des animaux, joignez dis-je, les perfectionnements incessants apportés à l'outillage dans toutes les fabrications, afin de faire mieux et plus vite avec la même force motrice, et vous comprendrez combien la somme des jouissances de l'homme pour la même quantité de travail, peut encore s'accroître.

L'agriculture elle-même, si longtemps stationnaire, participe à ces progrès si rapides dans toutes les voies ; elle commence à employer bon nombre de machines à l'aide desquels une couple d'hommes et quelques chevaux, accomplissent en peu d'instants des travaux qui exigaient antérieurement beaucoup de temps et l'emploi d'un grand nombre d'ouvriers ; on a fait une étude attentive des conditions les plus favorables à la végétation, des effets des engrais et des amendements, de la succession la plus rationnelle des cultures sur le même sol, ce qui nous permet de récolter le double de ce que l'on récoltait autrefois sur la même surface et équivaut au doublement de l'étendue de chaque état, avec économie dans les frais de production et sans l'inconvénient de l'accroissement des distances ; c'est bien là, mon ami, la plus honnête des conquêtes que l'homme puisse faire.

Lorsque notre alimentation est ainsi assurée par un travail considérable des forces naturelles, par celui de quelques animaux et d'un nombre d'hommes toujours décroissant, les autres hommes avec l'aide du capital, des mêmes forces naturelles et de leur travail personnel, peuvent accroître indéfiniment la production de toutes les choses utiles, agréables ou propres à élever encore le niveau de leur intelligence ou à charmer noblement leurs loisirs, comme les monuments publics ou privés, les œuvres d'art, et favoriser par des encouragements efficaces la production des œuvres de littérature, de musique, de poésie ou de science.

L'élève. Monsieur, toutes ces brillantes perspectives que vous exposez à mes yeux, produisent sur mon esprit l'effet d'une conte de fées ; mais j'avoue que l'espérance de les voir se réaliser un jour, me semble légitime en considérant l'état de nos connaissances actuelles concernant les lois de la nature et les moyens de les utiliser à notre profit.

L'instituteur. Mon ami, votre observation est vraie et il est évident que la destinée de l'homme sur la terre, doit s'améliorer toujours, à mesure qu'il pénétrera plus avant dans les secrets de la création et qu'il s'élèvera davantage au dessus des animaux qui n'ont pas reçu l'intelligence en partage ; nul de nous ne pourrait assigner un terme à sa domination sur la matière. C'est ainsi que se complètera progressivement cet ensemble de toute puissance sur les choses matérielles, d'appropriation de toutes ces choses aux besoins de l'homme, de développement de toutes ses facultés morales et intellectuelles, qui constituent la civilisation dans sa plus haute acception.

L'élève. Pourquoi donc, Monsieur, au milieu de ces progrès qui semblent devoir améliorer si rapidement le sort de tous, autour de nous, y-a-t-il tant d'hommes dont le sort ne me semble pas bien supérieur à celui des hommes qui habitent les contrées peu civilisées.

L'instituteur. Je m'attendais à votre observation et j'allais vous faire observer que le brillant tableau que j'ai fait passer sous vos yeux, a pourtant des ombres qui tiennent bien plus aux imperfections de la nature humaine qu'à des causes inhérentes à l'emploi des forces naturelles.

La classe ouvrière, il est vrai, n'a pas profité de l'accroissement général du bien-être, dans la même mesure que la partie la plus éclairée de la population et que les possesseurs de ces économies faites sur les consommations antérieures, à l'aide desquelles on a pu construire ces puissants appareils qui ont permis d'utiliser les forces motrices naturelles, et quelques esprits chagrins ne jugeant la situation actuelle de ces travailleurs que par comparaison avec celle des plus favorisés par le progrès moderne, au lieu de la comparer à celle des mêmes travaillleurs à une époque plus reculée, en ont conclu que les machines avaient aggravé leur condition. C'est une grave erreur, et il faut n'avoir jamais lu l'histoire pour accepter une semblable conclusion. L'ouvrier a largement profité de tous les progrès de la grande industrie ; il est incontestablement mieux vêtu, mieux nourri, mieux chauffé qu'autrefois et il est facile d'en trouver la preuve dans les livres de quelques historiens qui ont bien voulu se rappeler qu'il y avait au monde d'autres hommes que des rois, des ministres, des généraux et des armées pour faire la guerre ; les machines ont délivré l'ouvrier de la partie la plus rude de ses travaux, de celle qui usait son corps avant le temps et qui achevait d'éteindre son intelligence ; je vais, mon ami, vous en citer quelques exemples :

Peut-on comparer la situation de notre meunier actuel surveillant la marche de ses meules et de ses bluteries, à celle de l'esclave broyant la blé dans un mortier ou tournant la meule à force de bras ?

Est-ce qu'il existe une comparaison possible entre nos marins manœuvrant de temps en temps une voile ou alimentant le foyer d'une machine à vapeur et l'ancien rameur des galères romaines ? entre le garçon de ferme surveillant une machine à battre le blé et le batteur en grange ? entre le mécanicien conducteur d'une locomotive et le portefaix ? entre le boulanger surveillant la marche d'un pétrin mécanique mis en mouvement par une machine à vapeur et l'ouvrier pétrissant la pâte avec ses bras ?

En voici encore un exemple pris à notre porte : Il y a trente ans, l'ouvrier mineur ne se servait que d'échelles pour descendre dans les mines et en sortir ; aujourd'hui, il est transporté dans les puits, sans fatigue, à l'aide d'appareils spéciaux mûs par la vapeur. Autrefois ces mines étaient mal ventilées, on y souffrait de la chaleur autant que du manque d'air et le travailleur y contractait de bonne heure cette terrible maladie nommée par les médecins, l'anémie du mineur ; à 50 ans l'ouvrier qui en était atteint ne pouvait plus travailler ; aujourd'hui de puissantes machines de ventilation font circuler un torrent d'air dans les travaux souterrains et l'anémie a disparu ; bientôt encore les machines à air comprimé, les machines à colonne d'eau, les transmissions de mouvement par câbles, de la surface au fond, peut-être aussi les courants électriques, délivreront le mineur de l'obligation de pousser de lourds chariots dans des galeries étroites où il ne peut marcher que courbé, et ne tarderont probablement pas à le dispenser de se coucher sur le flanc pour abattre la houille ; elles le délivreront, en un mot, de la partie la plus rude de ses travaux, en ne lui laissant que le soin de diriger la marche de tous ces appareils libérateurs.

Il serait facile de multiplier à l'infini les citations de cette espèce et de prouver que, partout, la machine a agi comme instrument de délivrance et a dispensé l'ouvrier du métier de bête de somme.

Cette amélioration de son sort se poursuit sans relâche et il ne se passe pas d'année sans qu'une machine nouvelle ne vienne dispenser quelque travailleur de la partie la plus pénible de sa besogne. Le beau idéal serait, évidemment, que dans tous les travaux, la fonction de l'ouvrier se bornât à surveiller la marche d'une machine exécutant l'ouvrage, et quoique nous soyions encore loin de cet idéal, nous n'en sommes pas moins sur le chemin qui y conduit.

Malheureusement, l'ouvrier n'a pas su, comme les classes aisées de la société, mettre à profit toutes les circonstances qui auraient pu lui permettre d'améliorer davantage son sort et celui des siens, et je pense que cela tient aux causes suivantes : Il sort à peine de l'état de servage ; il n'a pas été frappé comme la plupart des autres hommes, de la nécessité de s'instruire pour devenir plus clairvoyant et pour apprécier d'avance les conséquences de toutes ses actions ; il a été, le plus souvent, imprévoyant au suprême dégré, peu soucieux du lendemain et a dépensé au cabaret ou en jouissances grossières de diverses natures, la part de ses ressources qui aurait pu servir à l'émanciper matériellement et moralement ; la majeure partie des maux dont il se plaint aujourd'hui doivent être attribués, j'en suis convaincu, à son imprévoyance et à son ignorance. S'il était plus éclairé, il ferait un meilleur emploi de son salaire, il prendrait de meilleures habitudes et s'estimerait davantage ; en même temps, il deviendrait plus habile, de santé plus robuste, prendrait une plus grande part à l'œuvre de la production et passerait plus facilement d'une industrie à une autre qui lui serait plus profitable ; il échapperait ainsi aux tristes conséquences des crises commerciales qui, de loin en loin, frappent certaines industries et plongent temporairement dans la misère des contrées tout entières, comme la crise qui s'est manifestée dans l'industrie des tissus de coton, dans nos Flandres Belges, il y a déjà plusieurs années.

L'élève. Ah Monsieur, tout cela me semble bien vrai et quand j'ai vu, à notre porte, l'ouvrier mineur, dans les années de grande prospérité commerciale, lorsqu'il pouvait gagner 8 ou 10 francs par jour, ne profiter de ces heureuses circonstances que pour travailler seulement 3 jours par semaine et pour passer tout le reste du temps à boire au cabaret, j'ai pensé qu'il était fou et qu'il méritait toutes les souffrances qu'il est obligé de supporter dans les années de crise où le travail manque et où son salaire baisse. Il est alors aussi coupable que l'homme qui reçoit de son père un héritage de 10000 fr. de revenu et qui le dévore tout entier en deux ou trois ans, dans d'absurdes débauches ; il ne mérite pas plus de commisération et n'a pas plus que lui le droit de se plaindre d'une organisation sociale qui le laisse sans ressources dans les instants difficiles.

L'instituteur. Oui, mon ami, l'ouvrier n'a pas d'autre excuse que son ignorance et sa confiance aveugle dans la durée indéfinie des périodes de grande prospérité commerciale.

Cependant il y a encore d'autres causes de sa misère : le progrès moral des classes éclairées n'a pas été aussi rapide que leur progrès matériel ; elles n'ont songé, dans l'énivrement du succès, qu'à jouir du bien-être récemment conquis et n'ont point tendu une main assez secourable aux déshérités de la fortune. Empruntant au moyen âge une partie de ces préjugés qu'avait enfantés le long règne de la force, elles ont regardé le travailleur comme un être inférieur et ont établi entre elles et lui une barrière presqu'infranchissable, tant qu'il n'est pas sorti de sa condition. En ne se voyant point estimé, l'ouvrier n'a point appris à s'estimer lui-même et il n'a pas pris grand souci de faire respecter la dignité humaine dans sa personne.

D'un autre côté, toute la puissance gouvernementale qui avait si longtemps résidé dans la noblesse et dans une famille royale, qui en avaient fait un si mauvais usage, a passé dans la classe nouvellement enrichie, c'est-à-dire dans la bourgeoisie, et celle-ci n'en a pas fait non plus un usage irréprochable ; trop souvent elle a accordé à des gouvernants d'une moralité et d'une clairvoyance fort douteuses, une confiance et un pouvoir assez grands pour qu'ils pussent provoquer, dans leur intérêt personnel,

bien ou mal entendu , des guerres d'annexions ou de
rancunes dynastiques contre des pays voisins, et ces guerres, comme toutes celles du temps passé, ont amené une
gigantesque destruction d'hommes et de capitaux ; ce qui
a fait reculer d'un grand nombre d'années l'œuvre de la
civilisation, et plongé dans la misère un nombre immense
de familles, sans compter les charges accablantes que les
emprunts d'états et l'obligation d'entretenir de nombreuses
armées, ont imposées à ceux qui ont survécu.

Ces guerres insensées qu'il eut été si facile d'éviter par
des arbitrages, si les populations étaient plus éclairées et
ne remettaient pas si facilement leur sort entre les mains
de gouvernants imbus de tous les préjugés d'autrefois et
peu soucieux de toutes les misères qui peuvent résulter
de la tentative de réalisation de leur projets, sont un des
principaux obstacles que la civilisation ait à franchir pour
poursuivre avec succès son œuvre de régénération et d'affranchissement de la classe ouvrière.

Ce n'est donc que par une plus grande diffusion des
lumières, surtout par une éducation morale mieux appropriée aux véritables besoins de la société et par l'abandon
d'une multitude de préjugés que nous ont légués les
sociétés mal organisées d'autrefois, qu'il sera possible de
faire disparaître tous ces obstacles à une amélioration considérable du sort de tous.

Vous trouvez peut-être, mon ami, que je suis bien pes-
simiste en vous parlant des préjugés régnants à une
époque où il semble convenu qu'il n'en existe plus ? Il y
en a encore cependant et je vais vous en citer un qui est
des plus nuisibles au progrès social : Ne voit-on pas encore
de nos jours, et chez un nombre considérable de personnes
qui passent pour éclairées, l'oisiveté plus estimée que le
travail, l'homme auquel ses ancêtres ont laissé une fortune suffisante pour le dispenser d'apporter sa pierre à
l'œuvre de la civilisation, jouir dans la société, de plus

de considération que l'infatigable pionnier du progrès. Cette singulière façon d'estimer l'importance relative de chacun ici bas, a considérablement ralenti la marche de la civilisation en neutralisant une multitude d'hommes intelligents qui auraient contribué sans cela, à accélérer la marche ascendante de l'humanité, et ses inconvénients en ont été signalés depuis longtemps.

L'élève. Monsieur, je le comprend très bien ; tant qu'un homme intelligent et riche aura la conviction qu'il gagnera plus de considération publique, en tenant un grand état de maison et en acquérant un titre de noblesse, qu'en consacrant sa fortune à l'invention d'une machine qui affranchira toute une catégorie de travailleurs d'un travail pénible, il mènera grand train, remuera ciel et terre pour acquérir son titre de noblesse et se moquera de l'inventeur de la machine.

L'instituteur. C'est cela mon ami : cependant ces idées ne règnent pas partout sans exception et je vous intéresserai peut-être en vous citant, à ce sujet, l'opinion d'un arrière petit-fils du duc de St-Simon qui nous a laissé de si curieux mémoires sur la cour de Louis XIV et qui était un des aristocrates les plus convaincus de cette cour si foncièrement aristocratique. Vous remarquerez que cela a été écrit au commencement de la restauration française, à une époque où tous les préjugés féodaux se réveillaient avec une singulière énergie, et par un homme qui, en vertu de son origine même et de ses traditions de famille, aurait dû en être fortement imbu ; mais qui était doué d'une remarquable clairvoyance et qui s'était fait l'homme de son temps :

Je suppose, dit-il, que la France perde subitement ses cinquante premiers physiciens, ses cinquante premiers chimistes, ses cinquante premiers peintres, architectes, médecins, ses cinquante premiers ingénieurs, en un mot ses trois mille premiers artistes, savants et artisans.

Comme ces hommes sont les français les plus essentiellement producteurs, ceux qui donnent les produits les plus imposants, ceux qui dirigent les travaux les plus utiles à la nation et qui la rendent productive dans les beaux arts et dans les arts et métiers, ils sont réellement la fleur de la société française ; ils sont, de tous les Français, les plus utiles à leur pays, ceux qui lui procurent le plus de gloire, qui hâtent le plus sa civilisation et sa prospérité. Il faudrait à la France au moins une génération entière pour réparer ce malheur, car les hommes qui se distinguent par des travaux d'une utilité positive, sont des anomalies véritables, et la nature n'est pas prodigue d'anomalies, surtout de cette espèce.

Passons à une autre supposition : admettons que la France conserve tous les hommes de génie qu'elle possède dans les sciences, dans les beaux arts et dans les arts et métiers, mais qu'elle ait le malheur de perdre le même jour : MONSIEUR, frère du roi, Monseigneur le duc d'Angoulème, Monseigneur le duc de Berri, Monseigneur le duc d'Orléans, Monseigneur le duc de Bourbon, Mme la duchesse d'Angoulème, Mme la duchesse de Berri, Mme la duchesse d'Orléans, Mme la duchesse de Bourbon et Melle de Condé ; qu'elle perde en même temps tous les grands officiers de la couronne, tous les ministres d'Etat, tous les maîtres des requêtes, tous les maréchaux, tous les cardinaux, archevêques, évêques, grands vicaires et chanoines, tous les préfets et sous-préfets, tous les employés dans les ministères, tous les juges et, en sus de cela, les dix mille propriétaires les plus riches parmi ceux qui vivent noblement. Cet accident affligerait certainement les Français, parce qu'ils sont bons, parce qu'ils ne sauraient voir avec indifférence la disparition subite d'un si grand nombre de leurs compatriotes ; mais cette perte de trente mille individus réputés les plus importants de l'Etat, ne leur causerait de chagrin que sous un rapport purement sentimental, car il n'en résulterait aucun mal pour l'Etat.

D'abord par la raison qu'il serait très facile de remplir les places qui seraient devenues vacantes. Il existe un grand nombre de Français en état de remplir les fonctions de frère du roi, aussi bien que MONSIEUR ; beaucoup sont capables d'occuper les places des princes, aussi bien que Monseigneur le duc d'Angoulème, Monseigneur le duc d'Orléans, etc.

Les antichambres du château sont pleines de courtisans prêts à occuper les places des grands officiers de la couronne ; l'armée possède une grande quantité de militaires aussi bons capitaines que nos maréchaux actuels. Que de commis valent nos ministres d'Etat ! que d'administrateurs plus en état de gérer les affaires des départements que les préfets et sous-préfets actuellement en activité ! que d'avocats aussi bons jurisconsultes que nos juges ! que de curés aussi capables que nos archevêques, que nos évêques, que nos cardinaux, que nos grands vicaires, que nos chanoines.

Quant aux dix mille propriétaires, leurs héritiers n'auraient besoin d'aucun apprentissage pour faire les honneurs de leurs salons, aussi bien qu'eux.

L'élève. Eh bien Monsieur, le grand seigneur qui a écrit cela doit avoir été singulièrement accueilli dans la société de ses pareils, après qu'ils en furent informés.

L'instituteur. Je le crois comme vous, mon ami, mais je ne vous ai fait cette citation que pour vous montrer quels genres d'obstacles les préjugés peuvent opposer aux progrès de la civilisation, en neutralisant une partie des éléments de ces progrès.

La vraie cause de tous ces obstacles est la rapidité avec laquelle s'est formé le monde industriel moderne ; les vieilles idées sont bien plus difficiles à réformer que les procédés de fabrication, mais il est temps que l'on se mette à l'œuvre et que l'on travaille à mettre le progrès moral au niveau de l'étonnant progrès matériel que l'on a accompli en si peu d'années. Cependant nous ne sommes pas restés tout à fait stationnaires sous ce point de vue ; nos mœurs se sont adoucies ; nous ne voyons plus sans horreur les terribles désastres qu'entraîne la guerre, quoiqu'il ait encore été possible, dans cette période de progrès matériels, de pousser d'immenses populations à s'entre-déchirer sans profit réel pour personne et avec d'irréparables pertes pour tous ; la gloire militaire quand elle n'est pas acquise en défendant son pays, perd de son prestige et nous estimons l'homme qui a risqué sa vie pour sauver son semblable, au moins autant que celui qui a accompli un brillant fait d'armes ; nous n'admettons pas qu'un homme puisse imposer sa croyance religieuse à un autre homme et l'inquisition, comme l'édit de Nantes, ont fait leur temps ; la propriété de chacun de nous est plus respectée et nous possédons plus qu'à aucune autre époque de la vie des nations, la libre disposition de toutes nos facultés ; mais toutes ces améliorations, dont la plupart sont nettement formulées dans nos institutions fondamentales, ne sont pas encore acceptées sans contestation et nous ne sommes pas délivrés d'une lutte tantôt sourde, tantôt bruyante, entre les idées d'autrefois et celles d'aujourd'hui, lutte qui retarde les progrès de la civilisation.

La presse, à laquelle nous devons tant d'ailleurs, ne sert pas uniquement à propager les idées saines qui sont les bases de l'existence sociale, ou les découvertes incessantes qui sont faites dans le domaine de la science ; elle sert aussi, trop souvent, à répandre des doctrines subversives et à bafouer les lois de la morale ; c'est encore là un obstacle considérable au progrès. Il ne faut pas, cependant, exagérer le dommage causé par ces aberrations de l'esprit humain, parce que celui-ci possède une propriété toute spéciale qui fera progressivement disparaître tous ces obstacles ; c'est la faculté de distinguer le vrai du faux, le beau du laid, ce qui est avantageux à la société de ce qui ne l'est pas, le juste de l'injuste, et les idées conformes aux lois de la morale, des idées qui ne peuvent servir qu'au développement inintelligent des passions. Au feu de la discussion, l'ivraie se sépare du bon grain et la conséquence inévitable de l'entière liberté de publier ses opinions sera, bien certainement, le triomphe définitif de la vérité.

Le véritable ennemi de l'ordre social, c'est l'ignorance. Dans les classes élevées où le progrès matériel a été si rapide, c'est elle qui l'empêche de devenir plus rapide encore, et qui n'a pas permis au progrès moral de s'accomplir dans la même mesure. Dans la classe ouvrière où elle est bien plus profonde, elle a été un des plus graves obstacles au perfectionnement matériel et moral et il est évident, pour tout homme qui réfléchit, qu'aussitôt que la lumière aura pénétré dans ces masses profondes encore si peu clairvoyantes au sujet de leurs véritables intérêts ; aussitôt que l'on aura fait pénétrer dans leur esprit les connaissances et les idées morales que l'on a encore si peu enseignées à la classe aisée elle-même, elles sortiront rapidement de ce malaise physique qui est la cause première et l'effet de leur infériorité morale.

L'élève. Je pense, Monsieur, que vous avez raison ; toutes les fois que j'ai rencontré un ouvrier plus intelligent, plus rangé et plus honnête que les autres, j'ai constaté que sa position matérielle était aussi supérieure à celle de ses compagnons.

L'instituteur. Certainement, et dans toutes les contrées où l'instruction populaire a pris un grand développement et où le climat et la nature du sol n'opposent point de graves obstacles aux œuvres de production, la condition matérielle du travailleur s'est considérablement améliorée. On citait déjà, il y a plus de quinze ans, comme un magnifique exemple de l'influence de l'instruction sur son bien-être matériel, ce qui existait dans l'un des Etats de l'Amérique du Nord qui avait consacré à l'éducation du peuple une partie des revenus publics, dix fois plus considérable que partout ailleurs, le Massachusetts. Là, au dire des voyageurs, l'ouvrier était convenablement vêtu, logé, ainsi que sa famille, sa tenue était pleine de dignité, sa conversation de bon sens ; rien, en dehors de ses travaux manuels, ne le distinguait du bourgeois et sa femme ne s'occupait que du ménage et de ses enfants.

C'est, du reste, un fait général que cet affranchissement de la femme par les machines, partout où elles ont pris un grand développement, en Angleterre, aux Etats-Unis, dans certaines parties de la France et de la Belgique, on ne la rencontre plus appliquée aux plus rudes travaux de la campagne ; en général, elle rentre d'autant plus dans ses attributions naturelles, les soins du ménage et des enfants, qu'elle appartient à une contrée plus avancée en civilisation.

Ce n'est donc que par une bonne instruction que le travailleur pourra améliorer son sort ; il faut qu'il connaisse tout ce qu'il doit éviter et tout ce qu'il doit respecter et, conformément aux lois de la fraternité humaine, aux lois de la morale, et aussi conformément à nos véritables intérêts, nous devons lui tendre la main pour arriver à ce résultat que, seul, l'emploi des machines a rendu possible. En un mot nous devons aimer et respecter l'homme dans tous les hommes, aussi bien quand il porte la veste de l'ouvrier que lorsqu'il est couvert des attributs de la richesse.

Si, d'une part, nous accroissons sans cesse notre bien-être matériel, par la substitution du travail des forces naturelles au travail brut de l'homme, si nous profitons des loisirs que nous ont créés ces forces naturelles, pour développer notre intelligence, pour cultiver les beaux arts, les sciences et les lettres, tout ce qui élève l'homme au-dessus de l'animal et le distingue de la brute, n'oublions pas, d'autre part, que nous avons contracté des obligations considérables envers l'ouvrier qui a été une des chevilles ouvrières de notre prospérité, que nous ne nous sommes point suffisamment acquittés envers lui en lui payant son salaire et que nous devons éclairer la route par laquelle il doit sortir de son état d'infériorité actuel.

L'élève. Monsieur, ces idées me semblent généreuses et je crois que si les ouvriers constataient cette disposition d'esprit dans les classes aisées, un grave motif d'antagonisme aurait disparu.

L'instituteur. Oui, mon ami, mais je dois vous dire qu'aujourd'hui on constate de tous côtés les symptômes précurseurs de cette grande œuvre ; on s'occupe sérieusement des moyens de l'exécuter et de faire franchir aux travailleurs cet immense obstacle à la civilisation qui s'appelle l'ignorance. On y arrivera sans doute avec beaucoup de temps, d'efforts et de persévérance et en développant de plus en plus les applications des forces naturelles à l'exécution de tous nos travaux ; mais il ne faut pas oublier que c'est aux machines que nous devrons cet affranchissement général de l'humanité, car il n'y a aucun développement intellectuel possible avec l'obligation de consacrer, chaque jour, douze heures à un travail de bête de somme qui ne laisse après lui, qu'un besoin, celui du repos.

CHAPITRE IX.

DE L'INFLUENCE

DES GRANDS TRAVAUX PUBLICS SUR LE BIEN-ÊTRE GÉNÉRAL.

L'instituteur. Mon ami, je me propose aujourd'hui de vous démontrer que les grands travaux publics modernes, exécutés à l'aide d'importants capitaux, en vue de faciliter les communications entre les différents peuples qui couvrent la surface du globe, contribuent énergiquement, comme les machines, à répandre partout le bien-être et à accélérer le progrès des lumières.

Pour se procurer toutes les choses dont ils ont besoin avec le moins de travail possible, ou pour s'en procurer la plus grande quantité possible et de la meilleure qualité, avec le même travail, les hommes ont été naturellement conduits à adopter une division du travail entre les différentes contrées, telle, que chacune se livre de préférence à la production des choses les mieux appropriées à son sol, à son climat, et aux aptitudes particulières de ses habitants, et se procure, par voie d'échanges, celles qu'elle ne pourrait produire que de mauvaise qualité ou à l'aide d'une quantité de travail trop considérable, relativement à leur utilité. C'est, comme vous le voyez, une extension de la division du travail, qui a produit des merveilles, même dans ses applications les plus restreintes. Cette division s'est établie sans difficultés pour la production d'une certaine quantité de matières premières et de produits spéciaux ; ainsi les habitants des régions tempérées ont laissé aux habitants des régions plus rapprochées de l'équateur; le soin de produire le coton, une partie de la laine ou de la soie dont ils ont besoin pour s'habiller, le café, le cacao, les épices et beaucoup d'autres produits qu'il serait trop long d'énumérer, et ils se procurent toutes ces choses en donnant en échange leurs produits manufacturés. Ainsi encore, les habitants des pays septentrionaux se procurent par voie d'échange, contre les produits de leurs pêches, de leurs chasses ou de leurs forêts, le vin qu'ils boivent et qui a été fait avec les raisins des régions tempérées, et certains objets manufacturés qu'ils consomment habituellement. Les pays les plus disgraciés de la nature ont leurs productions spéciales qui l'emportent sur les productions similaires des autres pays, et l'on a récemment découvert dans le Groënland dont le nom ne réveille dans notre esprit que des images d'ours blancs et d'immenses plaines de glace, le meilleur de tous les minérais pour fabriquer l'aluminium ; on en transporte aujourd'hui des quantités considérables aux Etats-Unis. Au Spitzberg, on a aussi trouvé d'abondantes couches de houille qui rendront tot ou tard, d'importants services à la navigation. Il n'y a donc aucun point de la surface du globe qui ne puisse contribuer dans une mesure plus ou moins large, à l'accroissement du bien-être dans tous les autres.

L'élève. C'est là, Monsieur, un fait bien remarquable et très propre à établir entre les habitants de tous les pays, cet esprit de fraternité universelle que j'ai entendu recommander par tous les philanthropes.

L'instituteur. Oui, mon ami, chacun, sur terre, peut être utile à tous les autres ; mais revenons à notre sujet :

Pour les objets manufacturés et les matières premières qui doivent être mises en œuvre à l'instant de leur récolte, la division du travail entre les différentes nations est moins tranchée et l'on peut même constater aujourd'hui une tendance très prononcée au remplacement de certaines matières premières tirées des pays lointains depuis long-temps, par d'autres, produites sur place, plus à la portée du fabricant, et fournissant des résultats équivalents. L'exemple le plus remarquable de cette tendance, est la fabrication du sucre, dans laquelle on a remplacé la canne des régions tropicales par la betterave des régions tempérées qui fournit un produit identique.

On peut également constater, en même temps, certaines tendances contraires aux précédentes et qui consistent à remplacer des matières que l'on a sous la main par d'autres qui coûtent moins quoiqu'elles viennent de loin ; ainsi l'aloès des contrées chaudes a remplacé, dans une proportion considérable, le chanvre des régions tempérées dans la fabrication des gros câbles d'extraction de la houille, et la laine dans la fabrication de certains tapis ; on pourrait faire la même observation au sujet d'autres matières textiles, comme l'alfa de l'Algérie ; ainsi encore, les soies de la Chine et du Japon ont remplacé dans une certaine mesure, les soies françaises dans la fabrication de ces riches tissus que nos voisins ont portée à un si haut degré de perfection.

Il existe donc, dans les sociétés modernes, deux courants contraires et très énergiques : l'un porte les peuples à se partager entr'eux la production des choses nécessaires à tous, de façon que chacun fasse ce qu'il fait le mieux et au meilleur marché ; l'autre pousse chacun d'eux à s'approprier la production de toutes choses par la voie des produits similaires, quand les produits identiques sont impossibles. Ces deux tendances opposées sont également favorables au développement du bien-être et de la civilisation, pourvu qu'on les laisse se manifester sans entraves et au bénéfice du consommateur et, surtout, pourvu que l'on évite de favoriser la seconde par un système de protection qui serait fort nuisible à ce même consommateur.

Chaque peuple, soumis à toutes ces influences, progressant sous leur direction bienfaisante, d'une manière continue, ne serait que fort incomplètement pourvu des choses nécessaires à son existence, s'il était réduit à vivre uniquement des produits de son sol, même avec les ressources immenses que les machines dans leur état de perfection actuel, peuvent lui fournir. Que deviendraient presque tous les peuples qui habitent l'Europe sans les cotons de l'Amérique et de l'Asie, sans le café, sans les épices, sans les mille produits divers que la navigation leur apporte ? Que deviendraient les Russes, les Belges, les Anglais, les Allemands, sans les vins d'Espagne, de France ou de Hongrie ? Évidemment le bien-être de toutes ces populations serait fort amoindri par la privation de ces produits dont quelques-uns sont devenus des objets de première nécessité qu'elles se procurent par voie d'échange contre les produits naturels de leur sol ou de leur industrie. Il vaut bien mieux, comme nous l'avons déjà dit précédemment, pour se procurer vingt livres de café, produire un hectolitre de blé ou une aune de drap et les échanger contre vingt livres de café produit par un habitant de la Martinique ou de Java, que les produire soi-même, de mauvaise qualité, en serre chaude et avec une quantité de capital et de dépense journalière qui suffirait pour produire cent hectolitres de blé ou cent aunes de drap.

Or, pour que ces échanges soient les plus avantageux que possible, il faut qu'ils soient facilités par les moyens de communication les plus rapides, les plus commodes et les plus économiques, entre tous les peuples qui habitent la surface terrestre, et que la plus entière liberté d'action soit laissée au commerce. Dans ces conditions, les ressources que chaque nation peut puiser, avec grand bénéfice pour elle, chez les nations voisines ou éloignées, s'accroissent à chaque instant de toute suppression nouvelle d'entraves à la liberté commerciale, de tout perfectionnement apporté aux procédés de fabrication et de toute amélioration aux voies de communication.

Sous ce dernier point de vue, d'immenses progrès ont été accomplis depuis le commencement de ce siècle et ils ont contribué, dans une énorme proportion, au développement du bien-être des populations ; absolument comme les machines, en diminuant les prix de revient d'une grande quantité de produits utiles. Les chemins de fer, surtout, ont répandu sur toute la surface des régions qui ont eu le bonheur d'en être couvertes, des éléments de prospérité inappréciables.

D'un autre côté, les navires à vapeur se substituent aux navires à voiles et cette substitution s'effectue dans une mesure de plus en plus considérable, parce que la célérité des transports est indispensable pour tous les produits qui doivent être consommés peu de temps après qu'ils ont été fabriqués, ou qu'ils ont été récoltés quand ce sont des produits de l'agriculture, et parce qu'elle est indispensable aux opérations d'échange les plus exposées aux chances aléatoires des variations de prix. Les perfectionnements considérables apportés aux machines à vapeur, ont encore réduit la consommation de houille pour des voyages d'une longueur déterminée et diminué dans la même proportion les frais inhérents à ces voyages, en augmentant la part proportionnelle de la charge utile des navires, par la diminution de la quantité de houille à emporter pour l'alimentation des machines.

L'élève. Monsieur, je vois maintenant bien clair dans toutes ces questions. Plus les moyens de transport de toute nature, routes, chemins de fer, canaux intérieurs, navigation maritime, se multiplient et permettent de transporter hommes et marchandises, plus rapidement et à plus bas prix, plus chacun de nous peut se procurer de choses utiles à l'entretien de sa vie ou pour son simple agrément, en échange des produits d'une seule espèce, qu'il aura fabriqué lui-même. L'un des effets les plus remarquables de cette facilité de transport qui ne date que d'un petit nombre d'années, est, comme vous me l'avez prouvé, la suppression de la famine en tous les points du globe où l'on trouve quelques richesses acquises : ce résultat de si grande importance pour l'humanité, s'est bien gravé dans mon esprit et n'en sortira plus.

L'instituteur. Oui, mon ami, et nos ancêtres si souvent décimés par le manque des récoltes, ne pouvaient guères prévoir une si remarquable conséquence du progrès des lumières. Mais avant de terminer l'examen de cette importante question, nous nous occuperons un instant de ces gigantesques travaux que les hommes ont entrepris pour faciliter, entr'eux, l'échange des choses et des idées, et qui seront l'éternel honneur du XIXe siècle ; je veux parler du canal de Suez ; des tunnels du Mont Cénis et du St-Gothard ; du grand chemin de fer du Pacifique en Amérique ; des cables trans-océaniques qui transmettent la pensée d'un bout du monde à l'autre avec la rapidité de l'éclair ; et probablement bientôt, du canal de Panama et du tunnel qui reliera la France à l'Angleterre.

L'influence de ces travaux est, identiquement, de même nature que celle des routes, des canaux et des chemins de fer qui sillonnent notre pays ; ils abaissent les frais de transport des hommes et des marchandises et mettent à notre portée, en échange de nos produits, d'autres produits que nous n'aurions jamais pu nous procurer sans eux, ou que nous n'aurions pu remplacer qu'à des prix bien plus élevés ; et enfin ils nous rapprochent de ce but idéal qui consiste à mettre en relations de plus en plus directes, de plus en plus actives, toutes les nations qui occupent les différents points de la surface terrestre. Le canal de Suez a abrégé de moitié le trajet de nos pays d'Occident, vers ces régions d'Orient si curieuses et si riches en produits de toute nature, l'Inde, la Chine, le Japon, et dès aujourd'hui, nous voyons sur nos marchés, dans nos magasins de grandes villes, une multitude de produits extrêmement utiles ou intéressants, importés de ces pays lointains en échange d'autres produits de nos manufactures. Les tunnels du Mont-Cénis et du St-Gothard ont neutralisé cette énorme barrière de rochers qui constitue les Alpes et qui sépare l'Italie de la France et de la Suisse, et par ces merveilleux chemins souterrains, on voit aujourd'hui arriver continuellement, en France et en Suisse, les produits de l'agriculture du Piémont et de la Lombardie et, en Italie, les produits suisses et français, sans compter l'énorme mouvement de voyageurs dont le nombre a été décuplé par l'ouverture de ces voies nouvelles de communication.

Par le chemin de fer du Pacifique, les hommes et les produits passent aujourd'hui en quelques jours des rives de l'Atlantique à celles de l'Océan pacifique, et le temps nécessaire à un voyage autour du monde peut-être réduit à 75 jours, grâce à ce chemin de fer, au canal de Suez et aux remarquables perfectionnements réalisés dans la navigation à vapeur.

Je pense, mon ami, que ces quelques observations vous suffiront pour comprendre les avantages immenses qui résulteront du percement de l'Isthme de Panama, de cette tranchée qui va partager l'Amérique en deux continents et fournir une voie de quelques lieues de longueur seulement, aux navires qui passeront directement de l'Atlantique dans le Pacifique en traversant la partie centrale de l'Amérique au lieu de faire un immense détour par le cap Horn. Elles vous suffiront aussi pour comprendre le développement que prendront les relations du continent occidental avec l'Angleterre, lorsqu'une communication directe, sans transbordement, sera établie avec ce riche pays à travers les bancs de calcaire qui forment le fond du détroit de la Manche, et l'accroissement continù des relàtions commerciales entre tous les pays du globe à mesure que l'on exécutera de ces admirables travaux dont on voit, chaque année, naître de nouveaux projets, sans que l'on puisse dire où s'arrêtera jamais le progrès de ces relations de plus en plus intimes entre tous les peuples du monde.

Les câbles trans-océaniques qui portent instantanément les idées d'un continent à un autre, ont servi de couronnement et de complément à tous les travaux étonnants dont je viens de vous parler, en supprimant l'espace quand il ne faut transmettre que des idées, et en permettant aux habitants de la terre qui se trouvent à portée de ces merveilleux appareils de transmission de l'électricité, d'entrer en conversation directe sans plus de difficulté que n'en rencontrent les habitants d'une même ville, pour causer ensemble dans un salon.

L'élève. Oui, Monsieur, je comprends tout cela et l'on ne peut reporter son esprit sur de tels résultats sans devenir admirateur enthousiaste de tant de merveilles.

L'instituteur. Certes, mon ami, rien n'est mieux fait pour donner une haute idée dés éminentes facultés de l'homme, et vous pouvez maintenant prévoir les progrès considérables que ces travaux et ces découvertes modernes vont encore provoquer, tant au point de vue de l'existence matérielle des hommes qu'au point de vue du développement des lumières. Par les routes ordinaires qui s'améliorent sans cesse, par les chemins de fer et les canaux qui se développent partout comme par enchantement, par la navigation maritime qui devient tous les jours plus active, plus économique, plus sûre, qui s'étend sur des mers qui n'avaient été, jusqu'à présent, que peu ou point explorées, l'homme, en quelque point de la surface terrestre qu'il soit placé, peut se procurer les mille choses nécessaires à son existence, avec le moins de travail possible, en donnant en échange de toutes ces choses, dont chacune a été produite dans le lieu le plus favorable à sa production, un objet quelconque utile, qu'il sait fabriquer mieux et à plus bas prix que les autres.

Par toutes ces voies de communication, il peut se transporter lui-même, étudier partout les moyens d'améliorer sa condition, compléter son éducation, effacer par son contact avec les hommes de tous les pays, ces sots préjugés, ces haines de races qui ont causé tant de désastres ; il cessera d'être exclusivement le citoyen d'un pays pour devenir citoyen du monde. Par la facilité avec laquelle les denrées alimentaires, sous toutes les formes, franchiront sans grands frais, les plus longues distances, il suffira que la terre porte chaque année la quantité de ces denrées qui peut suffire à l'alimentation de toute l'espèce humaine, pour qu'une vraie famine ne puisse plus exister nulle part, malgré la perte des récoltes en quelques points déterminés de la surface terrestre. Par le télégraphe électrique, l'homme sera partout à portée des siens, il sera partout informé de l'état des récoltes en tous les points de la surface du globe, de la valeur des divers produits dans tous les pays et il pourra avec connaissance de cause, faire les entreprises commerciales les plus importantes et être informé, jour par jour, de tous les événements qui peuvent influer sur le succès de ces entreprises.

Les arts, les sciences surtout, par ces rapides communications qui permettent d'innombrables observations simultanées en tous les points de la surface du globe et la transmission instantanée des résultats de ces observations, permettront probablement de faire des progrès plus rapides dans la connaissance de la physique de ce globe. Déjà on a pu constater quelques-uns de ces progrès et l'on ne désespère pas d'arriver au point de prévoir certains phénomènes atmosphériques, assez longtemps d'avance pour tirer parti de ces prévisions dans les voyages maritimes. En un mot, l'homme arrive de plus en plus rapidement à la possession entière de son domaine qui est la terre, de plus en plus il la force à satisfaire à tous ses besoins, tant intellectuels que moraux, avec le minimum de travail pour lui, et il est impossible de prévoir où s'arrêtera cette intelligente domination.

L'élève. Oh Monsieur, quelle séduisante perspective vous faites briller à mes yeux et combien le sort de nos arrières petits-enfants sera préférable au notre !

L'instituteur. Eh bien, mon ami, ces merveilleux progrès sont encore loin d'avoir, sur le sort de l'humanité, toute l'influence favorable qu'il était naturel de leur attribuer a priori ; les préjugés, les haines de races entretenues par des gouvernants ambitieux et égoïstes, les diversités d'opinions religieuses, les ambitions personnelles ou nationales, toutes les passions inhérentes à notre nature, se donnant carrière dans la nuit sombre que l'ignorance a maintenue dans l'esprit d'une immense quantité d'hommes, suffisent encore pour pousser des nations entières les unes contre les autres, pour anéantir ces travailleurs et ces capitaux qui pourraient devenir la source de tant de bien-être et d'émancipation intellectuelle, et pour qu'en certains instants, de grands pays tout entiers ressemblent à d'immenses cirques pleins d'animaux féroces qui s'entredéchirent avec des griffes perfectionnées. Il n'y a, mon ami, qu'une seule explication à tant de misères qui subsistent encore à côté de si éblouissantes perspectives ouvertes par le génie humain ; elles sont dues à la lenteur du progrès intellectuel et moral chez la plus grande partie des hommes, comparativement à la rapidité vertigineuse du progrès scientifique et matériel. C'est, évidemment, pour tout homme qui pense, au développement du premier que doivent énergiquement pousser tous les amis de l'humanité, et là, seulement, on trouvera le remède à la plupart des maux qui affligent les sociétés et qui ne sont pas absolument inséparables de la nature humaine.

CHAPITRE X.

LE MAITRE ET L'OUVRIER.

L'instituteur. Mon ami, je dois vous entretenir aujour-d'hui d'une question d'importance capitale et sur laquelle les différentes classes de la société sont peu d'accord et discutent avec le plus de passion ; il s'agit des rapports qui devraient exister entre le maître et l'ouvrier, entre le capitaliste et le travailleur, et de la façon la plus juste de partager entr'eux les produits de leur coopération respective dans l'œuvre de la production.

L'élève. Monsieur, j'ai assisté hier soir dans l'estaminet dont je vous ai déjà parlé à propos des doctrines socialistes, à un meeting dans lequel un jeune homme portant moustache et le chapeau sur l'oreille, résolvait cette question avec une désinvolture et une simplicité remarquables. Tous les produits que nous consommons, disait-il, résultant du travail de l'ouvrier qui est au moins aussi indispensable à leur exécution, que le capital, doivent être également partagés entre tous ceux qui ont participé à cette exécution. Il serait de toute justice, et c'est la seule façon de réaliser le bonheur universel, de partager tous les revenus entre tous les hommes et en parties égales. De cette façon, chacun aurait, suivant lui, à peu près cinq cents francs de rente et la terre ne porterait plus que des rentiers, vivant modestement, il est vrai, mais heureux et débarrassés de tous les soucis de l'existence ; ils ne travailleraient plus que pour éviter l'ennui et pour apporter un léger supplément à leur bien-être. La solution du problème dont vous voulez me parler, Monsieur, ne serait pas plus difficile que cela.

L'instituteur. Mon ami, je connais depuis longtemps cette catégorie de bienfaiteurs de l'humanité qui transformeraient, d'un trait de plume, tous les hommes en rentiers et supprimeraient tous les ouvriers ; mais je serais curieux de savoir comment subsisterait une semblable société, si personne ne travaillait plus que dans la mesure de sa fantaisie du moment, et que l'on ne trouvât plus sur toute la surface d'un même pays, que des machines en repos, des ateliers fermés et des terres en friche ; tous ces prétendus rentiers ne tarderaient pas à mourir de faim et de froid.

L'élève. N'allez pas croire, Monsieur, que je me sois laissé prendre à une semblable proposition dont j'ai compris tout d'abord l'absurdité sans voir immédiatement toutes ses conséquences ; aussi j'ai demandé la parole pour présenter quelques observations, mais les assistants qui écoutaient l'orateur avec avidité, m'ont mis à la porte sur sa recommandation.

L'instituteur. Mon ami, c'est leur façon habituelle de répondre aux objections, mais laissons de côté toutes ces divagations et revenons à notre sujet :

Si, dans les pays civilisés que nous connaissons, en Belgique par exemple, l'on ne disposait que des produits que le sol peut fournir spontanément, pour nourrir ses habitants, il est clair qu'un fort petit nombre d'hommes, quelques milliers tout au plus, pourraient y subsister et ils seraient encore fort pauvrement entretenus et exposés à mourir de faim et de misère lorsque la récolte de ces produits sans culture viendrait à manquer. Une semblable contrée ne peut nourrir et entretenir dans l'aisance la nombreuse population qui la couvre aujourd'hui, qu'à la condition de faire produire à la terre tout ce qu'elle peut produire par un travail considérable, par une culture savante, et qu'à la condition de compléter cet immense travail agricole par l'exploitation des mines, par la fabrication d'une quantité considérable de produits de l'industrie dans les ateliers spéciaux construits pour cette production et par un grand développement de transactions commerciales avec les pays voisins. Ce qu'il se dépense de travail intellectuel, matériel et moral pour entretenir cet état de prospérité au sein d'une population si serrée, si peu en rapport avec celle que le pays pourrait nourrir à l'état sauvage, est incalculable, et l'on comprend aisément qu'un ralentissement un peu marqué dans cette prodigieuse activité, serait rapidement suivi d'un appauvrissement général qui, pour un grand nombre d'habitants, pourrait amener la mort par la faim et par le froid. Or toute mesure qui tendrait à produire ce ralentissement, à paralyser la production, engendrerait rapidement cette terrible conséquence. Comme le principal mobile de cette magnifique activité est le désir ou plutôt la passion qui possède tous les hommes d'accroître leur bien-être et celui de leur famille, toute atteinte à la propriété des fruits du travail briserait ce puissant stimulant ; chacun ne produirait plus que ce qui ne pourrait pas lui être enlevé, les capitaux ne pourraient plus se former par l'épargne, ceux qui seraient déjà formés, s'évanouiraient, et la production générale serait bientôt ramenée à cet état de langueur et d'insuffisance dans lequel nous la voyons végéter dans les pays où personne n'est sûr de jouir paisiblement des fruits de son travail. Mon ami, je vous ai déjà démontré cette loi naturelle quand nous avons parlé des doctrines prêchées par les socialistes modernes.

L'élève. Monsieur, je m'en souviens et j'ai très bien compris que les atteintes à la propriété absolue des fruits du travail, ne pouvaient que paralyser la production générale et appauvrir l'humanité dans la mesure de la gravité de ces atteintes ; mais veuillez m'éclairer au sujet d'un reproche, que j'entends formuler à chaque instant contre notre organisation sociale actuelle, par les partisans plus ou moins convaincus de ces doctrines socialistes qui toutes, attaquent avec plus ou moins de violence, ce droit absolu de propriété dont vous faites la bâse fondamentale de toute civilisation et de toute prospérité matérielle et intellectuelle :

La propriété absolue des produits du travail et la liberté de ce travail ont partagé, disent-ils, la société en deux catégories, celle des propriétaires du capital et celle des travailleurs ou ouvriers qui est la plus nombreuse et, de cès deux catégories, la première s'enrichit tous les jours davantage, tandis que la seconde, exploitée à outrance, tend à s'appauvrir de plus en plus, au point qu'elle se trouve progressivement réduite à l'état de l'esclave dans les sociétés antiques. Il est clair, disent-ils encore, qu'un état social semblable ne peut durer toujours et qu'il doit nécessairement amener une révolution violente qui fera participer tous les hommes aux bénéfices que procure la possession du capital, lequel n'est plus qu'un infâme tyran quand il n'appartient qu'à quelques-uns.

L'instituteur. Mon ami, toutes ces diatribes qui sont vieilles comme le monde, ont pour origine tantôt l'envie, tantôt l'ambition de quelques prétendus réformateurs des vices de la société, et toujours, un examen très incomplet de tous les phénomènes qui s'accomplissent dans les sociétés civilisées. Personne ne nie l'importance du capital, tous reconnaissent que ce résultat des travaux intelligents et des économies d'un certain nombre d'hommes, a seul permis de fabriquer à bas prix et en quantité immense, tous ces produits qui se consomment de nos jours ; que seul il a pu procurer à une certaine catégorie d'inventeurs les ressources et les loisirs qu'ils ont si heureusement appliqués à la création de tous ces merveilleux instruments du travail que nous voyons fonctionner dans nos ateliers, dans nos exploitations agricoles, sur nos chemins de fer ; que seul, il a pu fournir à tous les savants, à tous les artistes, les moyens de faire progresser les arts et les sciences. Personne ne peut nier ces résultats sans fermer obstinément les yeux à la lumière ; mais ce que tout le monde ne voit pas à priori, c'est que ce capital si bienfaisant ne se serait pas formé, si l'on en avait refusé la propriété exclusive à ceux qui l'ont amassé, et que si on l'enlevait violemment aujourd'hui à ceux qui le possèdent pour le répartir entre tous les hommes suivant des proportions quelconques, on arriverait tout simplement à son anéantissement complet et la société retournerait à sa barbarie et à sa misère primitives.

L'élève. Monsieur, vous m'avez bien démontré, dans votre leçon sur les doctrines socialistes, que sans le droit de propriété, le capital ne se serait point formé, et j'en suis très convaincu ; mais je ne vois pas aussi clairement, que ce capital, aujourd'hui qu'il est formé, s'anéantirait si on le partageait entre tous les hommes ; il me semble au contraire que, dans ce cas, il n'y aurait plus de riches, mais qu'il n'y aurait plus de pauvres non plus et, abstraction faite de l'immoralité du vol dont les propriétaires actuels seraient victimes, qu'il y aurait en moyenne, plus de bonheur dans la société qu'il n'y en a aujourd'hui.

L'instituteur. Mon ami, je vais vous prouver que je n'ai rien avancé à la légère : Supposons que l'on enlève aux propriétaires actuels la plus grosse part de tous les capitaux sous toutes les formes, terres, bois, manufactures, machines, argent monnayé, dont ils tirent aujourd'hui un si bon parti et dont ils augmentent sans cesse la valeur ; puis, qu'on la distribue entre tous les hommes qui travaillent de leurs mains et qui constituent la classe si nombreuse des prolétaires, c'est le nom qu'ils se sont donné eux-mêmes. Les propriétaires actuels, intelligents, calculateurs, initiés par une longue pratique à tous les secrets de la mise en valeur des capitaux et de leur application à des consommations reproductives, s'abstiendront d'accroître leur part, parce qu'ils sauront que s'ils produisent plus qu'ils ne consomment, leurs économies leur seront enlevées tot ou tard pour combler les déficits qui auront été constatés ailleurs. Dans la classe des travailleurs devenus brusquement propriétaires, un certain nombre d'hommes qui n'ont qu'une intelligence peu développée, qui ne sont point du tout initiés aux procédés généraux du commerce et de l'industrie et ne possèdent que certaines connaissances techniques sans rapport direct avec les grandes opérations commerciales ou industrielles, se ruineront dans des entreprises mal conçues et mal dirigées ; quelques uns plus intelligents que les autres, mais en fort petit nombre, sauront conserver ce qu'ils ont reçu, mais se garderont de l'accroître parce que le surplus leur serait enlevé ; enfin tous les autres, les imprévoyants, les débauchés, se hâteront de dissiper leur part dans de folles orgies, y perdront par suscroît l'habitude du travail, et se retrouveront au bout d'un temps fort court, dans une situation pire qu'avant le partage. Ils recommenceront alors à déclamer contre la tyrannie du capital et à accuser l'organisation sociale d'engendrer forcément le paupérisme.

Ce premier partage, suivi d'une consommation improductive très rapide du capital social, par suite du gaspillage insensé qui se sera produit dans la partie la plus imprévoyante et la moins éclairée de la population, aura évidemment diminué dans une énorme proportion la masse des capitaux disponibles et amoindri dans la même mesure l'œuvre de la production ; on produira moins, plus chèrement et l'ensemble de la société sera obligé de restreindre toutes ses consommations. On se trouvera alors en présence d'une population possédant moins de ressources qu'aujourd'hui et renfermant une quantité considérable d'hommes qui ne possèderont plus rien et qui réclameront un nouveau partage. Pour être logique, il faudra effectuer ce second partage, après lequel ceux qui possédaient, non plus la richesse, mais simplement une très modeste aisance, se trouveront réduits à un état voisin de la misère pendant que ceux qui ont une première fois consommé une grande partie du capital social, s'empresseront de jeter à tous les vents la nouvelle part qui leur sera dévolue, en amoindrissant encore d'autant le capital social. Il est clair qu'après quelques partages semblables, les hommes raisonnables, travailleurs, économes, seront entraînés dans la ruine universelle et que la société toute entière sera ramenée à l'état sauvage. Il n'est pas nécessaire, pour cela, mon ami, que les partages du capital social, se fassent en parties égales ; si on laissait les plus grosses parts aux anciens propriétaires, il faudrait seulement un plus grand nombre de partages successifs pour les ruiner, mais ils n'en arriveraient pas moins à une ruine inévitable.

L'élève. Monsieur, je suis maintenant convaincu que vous avez raison et les terribles conséquences des atteintes portées au droit absolu de propriété, ne deviennent que trop évidentes quand on considère la situation intellectuelle et morale de la grande majorité des ouvriers ; certes le gaspillage de la part du capital social qui leur serait attribué, serait très rapidement effectué par la très grande majorité de ces hommes accoutumés à vivre au jour le jour, dont l'esprit ne s'est pas familiarisé avec les idées d'ordre et d'économie, et qui aspirent avec ardeur à des jouissances qu'ils ont été longtemps dans l'impossibilité de se procurer, ou qui se sont accoutumés à des plaisirs abrutissants dont ils n'ont jamais eu assez. Oui, Monsieur, vous avez raison, le capital doit rester entre les mains de ceux qui l'ont formé, et les ouvriers devraient le voir avec bonheur, grossir tous les jours, parce qu'avec lui la demande de travail doit augmenter et que ce travail sera d'autant mieux rémunéré qu'il sera plus demandé par les capitalistes. Les ouvriers doivent donc chercher l'amélioration de leur sort dans une autre voie que leur participation forcée à la propriété d'autrui, qui engendrerait la ruine universelle.

L'instituteur. Mon ami, vous m'avez compris, et j'ajoute à votre observation que plus les capitaux deviendront considérables, plus leur part proportionnelle dans les produits fabriqués avec leur aide et avec celle des ouvriers, diminuera et plus la part de ceux-ci augmentera ; parce que les possesseurs de ces capitaux les offriront avec d'autant plus d'insistance qu'ils en posséderont davantage et que le salaire des ouvriers sera d'autant plus élevé qu'ils seront plus demandés ; c'est la loi naturelle que nous voyons se manifester dans toutes les branches de l'activité humaine ; plus une chose, quelle qu'elle soit, utile ou simplement agréable, est offerte, et moins il se présente d'acquéreurs, plus on l'obtient à bas prix ; plus les vendeurs sont rares et la demande active, plus cette chose se vend à un prix élevé ; il en est ainsi du salaire des ouvriers et du revenu des capitaux.

L'élève. Mais Monsieur, les possesseurs de capitaux ne pourraient-ils pas, pour stimuler l'ardeur des ouvriers, les associer à leurs entreprises ?

L'instituteur. Une association semblable, mon ami, ne porterait aucune atteinte au droit de propriété pourvu qu'elle fut le résultat d'une entente toute volontaire entre les intéressés, et on ne peut la repousser en principe ; mais, comme je vous l'ai déjà dit, dans nos entretiens sur les doctrines socialistes, elle offre de grandes difficultés dans l'application, et la plupart des essais qui ont été faits dans cette voie, n'ont abouti qu'à des désastres. Les ouvriers ne peuvent désirer d'association que dans les bonnes années, pour y trouver un supplément plus ou moins considérable à leur salaire habituel ; mais dans les mauvaises années, lorsqu'il y a des pertes au lieu de bénéfices, seraient-ils en mesure de rapporter une partie de leur salaire pour combler ce déficit ? Je ne le pense pas, et une association qui les ferait participer aux bénéfices sans participer aux pertes serait impossible et souverainement injuste.

Ce mode d'association entre capitalistes et ouvriers ne serait donc possible que quand il n'y a jamais de pertes et que toutes les années sont fructueuses ; il y a peu d'industries qui soient dans ce cas, et il ne faut pas perdre de vue que l'accroissement progressif et continu des capitaux dans les sociétés modernes, résulte, non d'un bénéfice continu dans toutes les entreprises industrielles, mais seulement de la différence entre l'accroissement annuel du capital dans certains entreprises et sa diminution dans d'autres. Généralement chaque industrie a son tour de crise et de pertes pour les entrepreneurs ; ne voit-on pas, à chaque instant, le capitaliste qui a fait une entreprise que le succès n'a pas favorisée, entièrement ruiné à la fin de quelques années, pendant que tous ses ouvriers ont vécu de ces salaires qu'il leur a distribués et qu'ils avaient très légitimement gagnés. Les quelques rares essais d'associations semblables entre maîtres et ouvriers, qui ont été tentés, n'ont pu subsister que dans des conditions tout exceptionnelles et que beaucoup d'ouvriers n'accepteraient pas, parce que généralement le désir d'être associé a pour mobile l'espérance de gagner davantage en travaillant moins. J'ai souvent entendu parler d'une association entre un entrepreneur de peinture en bâtiment, à Paris, et tous ses ouvriers, association qui avait prospéré longtemps et qui a fourni bien des arguments aux socialistes qui réclament l'association forcée de tous les entrepreneurs d'industrie avec leurs ouvriers. Le succès de cette association tenait à un certain nombre de circonstances particulières que l'on trouve rarement réunies dans la même entreprise : Le directeur associé qui se nommait Leclère, était un homme intelligent, qui s'était entièrement dévoué au succès de l'association ; tous les travailleurs associés étaient des ouvriers d'élite tels que l'on n'en rencontre que trois ou quatre sur cent ; ils avaient accepté et observaient rigoureusement un réglement en vertu duquel l'entrepreneur-directeur avait le droit absolu de diriger toute l'entreprise, et qui prononçait l'expulsion de tout associé coupable de négligence, de paresse ou d'un acte de mauvaise foi. Enfin l'industrie particulière exercée par l'association n'exigeait qu'un capital insignifiant relativement à l'importance des entreprises faites, et la nature de celles-ci était telle que tous les produits du travail des associés étaient vendus avant d'être exécutés et ne pouvaient se détériorer ou passer de mode en magasin avant de trouver acquéreur. Il est clair que, dans une semblable association, un bilan ne pouvait se solder en perte et qu'il n'y avait d'autre risque à courir qu'une diminution momentanée des bénéfices. Je ne pense pas que jamais il se soit présenté un concours de circonstances plus favorables au succès d'une association entre maître et ouvriers, et il ne faudrait pas s'attendre à voir prospérer de la même manière toutes les associations volontaires que l'on pourrait créer. On a fait aussi, il y a plusieurs années, à l'époque ou les doctrines socialistes de Fourier et de St-Simon étaient le plus en faveur et avaient momentanément conquis les jeunes imaginations, on a fait, dis-je, des essais d'associations bâsées sur une répartition des produits du travail plus favorable aux ouvriers ; mais tous ces essais n'ont abouti qu'à des mécomptes, et ces associations se sont dissoutes dans l'anarchie la plus complète, après la disparition de la totalité des capitaux qui avaient servi à les fonder.

L'élève. Mais, Monsieur, pensez-vous qu'il faille renoncer d'une manière absolue à ces associations du capital et des travailleurs qui me semblaient, avant cet entretien, devoir apporter une amélioration si considérable dans le sort de ces derniers.

L'instituteur. D'une manière absolue, non : toutes les fois que les circonstances seront telles qu'une semblable association, toute volontaire de la part de tous les associés, paraîtra devoir être profitable à tous, ils auront raison de la former et l'ordre social actuel y gagnera plus qu'il n'y perdra, parce que de semblables associés auront toujours un intérêt considérable à faire régner la paix et à respecter la justice et le droit de propriété. Dans ce cas, le réglement de l'association devrait encore faire une part équitable à la participation du capital, qui cesserait de se former le jour où il ne serait plus pour son propriétaire un élément d'accroissement de bien-être. Quant aux associations forcées dans lesquelles le capital formé par un seul, deviendrait la propriété de tous, et dans lesquelles toute la classe ouvrière, dans sa situation intellectuelle et morale d'aujourd'hui, aurait le droit d'entrer, il y faut absolument renoncer, parcequ'elles amèneraient infailliblement la destruction des capitaux, la ruine universelle et le retour de la société à l'état de sauvagerie. Ces conceptions d'associations universelles pour améliorer le sort des travailleurs, sont de pures rêveries, et l'on ne devrait les traiter que comme des élucubrations poétiques sans rapport aucun avec la nature de l'homme, si elles n'entraînaient pas souvent des crises sociales terribles.

Quand on examine, mon ami, comment toutes choses se passent sous notre organisation sociale actuelle, on reconnaît aisément que les travailleurs sont bien plus associés au succès des entreprises dans lesquelles ils sont employés, qu'ils ne le pensent eux-mêmes, et qu'ils y sont associés de la façon la plus équitable et la plus profitable pour eux.

Lorsqu'une entreprise quelconque prospère, l'ouvrier y est plus recherché, mieux traité par le maître que lorsqu'elle périclite, et son salaire s'y élève parce que le travail y est plus demandé. Lorsque l'entreprise ne fournit pas de bons résultats, lorsque ses produits se vendent à bas prix et ne trouvent que difficilement des acquéreurs, le maître est plus difficile et les salaires baissent parce que le travail y est moins demandé. N'est-ce pas là, mon ami, l'un des modes d'association les mieux appropriés à la position particulière de l'ouvrier ; il gagne davantage quand les bénéfices du maître croissent ; il gagne moins quand ces bénéfices sont faibles ou nuls et, quand ils deviennent négatifs, c'est-à-dire quand l'entrepreneur ou le capitaliste se ruine, l'ouvrier reçoit toujours son salaire qui lui est absolument indispensable. Il serait difficile d'imaginer un procédé plus rationnel pour associer l'ouvrier aux bonnes affaires et pour ne l'associer aux mauvaises que dans la mesure que sa situation particulière peut comporter.

L'élève. Cela est vrai, Monsieur, et jusqu'à présent je n'avais pas envisagé de ce point de vue la question du salaire ; mais je ne vois pas encore, dans les avantages limités que l'organisation actuelle du travail offre à l'ouvrier, un moyen d'améliorer sa position, en rapport avec les aspirations que l'on voit surgir de tous les côtés dans la catégorie si nombreuse des personnes qui travaillent de leurs mains.

L'instituteur. Mon ami, le spectacle de l'aisance si large ou de la richesse qui s'est si rapidement développée dans la partie de la population qui a su amasser des capitaux, a surexcité au plus haut dégré toutes les convoitises de la classe ouvrière qui voudrait arriver au même résultat sans employer les mêmes moyens. Elle oublie que, depuis le commencement de ce siècle, son sort s'est considérablement amélioré et que c'est de son sein que sont sortis tous ces hommes qui constituent la bourgeoisie actuelle dont le luxe les éblouit, leur fait plus rudement sentir la médiocrité relative de leur position, et provoque leurs rancunes contre un état social qui n'a élevé que ceux qui ont patiemment et rigoureusement travaillé eux-mêmes à cette élevation dont ils ont transmis tous les avantages à leurs héritiers.

L'élève. Mais Monsieur, comment se fait-il que ce qui a été possible à quelques uns, n'ait pas été réalisé par un nombre de travailleurs beaucoup plus considérable? comment en un mot, y a-t-il encore tant de misérables au milieu de personnes auxquelles l'existence est si facile?

L'instituteur. Mon ami, cela tient parfois au hasard et au concours de certaines circonstances qui n'ont pas été prévues par celui qui en a bénéficié, mais il dépend surtout du caractère et de la dose d'intelligence que possèdent les ouvriers. Quand ils ont assez de jugement pour bien choisir leur profession relativement aux circonstances dans lesquelles ils sont destinés à vivre, quand ils sont âpres au travail, économes, c'est-à-dire doués d'une force de caractère suffisante pour les faire renoncer aux jouissances présentes dans l'intérêt de l'avenir, et quand ils sont assez clairvoyants pour faire un bon usage de leurs premières économies, il est rare qu'ils n'arrivent pas à une modeste aisance qui les soustrait à la dure nécessité de vivre au jour le jour, et leur permet de faire donner à leurs enfants une instruction supérieure à celle qu'ils ont reçue eux-mêmes. Dans ce cas, leurs héritiers continuent l'œuvre commencée avec des moyens d'action plus puissants que ceux de leurs pères et arrivent au but que ceux-ci n'ont pu complètement atteindre ; toute la bourgeoisie actuelle s'est formée ainsi par le travail de plusieurs générations et, souvent, le premier travailleur aidé par un concours de circonstances favorables, est arrivé directement à la fortune sans l'aide de ses successeurs.

L'élève. Monsieur, je connais effectivement plusieurs familles jouissant d'une fortune assez considérable, dont les chefs, m'a-t-on dit, avaient commencé par être ouvriers ;

mais quoique ce soit un puissant encouragement pour les autres ouvriers, le nombre de ceux qui sont encore réduits, comme vous le dites, à vivre au jour le jour sans savoir s'ils gagneront le pain du lendemain, est encore immense et c'est le sort de ceux-là qui me préoccupe. Si l'organisation actuelle de la société les réduit, comme je l'entends dire souvent, à une sorte d'esclavage vis-à-vis du capital ; si ceux qui possèdent ce capital ont véritablement un intérêt à réduire leur salaire à ce minimum en dessous duquel l'ouvrier ne gagne plus assez pour ne pas mourir, il me semble que cette organisation est vicieuse par quelque côté et qu'il est urgent de la réformer pour faire disparaître cet antagonisme, cette lutte dans laquelle la différence des armes dont disposent les adversaires doit toujours amener la victoire du capital.

L'instituteur. Mon ami, on a beaucoup forcé la note dans cette accusation portée contre le capital. En thèse générale, c'est à lui et à la liberté du travail que l'ouvrier doit l'amélioration considérable que l'on constate dans son sort, depuis le commencement de ce siècle, et ses détracteurs font acte d'ignorance ou de mauvaise foi quand ils l'accusent de la plus grande partie des maux dont se plaint la classe ouvrière. Si l'on pouvait supprimer ce capital momentanément pour replacer toutes choses dans l'état où elles étaient, il y a un siècle, les travailleurs en seraient bientôt convaincus ; c'est donc ailleurs que nous devons chercher la cause de ce malaise. Nous touchons ici, mon ami, à la partie délicate de la question : nous avons à rechercher *les moyens d'améliorer le sort de la classe laborieuse* et quoique je sois loin d'être en mesure de vous faire connaître une solution définitive de ce problème si vivement discuté aujourd'hui, je vous exposerai cependant les vues des hommes les plus compétents de notre époque, non sur les moyens d'élever tous les ouvriers au rang de capitalistes et d'entrepreneurs, puisque cela est évidemment impossible et qu'il faut absolument, malgré l'intervention de plus en plus importante des machines, un très grand nombre d'ouvriers pour les travaux de l'agriculture, de l'industrie et du commerce ; mais au moins pour améliorer le sort de ces utiles travailleurs sans lesquels aucune agglomération d'hommes ne peut subsister.

Tous les hommes intelligents qui ont sérieusement étudié la question sont d'accord sur ce point : que ces moyens d'amélioration ne doivent porter aucune atteinte aux bâses fondamentales de nos sociétés modernes ; le droit absolu de propriété doit rester intact et il doit être aussi respecté par le maître que par l'ouvrier ; la liberté du travailleur dans le règlement de son salaire, comme dans la conduite de sa vie, doit être maintenue entière et personne ne doit avoir le droit de le faire travailler à des conditions qu'il n'aurait pas librement acceptées.

L'élève. Mais Monsieur, tout cela existe déjà aujourd'hui et c'est sous ce régime de protection des lois et d'émancipation du travail, que subsistent encore les maux dont on se plaint.

L'instituteur. C'est vrai mon ami, mais ces principes si importants sont-ils appliqués par les maîtres et par les ouvriers, d'une manière bien judicieuse et n'existe-il pas, dans la plupart des circonstances, un déplorable malentendu qui fait que ces deux catégories d'hommes se considèrent comme ennemis naturels et ayant des intérêts radicalement opposés ; le maître ayant une tendance naturelle à diminuer toujours le salaire de ses ouvriers, pour accroître sa part dans le bénéfice de ses entreprises, et ceux-ci une tendance naturelle à réclamer sans cesse un accroissement de salaire, sans même s'arrêter, dans cette voie, à la limite où la part des bénéfices afférente au travail de l'entrepreneur et à l'intervention de son capital, se réduirait à zéro. Il y a là un défaut d'entente, un antagonisme qui ont souvent produit des conséquences désastreuses pour tous les intéressés.

L'élève. Mais Monsieur, il me semble qu'il y a bien là deux intérêts opposés et il est naturel que chacun défende le sien sans se préoccuper beaucoup de celui de l'autre.

L'instituteur. Non, mon ami, les intérêts du maître et de l'ouvrier ne sont pas aussi opposés qu'ils vous le paraissent ; ils ont tous les deux le plus grand intérêt à vivre, non-seulement en bonne intelligence, mais encore avec la conviction qu'ils poursuivent un but commun qui sera d'autant mieux atteint, qu'ils mettront l'un et l'autre plus de bonne volonté dans l'accomplissement de leur part du travail destiné à faire prospérer l'entreprise dont la réussite doit accroître ou maintenir leur bien-être. En réalité, il y a harmonie et non antagonisme entre leurs intérêts et s'ils ne le voient pas, s'ils sont convaincus du contraire, cela tient de part et d'autre à un défaut de lumières et à des préjugés enracinés qu'il serait très important de faire disparaître.

Occupons-nous d'abord du maître et cherchons où se trouve son intérêt véritable, nous nous occuperons de l'ouvrier après :

Un grand nombre d'entrepreneurs d'industrie traitent durement leurs ouvriers, ne leur témoignent jamais aucune déférence, les prennent, les renvoient sans tenir compte des cruels embarras que ces chômages peuvent leur causer, et ne se préoccupent en aucune façon des moyens qu'ils pourraient employer pour éviter de les mettre ainsi brusquement sur le pavé. Pour ces entrepreneurs, un ouvrier est une machine dont ils suspendent et rétablissent le travail selon les besoins ou la fantaisie du moment, et ils ne s'efforcent pas à l'aide de certaines mesures de prévoyance, de lui épargner de véritables souffrances. Il est clair que, dans ce cas, celui-ci ne peut voir dans son maître qu'un ennemi, et cet état d'antagonisme ne peut être que très préjuduciable à l'un et à l'autre. L'ouvrier cependant, est fait de la même pâte que le maître, il est un homme et, à ce titre, on lui doit la considération et la déférence que tous les hommes se doivent les uns aux autres dans toute société civilisée. Toute cause permanente et générale d'animosité, d'hostilité entre deux grandes catégories de citoyens d'un même pays, ne peut qu'amener de terribles conséquences dans les instants de crises sociales semblables à celles dont le plus grand nombre d'entre nous ont été témoins.

Quant au salaire que l'entrepreneur accorde à ses ouvriers, il est réglé d'une manière générale par la loi du rapport de l'offre à la demande. Lorsqu'une industrie prospère, le travail y est très demandé, le salaire s'élève sans que l'ouvrier ait autre chose à faire qu'à accepter les offres qui lui sont faites. Ce sont les belles périodes, les phases profitables de la vie des chefs d'industrie et de leurs ouvriers. La fortune des premiers se crée ou s'accroît ; le bien-être des seconds augmente, comme s'ils étaient affectivement associés, et généralement les chefs ont plus de déférence pour leurs ouvriers dans ces circonstances. L'intérêt des deux catégories d'hommes est alors le même, il n'y a point entr'eux d'antagonisme à moins que les uns n'élèvent des prétentions exorbitantes et de nature à supprimer la part des autres dans les bénéfices de la situation. Ce dernier cas ne peut se présenter que lorsque les intéressés sont ignorants de leurs véritables intérêts, car ils peuvent ainsi paralyser l'essor de l'industrie qui allait accroître leur bien-être dans une forte mesure et manquer l'occasion d'assurer l'avenir. Puisque les circonstances favorables les associent au bénéfice, il faut que chacun y ait une part équitable ; les uns gâteraient tout en voulant s'approprier la part des autres et feraient preuve d'une imprévoyance impardonnable. Il y a donc, en cas de prospérité industrielle, harmonie parfaite entre l'intérêt du maître et celui de l'ouvrier. Lorsque l'entreprise ne prospère pas, ou lorsqu'après avoir prospéré pendant un certain temps, les circonstances commerciales lui deviennent défavorables, la question de salaire devient plus complexe et la loi du rapport de l'offre du travail à la demande, ne peut plus lui être appliquée dans toute sa rigueur. Ce salaire, évidemment, ne pourra rester aussi élevé qu'aux époques de prospérité, l'offre de travail devenant trop considérable en comparaison de la demande ralentie par la difficulté de placement des produits, les prétentions du travailleur ne peuvent être aussi élevées qu'auparavant ; mais il ne faut pas croire que le salaire puisse baisser indéfiniment quelque concurrence que se fassent les ouvriers qui demandent du travail. D'abord il ne peut s'abaisser d'une manière permanente jusqu'à ce taux qui ne fournirait plus au travailleur les moyens de subsister, parce que ce dernier disparaîtrait par la mort de froid ou de faim ; il ne peut même descendre pendant longtemps jusqu'à la limite à laquelle les ouvriers ne trouveraient plus dans leur travail que les moyens de vivre avec leur famille, dans des conditions bien inférieures à celles qui sont entrées dans leurs habitudes, parce que beaucoup abandonneraient, à la première occasion, leur profession pour en adopter une autre qui leur ferait espérer plus de bien-être, ou iraient ailleurs exercer la même profession. Cette raréfaction dans l'offre du travail amènerait rapidement une hausse des salaires, quand même cette hausse devrait réduire presqu'à rien la rémunération du travail de l'entrepreneur et celle qui correspond à l'intervention de son capital.

L'élève. Monsieur, cette dernière observation est vraie et je vois à chaque instant, dans les charbonnages de la province du Hainant, les salaires maintenus, par l'émigration d'un nombre considérable d'ouvriers mineurs, à un taux tel, que plusieurs entreprises d'exploitation de la houille se ruinent, et que le capital des actionnaires disparaît à vue d'œil ; ces entreprises ne travaillent plus aujourd'hui qu'au bénéfice des ouvriers qui y trouvent leurs moyens d'existence, tandis que les propriétaires du capital y perdent les leurs.

L'instituteur. Oui, mon ami, vous m'avez compris, mais un tel état de choses ne peut durer indéfiniment et il faudra bien, un jour ou l'autre, suspendre de semblables travaux et rejeter sur les autres entreprises similaires placées dans de meilleures conditions, la masse d'ouvriers qu'ils occupent, ce qui amènera une nouvelle émigration, à moins que les circonstances commerciales ne s'améliorent considérablement. Mais laissons pour le moment, ces cas particuliers d'établissements voués à la ruine et examinons si, dans les conditions normales de l'industrie, les entrepreneurs ont intérêt, dans les périodes de ralentissement de la vente de leurs produits, à abaisser les salaires jusqu'à la limite que permettrait la diminution de la demande de travail coïncidant avec l'acroissement de l'offre qui résulterait nécessairement de cet amoindrissement de la demande de travailleurs dont aucun ne peut renoncer à ses moyens d'existence.

Lorsque l'ouvrier est traité durement par son maître, lorsqu'il constate que le travail le plus assidu de chaque jour suffit à peine pour lui procurer la quantité d'aliments indispensables à l'entretien de sa vie, et qu'il n'aperçoit point d'issue à cette triste situation, il tombe dans un sombre découragement, dans une apathie et une indifférence profondes ; on n'en peut plus tirer qu'un minimum de travail entièrement machinal auquel son intelligence ne prend plus part, et lorsque celle-ci se réveille de temps en temps, ce n'est que sous l'impulsion de pensées de haine et de vengeance contre le chef d'industrie qu'il considère comme la cause de tous ses maux. Le travail accompli dans ces conditions vaut ce qu'il coûte, et l'ouvrier se venge par tous les moyens qu'il peut employer sans danger, de toutes les misères qui l'accablent; par des négligences calculées dans l'accomplissement de sa tâche; par une résistance passive à tout progrès dans les procédés de fabrication; par le gaspillage des matières premières employées; par le maniement brutal des machines, des outils et, en général, de tous les appareils dont il doit se servir; par une négligence absolue à signaler le besoin de certaines réparations urgentes, ce qui peut décupler les frais de ces réparations quand les appareils sont amenés ainsi au point d'être complètement impropres à leur destination; par des défauts de fabrication et par l'absence de propreté dans l'exécution des produits, ce qui en fait baisser le prix ou fait disparaître la clientelle du fabricant, après lui avoir suscité des réclamations d'acquéreurs mal servis; par l'inaction ou par une lenteur calculée quand la surveillance se relâche momentanément; par des dégats attribués à un feint oubli des précautions usuelles, ou même commis à dessein, lorsque le coupable croit être sûr de rester inconnu. Tels sont les faits par lesquels se traduit habituellement la mésintelligence entre le maître et l'ouvrier, et la surveillance la plus attentive n'en peut mettre le premier tout à fait à l'abri; du reste cette surveillance peut elle-même coûter très cher dans certaines circonstances. Il serait fort difficile, pour ne pas dire impossible, d'apprécier le tort fait, chaque année, à un établissement industriel, par toutes ces petites causes de dépenses qui croissent proportionnellement au nombre d'ouvriers, mais je pense qu'elles équivalent au moins au surcroît de salaire qu'il eût fallu accorder à ces ouvriers pour faire disparaître les causes principales de leur mécontentement.

Le maître a donc un grand intérêt à se faire des amis de tous ses ouvriers, en les traitant avec déférence et en les payant convenablement; lorsque ceux-ci sont satisfaits, ils travaillent avec plus d'ardeur, plus de perfection, et ils sont plus disposés à défendre ses intérêts qu'à lui nuire.

Remarquez aussi, mon ami, que les ouvriers maltraités, mal nourris, accablés de misères de toute nature, s'abrutissent le plus souvent en cherchant dans l'ivresse un oubli momentané de leurs maux et qu'ils deviennent alors plus accessibles que jamais à toutes les suggestions des réformateurs socialistes qui en font aisément des ennemis acharnés de l'organisation sociale actuelle. Nous avons été plusieurs fois témoins de catastrophes dues à ces réclamations d'aveugles forcenés qui ont fait craindre que le civilisation moderne ne fît naufrage, et dans certains centres industriels il a fallu plusieurs années pour réparer les pertes . . . . . nnées par ces luttes insensées ; que serait-ce donc, si -!! . é généralisaient ?

Après la question du salaire et du genre de traitement que le maître doit à l'ouvrier, il y a encore à examiner, au point de vue de l'intérêt général, celle de la durée du travail journalier :

Cette partie de la question ouvrière a été également soumise à de longues controverses ; généralement l'opinion du chef d'industrie, est qu'il y a bénéfice pour lui à faire travailler l'ouvrier le plus longtemps possible pour un salaire journalier déterminé. C'est encore là une erreur et des observations faites dans un grand nombre de manufactures anglaises, l'ont péremptoirement démontré. L'homme n'est capable de fournir par journée de 24 heures, qu'une quantité de travail qui varie avec la nature de ce travail, parce que les périodes de repos entre les périodes d'activité physique, doivent être telles, qu'il se retrouve chaque matin, dans le même état physique et moral que la veille. Si on lui impose un travail plus considérable ou de trop longue durée, la fatigue d'une journée n'a pas entièrement disparu le lendemain ; ce résultat fâcheux va s'aggravant de jour en jour, et l'ouvrier ainsi surmené perd ses forces, son intelligence s'affaisse en même temps, ses mouvements se ralentissent, perdent de leur précision et il devient incapable d'apporter la moindre modification à l'opération machinale qu'il accomplit, presque sans en avoir conscience ; le chef d'industrie, pour avoir voulu en tirer trop, n'en tire même plus la somme d'utilité qu'il en aurait pu recueillir en lui imposant moins d'heures de travail.

Dans certaines manufactures anglaises, on a obtenu plus de travail journalier utile en réduisant à 12 heures la durée de ce travail que lorsque cette durée était de 14 heures et le travail était plus parfait. Dans d'autres, on a trouvé bénéfice à réduire à 8 1/2 heures la durée du travail effectif, sans diminution du salaire. Il est clair que la durée du travail utile maximum doit dépendre de la nature de ce travail et que celui qui exige les plus grands efforts musculaires est celui qui doit durer le moins.

Dans ces conditions de durée modérée du travail, qui varient encore avec le mode d'alimentation de l'ouvrier, celui-ci conserve intacte toute sa vigueur physique et morale et, après la période de travail, il peut, avant de se livrer au sommeil, jouir pendant quelques heures de la vie de famille, cultiver son jardin, s'il en a un et retrouver toute sa liberté d'action, ce qu'il estime naturellement très haut ; c'est la période pendant laquelle il peut aussi s'occuper de développer son intelligence par des lectures choisies de façon à le rendre plus clairvoyant dans les travaux de son métier, dans la direction de ses intérêts personnels et dans la façon de traiter et d'élever sa famille.

L'élève. Monsieur, je vous ai bien compris et si vous voulez le permettre, je vais vous faire le résumé de cette première partie de notre conversation :

Les intérêts du maître ne sont point opposés à ceux des ouvriers ; dans toute entreprise, ils doivent se considérer comme des associés qui ont un intérêt considérable à vivre toujours d'accord et à faire prospérer cette entreprise. Plus le succès sera grand, plus la rémunération du capital et celle de l'entrepreneur seront considérables et plus le salaire des ouvriers sera élevé. Si l'entreprise ne prospère pas, la part de l'entrepreneur diminuera rapidement, celle des ouvriers avec plus de lenteur et ne s'abaissera pas au-dessous d'une certaine limite, parce qu'en dessous de cette limite, le prix de revient des produits ne baisse plus et tend plutô t à augmenter. Vous arrivez ainsi, Monsieur, à démontrer un principe qu'il faudrait imprimer dans le cerveau de tous les entrepreneurs d'industrie, *c'est qu'à un travail bien payé correspond le bas prix de revient des produits* ; je ne le soupçonnais guères avant notre entretien et je suis heureux de comprendre que cet antagonisme entre les intérêts de la classe ouvrière et ceux des possesseurs du capital, n'existe pas réellement ; je vois dans ce principe un élément d'ordre social important pour l'avenir.

L'instituteur. Mon ami, si vous voulez vous en convaincre encore davantage, regardez ce qui se passe en Angleterre : Dans ce pays, la main d'œuvre est plus élevée que partout ailleurs, l'ouvrier y est mieux nourri ainsi que toute sa famille, et c'est de là que nous viennent la plupart de ces produits qui se vendent à bas prix et qui vont, sur tous les marchés du monde, faire concurrence aux produits similaires fabriqués sur place.

L'élève. Monsieur, c'est vrai, mais pourtant je ne comprends pas encore bien pourquoi, en présence de cette harmonie universelle entre tous les intérêts sociaux, il y a encore tant d'hommes dans la situation la plus déplorable à tous les points de vue ?

L'instituteur. C'est là, mon ami, le résultat le plus triste des imperfections de la nature humaine ; les institutions peuvent être bonnes, avoir été créées dans l'intérêt de tous ; les principes qui président à toutes les transactions humaines, peuvent être parfaitement rationnels et satisfaire les esprits les plus amis de la justice ; il n'est pas moins vrai que tous ces avantages d'une organisation sociale très perfectionnée, très favorable au développement du bien-être universel, peuvent être annulés dans beaucoup de circonstances par l'ignorance, par les passions e t par d'anciens préjugés que le progrès des lumières n'a pu encore déraciner que dans un petit nombre d'esprits. Contre leur intérêt bien entendu, beaucoup de chefs d'industrie traitent de haut la masse des ouvriers qui travaillent sous leurs ordres et ne cherchent que les occasions de réduire leur salaire au minimum au-dessous duquel leurs ateliers seraient abandonnés. Les ouvriers de leur côté, considérant leurs chefs comme des ennemis naturels, réclament impérieusement, quand on ne peut se passer d'eux, des salaires insensés, capables de ruiner la meilleure entreprise en peu de temps. Cet état de lutte sourde et continue se perpétue au grand détriment des uns et des autres, mais surtout aux dépens des ouvriers qui sont moins armés pour cette lutte que leurs adversaires et qui payent ordinairement une grosse part des frais de cette guerre absurde.

L'élève. Monsieur, je vois maintenant que ce n'est pas notre organisation sociale actuelle qui cause cette hostilité sans trêve ni merci entre les possesseurs du capital et les travailleurs ; c'est l'ignorance de leurs véritables intérêts, et il me semble que si l'on parvenait à dissiper cet énorme malentendu, à porter la lumière au milieu de ces intérêts qui paraissent opposés, et à montrer à tous les intéressés combien ils gagneraient les uns et les autres à partager équitablement les fruits de leur travail commun, l'harmonie qui existe entre leurs intérêts véritables ne tarderait pas à se rétablir entre les hommes eux-mêmes.

L'instituteur. Oui, mon ami, mais le grand obstacle à l'emploi de ce procédé de pacification, consiste dans la difficulté d'éclairer la masse ouvrière dont l'ignorance est généralement profonde et qui, dans tous les efforts que l'on a faits jusqu'à présent pour relever son moral et développer son intelligence, a montré bien peu dé dispositions à profiter des occasions qu'on lui offrait de sortir de l'état l'infirmité intellectuelle et morale dans lequel elle semble se complaire. Cette observation, mon ami, s'applique non à la totalité des ouvriers dont quelques-uns sont, au contraire, très avides d'instruction, mais à la très grande majorité qui se montre plutôt hostile que sympathique aux efforts de ceux qui veulent tenter cette œuvre d'émancipation.

Les détestables habitudes contractées par une portion considérable de la classe ouvrière, forment aussi un obstacle invincible à l'amélioration de sa condition. Dans les centres de production principalement, la grande majorité des ouvriers a renoncé à toute espèce d'acte de prévoyance et vit au jour le jour, sans souci du lendemain, même quand les circonstances commerciales favorables et la hausse des salaires qui en résulte, lui permettraient de faire quelques économies. Les ouvriers qui appartiennent à cette catégorie qui est devenue légion depuis quelques années, n'ont plus d'autre but que de jouir du présent et de consacrer aux grossiers plaisirs du cabaret tous les instants qu'ils peuvent dérober au travail. Le salaire de la semaine ou du mois, fort réduit par les chômages qui sont la conséquence forcée de cette passion effrénée pour ces prétendus moyens d'oublier sa misère, le salaire, disons-nous, se partage en deux parties ; la plus faible est remise à la femme qui doit avec cela entretenir toute la famille ; la plus forte est consacrée à l'ivresse par les boissons alcooliques qui ravalent l'individu jusqu'à la condition du pourceau. La femme qui ne peut entretenir sa famille avec les ressources dérisoires mises à sa disposition, tombe dans le découragement, dans une apathie profonde, ne prend plus souci de rien et quelquefois même s'enivre à l'imitation de son mari ; pendant ce temps, les enfants dont personne ne se préoccupe, vêtus de haillons, à peine nourris d'aliments de mauvaise qualité, vivent sur la voie publique, dans l'oisiveté la plus absolue, dans un état de malpropreté qui offense les regards du passant, y contractent des habitudes de grossièreté qui ne font que s'accroître au spectacle qu'ils rencontrent en rentrant au logis, et y perdent toute notion de morale et de dignité personnelle. C'est dans les familles ainsi élevées que se recrutent les mendiants, les vagabonds et toute cette tourbe qui constitue le personnel du paupérisme moderne, lequel est bien plutôt le résultat des habitudes vicieuses de la plus grande partie de la classe ouvrière que le signe d'une diminution dans la richesse publique et d'un véritable antagonisme entre les intérêts du capitaliste et ceux du travailleur.

Pendant que sa famille souffre, s'étiole, perd tous les meilleurs sentiments de la nature humaine, le mari s'enivre, déblatère au cabaret contre le maître qui l'exploite, contre le gouvernement qui n'oblige pas le chef d'industrie à payer mieux ses ouvriers ; puis rentre au logis, le regard hébété, les traits flétris, ne possédant plus sa raison, se met en colère parce qu'il ne trouve rien à manger et maltraite tout le monde ; il se couche ensuite et dort de ce sommeil lourd qui suit habituellement l'ivresse. Le lendemain il s'éveille fatigué, la tête encore pleine des vapeurs de l'ivresse, incapable d'un travail sérieux et souvent ne se lève que pour aller recommencer l'orgie de la veille.

L'élève. Monsieur, je rencontre à chaque pas, pendant mes promenades dans les cantons industriels, des ouvriers de cette catégorie et ce sont surtout ceux-là que je retrouve dans les meetings socialistes ; ils sont les plus ardents à réclamer une réforme sociale qui leur fournirait les moyens de s'enivrer tous les jours de la semaine. Il me semble qu'il y a là un véritable danger pour la société, parce qu'il n'existe aucun moyen de les éclairer, parce qu'ils ne veulent pas l'être, parce qu'ils se nomment légion et que la force pourrait dans un jour de malheur, remplacer le droit et la raison.

L'instituteur. Mon ami, vous avez raison, il y a là un danger social et je vous parlerai tout à l'heure du seul palliatif qui semble possible ; mais continuons l'examen des conséquences sociales de ces honteuses passions. L'ouvrier qui a contracté ces habitudes de paresse et d'ivrognerie, vieillit avant le temps quand il n'est pas emporté par quelque maladie violente occasionnée par ses excès ; son intelligence s'éteint dans ces crises cérébrales que produit l'abus des liqueurs alcooliques et il devient infirme et incapable de travail à l'âge où les hommes sobres et de conduite régulière, possèdent encore la force, la santé et la plénitude de leur intelligence. Il est alors perdu pour la famille qui tombe tout entière à la charge de la société quand ses enfants sont encore en bas âge. Lorsque quelques-uns de ceux-ci ont l'âge auquel ils peuvent travailler, leur éducation détestable, une longue habitude de paresse contractée dès leur enfance , l'absence d'idées morales et d'esprit de conduite, leur ignorance profonde, et le plus souvent la passion du cabaret contractée à l'imitation de leur père, ne leur permettent pas de gagner par leur travail, un salaire suffisant pour entretenir le reste de la famille qui se trouve encore réduit à la mendicité. C'est ainsi que de génération en génération, le nombre des misérables va en croissant, sans que la civilisation et la richesse cessent de progresser dans les régions supérieures de la société et sans que l'amélioration continue du sort des travailleurs économes et intelligents, en soit interrompue.

L'élève. Monsieur, je puis apporter, à l'appui de vos

observations, un exemple que je trouve à côté de la maison que j'habite : Là, demeure un ouvrier et sa famille qui comprend plusieurs enfants ; le chef de cette famille est badigeonneur de son état, c'est-à-dire qu'il blanchit les murs et les plafonds des maisons d'habitation, avec un lait de chaux, et il ne connait pas d'autre métier que celui-là qui peut s'apprendre en quarante-huit heures. Tous les ans, au printemps et au commencement de l'été, il trouve un peu de travail au devant duquel il ne court jamais, et quand il gagne quelqu'argent la plus grosse part lui sert à s'enivrer. Dans la saison où l'on ne badigeonne pas, il ne fait rien et attend que la providence lui envoie sa pature et celle des siens ; à un quart de lieue de son habitation il y a cependant une sucrerie qui offre du travail aux ouvriers pendant l'hiver et à une distance un peu plus grande, on construit un canal avec ses écluses et l'on demande, pour cela, des ouvriers terrassiers. Jamais cet homme ne songera à aller offrir ses bras pour l'un ou l'autre de ces travaux ; ce n'est pas son métier, dit-il, d'être terrassier et dans la chambre de la sucrerie où l'on pourrait l'employer, il fait trop chaud ; en conséquence il se croise les bras, puis va réclamer des secours au bureau de bienfaisance où il se présente couvert de haillons, et il envoie ses enfants mendier. Quant à sa femme, elle travaille de temps en temps à la journée dans les courtes périodes où elle n'a pas un petit enfant à soigner. Lorsque la récette des enfants est bonne, on mange et l'on s'enivre ; quand elle est mauvaise on ne mange guères et l'on dort ; si un membre de la famille tombe malade, on le porte à l'hôpital ; s'il recouvre la santé, il revient au logis pour reprendre son train de vie accoutumé ; quand le malade sera vieux, on sollicitera une place à l'hospice des incurables, pour lui. Il va sans dire que ces enfants ne vont jamais à l'école, qu'ils n'apprennent aucun métier et que leur principale préoccupation consiste à imaginer des moyens d'exciter la pitié des passants qu'ils harcellent de demandes pressantes et du récit de leurs misères.

Toute cette famille est inscrite sur les registres des secours fournis par le bureau de bienfaisance ; ses aïeux l'étaient et ses descendants le seront ; c'est une dynastie de mendiants.

L'instituteur. Mon ami, le cas que vous me citez est extrêmement commun et ces exemples d'imprévoyance absolue, de paresse malgré un penchant très prononcé pour tous les plaisirs grossiers, et d'abandon des enfants à tous les hasards d'une existence sordide, se retrouvent à chaque pas et sous toutes les formes ; souvent aussi, au lieu de la résignation passive de l'ivrogne dont vous venez de me parler, on trouve chez l'ouvrier qui est profondément entaché de ces vices, une irritation profonde contre la société qui ne lui a pas fait un meilleur sort et jamais vous ne ferez comprendre à ce dernier qu'en fait de bien-être, chacun doit être le fils de ses œuvres ou de celles de son père.

L'élève. Je vois bien maintenant, Monsieur, que les ouvriers sont bien souvent causes des malheurs dont ils se plaignent et qu'ils ont tort d'en accuser notre organisation sociale actuelle ; mais n'existe-t-il aucun moyen d'améliorer leur sort d'une manière plus générale et de préserver l'ordre social du danger que lui font courir ces protestations et ces absurdes revendications de la classe ouvrière, continuellement entretenues par des rêveurs sans jugement et par des ambitieux qui espèrent trouver dans les crises sociales, les occasions de se faire une brillante position.

L'instituteur. Cette question, mon ami, est posée depuis le commencement du monde et n'a jamais été résolue, mais l'expérience du passé tend de plus en plus à démontrer que le seul remède à tous ces maux est celui qui, jusqu'à présent, a présidé à tous les perfectionnements sociaux, c'est-à-dire la diffusion des lumières. C'est par ce procédé que tous les vices radicaux des sociétés anciennes ont été signalés à tous les esprits, et quand l'existence d'un mal est connue de tous et que chacun a intérêt à le faire disparaître, il finit toujours par être supprimé, au moins dans une forte mesure. Toutes les conquêtes de la démocratie depuis 1789 ont été faites par ce procédé et une bonne partie même de ceux qui profitaient des abus, emportés par une généreuse conviction, n'ont pas marchandé leur aide à la suppression de ces abus.

Il faut démontrer à tous par la presse et surtout par l'enseignement, que l'intérêt de l'ouvrier est le même que celui du propriétaire de capitaux ; que si le capitaliste a intérêt à faire fructifier, à augmenter son capital, l'ouvrier trouve aussi son intérêt dans l'accroissement de ce capital ; parce que plus il y aura de capitaux disponibles, plus il y aura d'entreprises pour les utiliser, plus le travail sera demandé et plus le salaire offert pour ce travail, sera élevé. Il faut prouver aux chefs d'entreprises que les lois de la morale et leur propre intérêt exigent qu'ils traitent convenablement leurs ouvriers pour s'en faire des amis ; qu'ils doivent s'efforcer de leur procurer des logements et des ateliers satisfaisant aux bonnes conditions de l'hygiène et un bon salaire, afin que ces ouvriers soient bien portants, vigoureux, satisfaits et capables de travail jusqu'à un âge très avancé ; il faut insister sur ce fait d'expérience, qu'à un travail bien payé correspond le bon marché des produits ; il faut leur rappeler qu'ils doivent user de toute leur influence pour engager ces ouvriers à cultiver leur intelligence dans la mesure du possible, parce que l'effet utile d'un ouvrier intelligent est toujours supérieur à celui d'un ouvrier ignorant, toutes choses égales d'ailleurs ; qu'ils doivent, enfin, les aider de leurs conseils quand ils sont réclamés, pour le bon

placement de leurs petites économies et pour le meilleur
parti à prendre dans les circonstances de la vie ordinaire
qui exigent certaines connaissances que ces ouvriers ne
possèdent point, afin de s'en faire des amis. Aux ouvriers,
il faut démontrer que les atteintes à la propriété ont pour
résultat inévitable l'anéantissement des capitaux et, par
suite, la destruction de leurs moyens futurs d'existence ;
que, dans leurs différents avec les chefs d'entreprises, les
grèves sont le plus mauvais de tous les moyens de vider
ces différents ; qu'elles ne sont qu'un duel où la victoire
reste au plus fort et non à celui qui a pour lui le droit et
la justice ; si cette victoire est remportée par le chef
d'industrie, les ouvriers y auront perdu toutes les journées de travail pendant lesquelles la lutte aura duré, et y
auront contracté des dettes ou dépensé leurs économies ;
que si elle reste à ces ouvriers et que le chef d'entreprise,
forcé par des marchés auxquels il faut absolument satisfaire, par l'obligation d'employer des matières premières
menacées de détérioration, ou par la crainte de voir disparaître sa clientelle, leur accorde un salaire ruineux
pour son entreprise, celui-ci se ruinera et sera, tôt ou
tard, obligé de fermer ses ateliers, ce qui les privera de
leurs moyens d'existence ordinaires et les obligera peut-
être à s'expatrier avec leurs familles ; il faut leur montrer
que, dans ce cas comme dans tous ceux de la vie civile,
un arbitrage où tous les intéressés sont représentés, est
un moyen cent fois plus raisonnable de vider ces différents, que ce duel absurde qui se nomme grève. Il faut
prouver à ces ouvriers qu'il est pour eux du plus haut
intérêt de cultiver leur intelligence, parce que plus ils
seront intelligents, plus ils apporteront de perfection et
de rapidité dans l'exécution de leurs ouvrages, ce qui
leur vaudra un salaire plus élevé, et plus ils passeront
aisément et rapidement d'un métier à un autre, lorsqu'ils
auront reconnu que celui qu'ils ont embrassé d'abord, ne

leur fournit pas les ressources qu'ils avaient espérées.
L'éducation des femmes ne doit pas être plus négligée
que celle des hommes ; il faut aussi leur ouvrir l'esprit,
leur enseigner tout ce qui peut contribuer à en faire de
bonnes mères de famille ; c'est souvent dans la nullité absolue et dans le défaut d'ordre et d'économie de la femme,
que l'on trouve la cause principale des détestables habitudes contractées par le mari et par les enfants. Il faut
inspirer à toute la classe ouvrière, l'aversion la plus profonde pour l'ivrognerie, lui montrer où elle conduit, lui
inspirer le plus grand mépris pour ceux que la débauche
transforme ainsi momentanément en animaux immondes
et s'efforcer d'éveiller en elle le sentiment de la dignité
personnelle ; lui montrer les effets bienfaisants de la prévoyance, de l'économie, de la bonne harmonie dans le
ménage et de la peine qu'il faut prendre pour élever convenablement les enfants, soin qui rentre plus directement
dans les obligations de la mère de famille. Il faut que,
dans les écoles, on ne se contente pas de leur enseigner
la lecture, l'écriture et quelques notions de calcul, qui
ne servent bien souvent qu'à leur fournir les moyens de
lire des romans immoraux ou des diatribes violentes contre l'ordre social actuel ; on doit les entretenir, dans ces
écoles, de toutes les questions qui intéressent les citoyens
d'un même pays ; leur exposer leurs droits et leurs devoirs, leur montrer où conduisent ces théories insensées
de révolution sociale qui énivrent et détraquent les esprits
peu cultivés d'une masse de travailleurs et leur font prendre en dégout les seuls moyens efficaces d'améliorer leur
position ; en un mot, il faut faire de l'ouvrier un homme
raisonnable, qui ne se berce pas de vaines chimères,
qui sait accepter la position que sa famille lui a léguée et
qui peut, avec des efforts, de la conduite et de l'intelligence, lorsque les circonstances lui sont favorables, s'élever jusqu'au niveau des hommes dont la position sociale
lui fait envie.

L'élève. Monsieur, tout sela me semble bien pensé, mais la réalisation d'un tel programme doit être bien difficile ; d'autant plus que la plus grande partie de ces ouvriers n'y mettront aucune bonne volonté et qu'il faudra le plus souvent, les éclairer malgré eux.

L'instituteur. Mon ami, je le sais et il faudra plusieurs générations pour mener une semblable entreprise à bonne fin. D'abord il faut, à peu près, renoncer à convertir la partie de classe ouvrière qui a atteint l'âge mûr et qui est acquise aux idées de réforme sociale radicale. Dans ces cerveaux vides, étroits, sans culture, l'idée d'un bien-être acquis sans efforts, s'est installée du premier coup sans résistance ; elle les occupe tout entiers ; aucun raisonnement propre à la déraciner n'y peut trouver place et on ne peut comparer ces hommes qu'à de véritables possédés que la mort seule peut guérir. Lorsqu'en essayant de les ramener à des idées plus raisonnables, on les réduit à l'impuissance de trouver une bonne raison pour défendre leur opinion, on peut croire un instant que l'on a commencé à les convertir ; mais le lendemain, on les trouve aussi convaincus que la veille de la légitimité de leurs revendications ; seulement ils voient en vous un ennemi de plus.

Quant à ceux qui ont atteint le même âge et qui ne sont point possédés de ces fantômes de régénération sociale, vous les trouverez profondément indifférents ou absorbés par des habitudes vicieuses auxquelles ils ne peuvent ou ne veulent pas renoncer.

Ce n'est donc pas aux hommes adultes qu'il faudra s'adresser, au moins dans la plupart des cas ; parce qu'il serait aussi difficile de les ramener à des idées plus raisonnables ou à de meilleures habitudes que de redresser dans une forêt, un vieux chêne qui n'a pas poussé droit ; c'est à l'enfance, c'est aux jeunes esprits dans lesquelles les mauvaises habitudes et les mauvais exemples n'ont pas encore laissé de traces indélébiles ; c'est dans ces cerveaux vierges qu'il faut imprimer en caractères ineffaçables toutes les idées qui doivent servir à régler leur conduite pendant toute la durée de leur existence, et les préceptes d'une saine morale. Il faut surtout les informer par tous les moyens qui sont à la portée de l'instituteur, du mécanisme des sociétés modernes, des lois naturelles, des dispositions innées qui font agir tous les hommes, des institutions qui en sont la conséquence forcée et leur démontrer que toutes celles qui sont en contradiction manifeste avec la nature de l'homme tel qu'il a été mis sur la terre, ne peuvent amener que des désastres et la ruine universelle.

Ce programme, mon ami, peut vous paraître difficile à réaliser lorsque l'on s'adresse à des enfants qui quittent généralement l'école vers l'âge de 12 ou 13 ans et dont l'esprit ne reçoit aucune impulsion favorable de la famille ; mais ce n'est pas une raison pour y renoncer ; si l'école primaire ne suffit pas, il restera la ressource des cours d'adultes que les jeunes gens suivront plus aisément qu'aujourd'hui, parce qu'ils y auront été convenablement préparés par leur éducation élémentaire. Du reste, on exagère beaucoup la difficulté de faire pénétrer toutes ces notions fondamentales dans l'esprit des ouvriers quand ils sont pris à temps et qu'ils en ont reçu les éléments dans leur enfance ; je suis convaincu qu'il n'est nullement nécessaire d'avoir conquis un diplôme d'avocat, de médecin ou d'ingénieur pour être apte à comprendre la nécessité du droit de propriété et de toutes les autres institutions sociales les plus essentielles ; ce sera l'affaire de l'instituteur, et de bons manuels dont l'état provoquera la rédaction quand il le voudra, en ouvrant des concours et en récompensant généreusement ceux qui auront produit les livres les plus simples, les plus clairs, les plus corrects, en un mot les plus propres à faire entrer dans l'esprit des jeunes gens

toutes les notions les plus indispensables à la paix sociale
et au bonheur de la classe ouvrière.

Depuis quelques années, on comprend partout l'importance d'une bonne éducation, bien appropriée au rôle
que chacun est destiné à jouer dans la société ; partout des
écoles s'élèvent à grands frais sous l'impulsion généreuse
de cette conviction ; mais si nous commençons à voir figurer dans les programmes d'études de la classe aisée, une
bonne partie des notions sur lesquelles je viens d'insister, je ne les vois figurer nulle part dans les programmes
des écoles primaires ou des écoles d'adultes. Suivant nous,
elles y devraient être et l'état devrait prendre des mesures
pour qu'aucun enfant mâle ne fut privé de ce complément
d'éducation indispensable ; c'est une mesure de salut
public et, pour mon compte personnel, au milieu de ces
débats contemporains, si confus, et si aigres sur la convenance de décréter l'instruction obligatoire, je n'hésite-
rais pas, dans l'intérêt de la société et, tout particulièrement, de la classe ouvrière, à voter pour cette instruction
obligatoire réalisée avec les tempéraments que compor-
tent notre état social et les idées de liberté qui se sont si
énergiquement développées depuis un siècle.

L'élève. Monsieur, je comprends comme vous, la nécessité de cette éducation, mais croyez-vous qu'à elle seule
elle suffira pour remédier à tous les maux ?

L'instituteur. Non, mon ami, elle ne fera que les atténuer beaucoup et elle pourra préserver la société des
catastrophes les plus redoutables ; mais il y aura toujours
sur terre des misérables, des hommes, des familles entières incapables de se procurer par le travail, les choses
nécessaires à l'entretien de leur existence. La société doit
venir directement en aide à ceux-là, parce qu'il est impossible que dans une nation civilisée, un homme soit
condamné sans appel à mourir de faim quand il est incapable de gagner son pain. Cette face de la question sociale

sera examinée dans notre prochain entretien qui sera consacré à l'étude de l'organisation de l'assistance publique et privée.

CHAPITRE XI.

DE L'ASSISTANCE.

L'instituteur. Mon ami, je vais tenir la promesse que je vous ai faite à la fin de notre dernière conférence, c'est-à-dire vous parler de l'assistance et des règles qui me semblent devoir présider à ses applications pour que la société en retire le plus d'utilité que possible. Vous savez que l'assistance n'est autre chose que la conséquence d'un sentiment naturel à l'homme ; les unes la nomment bienfaisance, les autres charité, d'autres encore philan-thropie, et toutes ces diverses dénominations expriment cette disposition admirable qui porte l'homme à venir au secours de ses semblables quand il les voit souffrir ou menacés de périr de misère.

Grâce à ce sentiment que l'auteur de toutes choses a mis dans le cœur des hommes, presque sans exception, les plus terribles conséquences des imperfections de la nature humaine, tant au point de vue moral qu'on point de vue physique, se trouvent évitées, au moins dans une très forte mesure.

L'assistance, dans nos sociétés civilisées, est pratiquée : directement par celui qui possède des ressources suffi-santes ou, indirectement, par l'intermédiaire de l'Etat.

A priori, l'exercice de cette vertu semble devoir être attribué exclusivement à l'initiative individuelle, à cause de son caractère propre qui est d'être absolument volon-taire et de perdre ce caractère de vertu aussitôt que la moindre contrainte y apparaît ; mais il y a cependant des motifs importants pour que l'Etat intervienne dans l'organisation des mesures à prendre pour soulager les misérables de la façon qui leur est le plus utile.

L'élève. Mais, Monsieur, l'Etat ne pouvant donner aux malheureux que ce qu'il prélève sur tout le monde par voie de contributions, et distribuant les secours sans consulter ceux qu'il a mis à contribution pour se les procurer, il me semble que, dans cette assistance publique, il n'y a plus rien de volontaire de la part des assistants et qu'elle perd de son caractère de vertu.

L'instituteur. Mon ami, votre réflexion est juste sous certains points de vue, mais je vais vous montrer que la volonté individuelle de ceux qui ont fourni les secours distribués par l'Etat, contribue, plus que vous ne le pensez, à assigner la destination de ces secours.

En mettant de côté quelques individus égoïstes qui n'ont d'autre soucis que ceux qui concernent leur bien-être personnel, ou qui sont dépravés par une mauvaise éducation ou par des instincts vicieux, l'homme, comme je viens de vous le dire, est en général susceptible de s'émouvoir à la vue des maux qui accablent quelques-uns de ses semblables, et disposé à leur venir en aide ; il est bon et les quelques exceptions que l'on constate de temps en temps, ne sont pas assez nombreuses pour mettre en doute cette qualité générale de l'espèce humaine. Or l'Etat qui représente l'ensemble d'une nation, la représente généralement avec ses qualités et ses défauts ; il en est en quelque sorte la personnification, et comme le représenté est bon, le représentant doit l'être également et tous ses actes doivent être empreints de ce sentiment général de bienveillance qui domine dans l'esprit de tous ceux qu'il représente. Il résulte évidemment de cette obligation pour l'Etat de personnifier la nation, qu'il doit venir en aide aux misérables comme le simple particulier, et qu'en appliquant une petite partie de ses ressources à cette œuvre lorsqu'elle est indispensable, il ne sort nullement de ses attributions et ne fait qu'accomplir une partie de la mission qui lui a été confiée.

L'élève. Monsieur, je comprends bien que le gouvernement d'un pays civilisé doit être animé de tous les sentiments d'humanité qui règnent à un haut dégré dans la masse de la population qu'il représente, mais il me semble assez difficile qu'il fasse l'aumône à la façon des particuliers et qu'il n'ait d'autre règle que sa propre volonté dans le mode d'emploi et dans la quotité des ressources qu'il applique à cet usage.

L'instituteur. Mon ami, vous avez raison, l'Etat ne peut donner comme le particulier. Celui-ci est maître absolu de ce qu'il possède ; il peut donner tant qu'il lui plait sans faire tort à personne et, généralement, il s'arrête dans cette voie à la limite au-delà de laquelle il compromettrait gravement sa position et celle de sa famille ; l'instinct si énergique de la conservation personnelle suffit toujours pour maintenir l'homme le mieux doué de toutes les vertus sociales, dans les bornes raisonnables quand il s'agit d'abandonner aux malheureux une partie des produits de son travail ou de celui de ses ancêtres. Ceux qui franchissent ces limites sous l'impulsion d'un sentiment de bienveillance plus énergique que celui que l'on rencontre généralement, sont assez rares pour qu'il soit inutile de s'occuper des effets sociaux d'un semblable dévouement au bonheur de ses semblables.

L'Etat, au contraire, ne possède rien par lui-même, il ne peut distribuer que ce qu'il prélève sur l'ensemble de la nation, sur les pauvres comme sur les riches ; sur les pauvres surtout à cause de leur nombre considérable relativement à celui des riches. Quand il prélève sur tous les contribuables des sommes trop considérables, pour soulager les misérables, il en créé de nouveaux en leur enlevant ce qui les sauvait de la misère, et le mal va toujours en s'aggravant pendant que les ressources sociales vont en diminuant à mesure que les exigences des assistés augmentent. Un tel état de choses ne pourrait être toléré longtemps sans conduire la société à une ruine complète.

L'élève. Monsieur, l'obscurité qui couvrait pour moi cette question de l'assistance, commence à disparaître, et je comprends très bien que si l'Etat était chargé de soulager toutes les misères, la totalité de ses ressources pourrait bien y être appliquée et qu'ensuite il se trouverait encore en face de demandes qui ne pourraient être satisfaites.

L'instituteur. Oui, mon ami, et la question la plus difficile à résoudre est de poser la limite à laquelle l'Etat doit s'arrêter dans cette application des ressources sociales au soulagement de la misère.

L'assistance privée a aussi besoin d'être éclairée pour ne pas causer autant de mal que de bien, et les conséquences sociales de cette bienfaisance irréfléchie qui consiste à donner sans informations à tous ceux qui tendent la main, sont toujours désastreuses pour la société.

L'élève. Monsieur, j'avais déjà compris cela lorsque, dans notre dernier entretien, je vous ai cité cette dynastie de mendiants qui demeure dans mon voisinage.

L'instituteur. Mon ami, nous sommes d'accord sur ce sujet et il nous reste à rechercher quelle part peut être assignée à l'individu et à l'Etat dans l'œuvre générale de l'amélioration du sort des malheureux.

On trouve, dans la société, des partisans exclusifs de la bienfaisance exercée par les particuliers et des partisans non moins convaincus de la convenance d'en charger exclusivement l'Etat.

Laissez, disent les premiers, laissez agir le cœur de l'homme, ne vous mêlez pas de ses plaisirs les plus purs, de ceux qu'il goûte dans l'exercice de la bienfaisance ; si vous vous mêlez du bien qu'il fait, vous l'arrêterez parce qu'il n'y a rien en quoi l'homme aime moins à être gêné, rien de plus intime ; en voulant régler le débit de la source vous la tarirez ; laissez agir librement les sentiments philanthropiques du philosophe, les convictions religieuses du chrétien ; en n'apportant aucune entrâve au développement de toutes les dispositions qui poussent l'homme à soulager son semblable, tout se fera dans les meilleures conditions possibles au grand bénéfice de la société.

Les partisans de l'assistance par l'Etat, disent au contraire : l'individu seul ne peut rien, ou presque rien ; il fait mal et ne suit que son caprice du moment ; tantôt il donne quand c'est inutile ; tantôt il s'abstient de donner lorsque c'est nécessaire ; il fait ou ne fait pas, à son gré et, dans tous les cas, il ne fait jamais assez pour soulager à temps les maux qui pèsent à la fois sur un grand nombre d'individus. L'impulsion religieuse, disent ils encore, peut beaucoup, mais elle a son but, ses exigences propres qui diffèrent souvent de celles de nos sociétés modernes, et elle ne peut faire tout le bien, même lorsqu'elle le veut. Il en résulte que l'Etat seul peut porter ses efforts sur tous les points, sans se préoccuper des opinions particulières des malheureux auxquels il faut venir en aide, et que, seul, il peut accomplir convenablement la grande œuvre de l'amélioration du sort des classes pauvres.

Ces deux doctrines contraires, mon ami, me paraissent exagérer beaucoup les forces de l'individu et celles de l'Etat, et l'application exclusive de l'une ou de l'autre entraînerait certainement d'énormes inconvénients. La plus impraticable, la plus périlleuse des deux est celle qui confierait à l'Etat la mission impossible de soulager toutes les misères humaines ; elle créerait ce que l'on a nommé le droit à l'assistance qui entraînerait infailliblement la ruine de la société, car dans cette vaste organisation officielle de l'assistance, il serait impossible de conserver à l'Etat le droit de faire ou de ne pas faire qui doit cependant rester intact quand on ne veut pas aboutir à un désastre.

L'élève. Monsieur, je comprends cela ; le jour où un individu pourra réclamer, la loi à la main, que l'État le nourrisse, sous prétexte qu'il ne peut gagner sa subsistance, le nombre des personnes secourues grandira avec une rapidité fabuleuse et toutes les ressources actives de la société y passeront.

L'instituteur. C'est vrai, mon ami, et cela prouve l'indispensable nécessité de conserver à l'assistance le caractère de spontanéité, d'entière liberté d'action qu'elle a pu se réserver jusqu'aujourd'hui.

Dans ces conditions, ce n'est pas trop des efforts combinés des individus et de l'Etat, pour apporter au sort des plus malheureux, toute l'amélioration compatible avec le maintien du capital social et de toutes les ressources nécessaires au développement de l'humanité.

Suivant l'opinion de tous les hommes qui ont étudié sérieusement cette question, il faut laisser à l'individu la jouissance du plus pur et du plus noble plaisir de l'âme humaine, celui de faire du bien à son semblable. L'initiative individuelle, dans la plupart des cas, fait mieux et plus à propos que ne ferait l'Etat dont le coup d'œil général ne peut porter partout et dont les actes inspirés par des vues d'ensemble sur les moyens d'améliorer le sort des hommes pris en masse, pourrait bien laisser sans soulagement un grand nombre de misères qu'il n'aurait pas prévues ou dont il ne serait pas informé à temps. Il faut laisser la bienfaisance privée porter à propos les secours là où ils sont immédiatement nécessaires ; il faut provoquer au besoin les manifestations si respectables et si utiles de ces sentiments qui honorent l'humanité quel qu'en soit le mobile ; puis, après avoir laissé faire tout le bien que l'homme isolé est capable d'accomplir, il faut regarder où la bienfaisance privée n'a pas passé ; il faut rechercher les maux qu'elle a été incapable de soulager ou sur lesquels son attention n'a pas coutumé de se porter et charger l'Etat de faire le bien qui n'a pas été fait et qui méritait de l'être. Le plus souvent ce sont les maux qui pèsent sur une classe entière d'individus qui semblent provoquer l'intervention de la bienfaisance publique ; il faut appliquer les forces de tous, là ou les forces de l'individu ne suffisent pas pour réaliser le bien. Ainsi, mon ami, il faut une bienfaisance publique, comme complément de la bienfaisance privée, agissant là où il reste du bien à accomplir et joignant aux vues individuelles qui peuvent être bornées et le sont souvent, des vues d'ensemble qui embrassent tout parce qu'elles ne préfèrent rien, et que leur sollicitude est la même pour tous les maux de l'humanité.

Comme règle générale devant présider à tous les actes de la bienfaisance publique et de la bienfaisance privée, nous citerons celle-ci qui est le résultat de toutes les observations que l'on a faites depuis que l'on observe les faits sociaux : *La bienfaisance doit être exercée de manière à pousser l'homme au travail, à réveiller en lui le sentiment de la dignité personnelle, et jamais de façon à favoriser la paresse et à développer cette tendance si énergique qui pousse les misérables à se décharger des soucis de leur existence pour en rejeter tout le fardeau sur la société.*

L'élève. Monsieur, vous avez raison, mais que de soins et de perspicacité il faudra pour accomplir convenablement ce programme !

L'instituteur. Oui, mon ami, ce programme qui ne sera probablement jamais complètement accompli, mais qui présente l'éminent avantage de montrer nettement le but qu'il faut atteindre et la direction dans laquelle tous les efforts publics et privés, doivent converger, pour réaliser le maximum d'utilité.

Maintenant, mon ami, examinons ce que la bienfaisance des siècles passés a fait pour soulager les maux de la classe laborieuse, et ce qu'elle nous a laissé à faire. Dans tous les temps les hommes se sont émus à la vue des souffrances de leurs semblables et, à toutes les époques, ils ont cherché à les soulager par des dons directs et par quelques institutions spéciales permanentes ; mais la question générale de l'amélioration du sort des classes laborieuses n'a été sérieusement posée et soumise à l'étude que depuis la révolution de 1789. Cette idée, quoiqu'elle n'ait été souvent qu'un prétexte dont les factions politiques ou socialistes ont fait un usage perfide, ne renferme pas moins une noble pensée qu'il faut s'efforcer de réaliser dans ce qu'elle a de sincère, de vraiment humain et surtout de praticable. C'est ce que nos prédécesseurs avaient déjà fait et quand on examine toute la série des institutions qu'ils avaient fondées, avec moins de ressources que nous n'en possédons aujourd'hui, pour soulager les malheureux de toutes les catégories, ou reconnait aisément que s'ils ont laissé beaucoup a étendre et à perfectionner, ils n'ont, en revanche, presque rien laissé à inventer et qu'il est injuste d'accuser cette ancienne société d'avoir manqué d'initiative dans la recherche des moyens d'atténuer les souffrances des misérables. On a, dans ces derniers temps , fait beaucoup de propositions nouvelles pour arriver plus sûrement et d'une manière plus générale à cet heureux résultat, mais toutes ces propositions présentées comme des solutions radicales, sont incompatibles avec le respect de la propriété, de la liberté individuelle, et elles sont de nature à porter une atteinte profonde à la fortune publique, à la diminuer et à amoindrir les ressources qui peuvent rester disponibles et applicables au soulagement de la misère ; leur application conduirait sûrement à la misère universelle au lieu de faire disparaître des misères isolées.

L'élève. Monsieur, il est cependant bien singulier que l'on n'ait pas trouvé, par une étude approfondie de toutes ces propositions, quelques idées propres à conduire au résultat désiré, plus rapidement et plus complètement que l'on n'y peut arriver par les moyens employés aujourd'hui.

L'instituteur. C'est vrai, mon ami, mais le résultat le plus clair de tous les immenses travaux qui ont été faits dans ce but est celui-ci : c'est que cette amélioration tant désirée sera obtenue plus sûrement et avec moins d'inconvénients, par les procédés qu'ont inventés nos prédécesseurs, mais étendus, perfectionnés, rectifiés dans ce qu'ils ont d'imparfait, que par tous les procédés nouveaux dont l'application entraînerait les conséquences inverses de celles que l'on poursuit. La longue expérience des siècles passés et la connaissance de plus en plus approfondie de la nature intime de l'homme, ont plus éclairé cette importante question que toutes les imaginations des rêveurs de cabinet reconstruisant une société avec des hommes dont les dispositions naturelles n'auraient rien de commun avec celles qui existent chez les individus qui s'agitent en ce moment sur la surface de notre globe.

Il faut prendre l'homme tel qu'il est, avec ses bons instincts comme avec ses mauvaises inclinations, et modeler les institutions de bienfaisance sur son caractère réel ; c'est ce qu'ont fait nos prédécesseurs et je vais vous indiquer les mesures qu'ils ont adopté pour venir en aide aux malheureux de tout âge et de toutes conditions.

Commençons par l'enfance.

La vieille société contre laquelle on déblatère tant, n'a rien négligé de ce qui pouvait venir en aide à l'enfance, et elle a créé un grand nombre d'institutions qui dénotent la plus touchante sollicitude pour ces petits êtres sans famille ou appartenant à des familles incapables de les élever. Ce sont les asiles pour les enfants trouvés que la

mère abandonne par honte ou par misère ; pour les enfants
dont les parents meurent avant qu'ils soient en âge de
travailler ; les tours sur l'utilité desquels on discute
encore de nos jours ; les sociétés de charité maternelle
qui existaient déjà sous le règne de Louis XVI. La bienfaisance publique et privée s'est occupée depuis longtemps
des nourrices pour les enfants abandonnés et pour ceux
que les mères ne peuvent nourrir. Parmi les plus ingénieuses inventions charitables de notre temps, les plus
empreintes du sceau d'une tendre sollicitude pour l'enfance, il faut citer les crèches, les salles d'asile où les
jeunes enfants sont soignés avec un dévouement admirable
sous la direction de femmes très éclairées, pendant que la
mère se livre aux soins de son ménage ou travaille pour
gagner sa part du pain quotidien de la famille. On peut
citer encore les sociétés de patronage des jeunes apprentis,
les écoles de réforme pour les jeunes délinquants qui ont
fait preuve d'une perversité précoce et que l'on veut ramener à de meilleurs sentiments et à de meilleures habitudes,
dans leur intérêt et dans celui de la société ; les écoles de
sourds et muets, d'aveugles, d'enfants trouvés ; les sociétés de patronage, les colonies pénitentiaires et agricoles,
et enfin toutes ces écoles d'instruction gratuite où l'on
ouvre l'esprit des enfants aux idées saines et morales et
où on leur donne l'instruction qui les aidera un jour à
améliorer leur position.

Vous le voyez, mon ami, on n'a négligé aucun genre
de prévoyance et la sollicitude publique et privée s'est
étendue sur l'enfance toute entière.

Toutes ces institutions peuvent être étendues, perfectionnées ; on peut, avec le temps et la bonne volonté, en
faire disparaître les imperfections qui les entachent encore,
mais il est difficile de trouver dans le problème de la
protection éclairée de l'enfance, une face qui ait été oubliée
par nos prédécesseurs ou nos contemporains, et une insti-

tution nouvelle à inventer pour résoudre plus complètement ce problème ; il n'y a qu'à étendre et à perfectionner
ce qui existe.

L'élève. Monsieur, je le vois maintenant comme vous,
mais toutes ces utiles institutions n'existent pas partout,
et quelques-unes ne se rencontrent guère loin des grandes
villes.

L'instituteur. Mon ami, c'est parce qu'elles sont plus
nécessaires dans ces centres d'une nombreuse population
que partout ailleurs, mais, avec le temps, on les fondera
partout où elles peuvent être très utiles. Il faut observer
qu'en fait de bienfaisance, rien n'est fini, que rien ne sera
jamais fini et que chaque siècle aura sa pierre à ajouter à
l'édifice qui ne sera jamais terminé ; c'est la loi invariable
du progrès qui avance toujours et ne se repose jamais.

Si maintenant, mon ami, nous passons de l'enfance à
l'âge mûr, la question de l'assistance présente d'autres
faces.

A cet âge, l'homme jouit de toutes ses facultés morales,
de toutes ses forces physiques et peut mieux qu'à toute
autre époque de sa vie, se passer du secours des autres et
d'institutions de bienfaisance pour porter la charge de
son existence. Dans toute société bien constituée, il faut
admettre en principe que l'homme valide qui a dépassé la
jeunesse et qui n'a pas encore atteint la vieillesse, doit se
suffire à lui-même, pouvoir satisfaire aux besoins de tous
les siens et qu'il n'a pas le droit de faire peser sur la
société le fardeau de sa paresse ou de son imprévoyance.
Ce n'est que lorsqu'il est victime de circonstances extraor-
dinaires, ou lorsqu'il est atteint de maladie, qu'il est convenable de venir à son secours. Une longue expérience a
prouvé que l'homme bien portant, laborieux, doué d'une
intelligence ordinaire et dont la conduite est régulière, peut,
avec le produit de son travail, nourrir sa femme, ses
enfants et même ses vieux parents, lorsque la société n'est

en proie à aucune crise sociale grave, à aucune crise industrielle ou commerciale, ou lorsque les intempéries de l'air n'ont point supprimé en tout ou en forte partie la récolte des produits de la terre. La société qui, en dehors de ces cas exceptionnels voudrait, à quelque degré que ce fut, se charger du sort d'une partie de ses membres, n'en ferait que des oisifs, des turbulents, des factieux, aux dépens des citoyens laborieux et paisibles auxquels le même privilège ne serait pas accordé, et elle périrait par la ruine financière ou sous la violence des factions encouragées par l'oisiveté ; une partie des citoyens, et la meilleure, payerait de ses sueurs, les loisirs de ceux qui bouleverseraient le pays et le plongeraient dans la misère.

L'élève. Mais, Monsieur, il me semble cependant qu'au taux habituel des salaires dans certaines industries ou dans les travaux de la campagne, un ouvrier très laborieux, très rangé, chargé d'une nombreuse famille et de vieux parents incapables de travail, pourrait bien, lui et tous les siens, manquer des choses les plus nécessaires, s'il était abandonné à ses propres forces ; lui appliqueriez vous la règle que vous venez de poser ?

L'instituteur. Mon ami, dans les familles nombreuses, l'existence peut être difficile dans la période où il y a beaucoup d'enfants en bas-âge, mais, dans ce cas, la femme joint souvent son travail à celui du mari ; puis ceux des enfants qui touchent à l'adolescence trouvent déjà certains travaux faciles qui leur permettent d'apporter leur obole à la communauté. Cette période difficile n'est, du reste, que transitoire et la situation s'améliore à mesure que les enfants atteignent l'âge où ils peuvent entreprendre des travaux convenablement rémunérés. Dans les cas rares où l'ouvrier laborieux réduit à ses forces seules, ne parviendrait pas à entretenir sa famille et à lui fournir le pain quotidien, il faudrait bien lui venir en aide et le considérer comme victime de ces circonstances exceptionnelles dont je parlais tout à l'heure et dans lesquelles il était convenable que la société vînt momentanément à son secours. Cependant ces secours ne devraient être accordés qu'après une enquête sérieuse constatant qu'ils doivent servir à soulager une infortune digne d'intérêt, et non à favoriser la paresse ou l'imprévoyance. Voilà, mon ami, les principes qui doivent présider aux actes de la bienfaisance tant publique que privée, lorsqu'il s'agit d'une famille dont le chef est dans la période où il peut produire le plus de travail et le produire avec le plus de perfection ; mais, par une singulière bizarrerie, c'est précisément la question de l'assistance à cet âge, pour lequel il y a moins à faire que pour aucun autre, qui a donné lieu aux plus extravagantes utopies ; ce sont ces hommes dans la force de l'âge qui ont réclamé, tantôt le droit au travail, tantôt le droit au salaire, tantôt le droit à l'assistance, tantôt des banques fondées par l'Etat pour prêter des fonds à toutes les associations d'ouvriers qui voudraient exercer en commun le métier d'entrepreneur, et qui ont fait encore beaucoup d'autres propositions aussi raisonnables que celles-la. Toutes ces inventions d'hommes qui vivent dans un milieu où les plus absurdes chimères prennent toutes les apparences de la réalité, ne résistent pas à un quart d'heure d'examen et je pense, mon ami, que toutes les notions que vous avez acquises dans nos précédents entretiens, vous suffisent pour en voir clairement l'inanité absolue.

L'élève. Oui, Monsieur, je vois nettement le résultat final de ces tristes élucubrations si l'on venait jamais à les appliquer ; elles conduiraient la société à la ruine complète absolument comme le communisme pur dont elles dérivent, car toutes consistent à entretenir les uns avec les produits du travail des autres.

L'instituteur. C'est vrai, mon ami, et quand on examine sérieusement toutes ces questions, on reconnaît bientôt que si l'Etat peut faire d'excellentes choses en faveur de l'ouvrier valide, celui-ci en peut faire bien davantage lorsqu'il veut être prévoyant et sage.

Dans tout ce qu'il entreprend pour venir en aide au travailleur, l'Etat est toujours arrêté par la justice qui ne lui permet pas de prendre aux uns, aussi bien aux pauvres qu'aux riches, pour donner aux autres ; par le respect qu'il doit avoir pour la liberté qui ne lui permet pas de forcer les individus à vivre d'une façon plutôt que d'une autre, et à économiser une partie plus ou moins considérable de leur salaire ; mais il peut cependant améliorer leur sort en encourageant les sociétés de secours mutuels qu'ils peuvent former ; en prenant des mesures pour obliger les propriétaires à maintenir en bon état de salubrité les habitations ouvrières ; en leur procurant des moyens sûrs de placer leurs petites épargnes, ce qu'il a déjà fait par les caisses d'épargne et par les caisses de retraite ; en veillant à ce que bonne justice leur soit rendue aux moindres frais possibles, dans toutes leurs contestations avec des personnes plus favorisées de la fortune ; en les plaçant, en un mot, dans des conditions d'égalité civile complète vis-à-vis les classes plus élevées, sans être empêchés à chaque pas, dans l'exercice légitime de leurs droits, par le défaut de ressources pécuniaires ; en protégeant les émigrations nécessaires lorsque, dans certaines industries, le nombre d'ouvriers est devenu trop considérable relativement au travail disponible et que la dépression des salaires par la concurrence des travailleurs, annonce qu'il faut raréfier l'offre de travail aussi bien dans l'intérêt de ceux qui restent que dans l'intérêt de ceux qui s'en vont. C'est surtout dans ces circonstances que l'État doit éclairer les émigrants, après des informations recueillies avec soin, sur les conséquences probables de la résolution qu'ils ont prise, et empêcher qu'ils deviennent victimes de la rapacité des entrepreneurs d'émigrations. L'Etat, par un certain nombre de mesures analogues, doit prendre ainsi, vis-à-vis des déshérités de la fortune, la position d'un père de famille sage et prévoyant, en éclairant la voie qu'ils doivent suivre, en les aidant de ses conseils et parfois de sa bourse, sans toutefois dépasser, sous ce dernier point de vue, les limites que les contribuables doivent poser à ses libéralités, parce qu'ils ont le droit et le devoir de défendre leur bien et de conserver intact le capital social sans lequel le bien-être général ne pourrait être maintenu. L'Etat doit être l'ami sincère de l'ouvrier et le protéger partout où son défaut d'expérience et d'instruction peut le faire victime de la mauvaise foi ; mais le plus grand service qu'il puisse lui rendre est de lui enseigner à se passer de toute tutelle étrangère, en mettant à sa portée les moyens de s'instruire et en lui fournissant une bonne éducation morale dans laquelle il trouvera des règles de conduite pour toutes les circonstances de sa vie. C'est là, mon ami, comme je vous l'ai déjà dit, la mesure la plus importante pour l'avenir des travailleurs, et c'est aussi la plus difficile à réaliser, parce que la plupart d'entr'eux refusent de s'y associer par un peu de bonne volonté, et l'on peut regarder comme certain qu'elle ne le sera jamais qu'en s'emparant de l'homme dès son enfance pour fixer dans son cerveau, pendant qu'il est encore apte à recevoir des impressions ineffaçables, toutes les idées saines qui n'en doivent plus sortir, pour son bonheur et pour celui de la société toute entière. Rien ne doit être négligé pour arriver à ce résultat qui ne sera jamais complètement atteint mais dont on peut se rapprocher toujours davantage par des mesures judicieuses. C'est à l'école qu'il faut enseigner aux futurs travailleurs, non-seulement la lecture, l'écriture, le calcul, un peu d'histoire, un peu de géographie, mais encore toutes les notions fondamentales dont je vous ai entretenu jusqu'à présent. C'est à l'école qu'il faut lui enseigner que ce n'est pas l'Etat qui peut transformer l'ouvrier en maître, que c'est celui-ci qui doit conquérir cette dignité par son travail, son intelligence et sa bonne conduite, parce que seul, il est l'arbitre souverain de sa destinée, comme ceux qui appartiennent aux autres classes de la société où la déchéance suit de près l'imprévoyance et la mauvaise conduite ; c'est là qu'il faut lui montrer que s'il y a peu d'ouvriers qui parviennent à une large aisance, c'est qu'il y en a peu qui possèdent toutes les qualités requises pour cela ; que ce n'est ni l'Etat ni l'organisation sociale actuelle qu'il faut en accuser, et que s'il a une querelle à faire il doit s'adresser à la cause universelle de toutes choses qui ne l'a pas doué de dispositions suffisantes ; c'est là qu'il faut lui enseigner que, sans sortir de sa condition, son sort peut encore être heureux, pourvu qu'il soit rangé, économe, prévoyant, qu'il se mette, par exemple, à l'abri des misères qui sont la conséquence des maladies, par sa participation à des caisses de prévoyance de diverses natures ; à l'abri de celles qui accompagnent les périodes de chomâge qui se présentent parfois dans l'industrie, par des dépôts à la caisse d'épargne, qu'il retrouvera dans les moments difficiles et qui, peut-être, lui serviront à faire quelqu'entreprise qui augmentera son bien-être, ou qu'il transmettra à ses enfants pour les aider à s'élever sur l'échelle sociale ou pour les aider à l'entretenir lui-même quand il sera devenu vieux et incapable de travail. C'est à l'école qu'il faut lui inspirer l'horreur de l'ivrognerie, en lui montrant tout ce qu'elle a d'ignoble et les terribles conséquences qu'elle entraîne ; c'est à l'école, en un mot, qu'il faut lui enseigner tout ce qu'il doit savoir de bon et d'utile, parce que plus tard, quand il n'aura rien appris et qu'il aura contracté de mauvaises habitudes, il ne voudra plus rien apprendre et deviendra, dans son ignorance, la proie de tous les malfaiteurs à systèmes d'organisation sociale nouvelle, qui voudront le lancer contre la société qui ne lui à pas fait la position qu'il désirait. En un mot, pour être très utile à l'homme fait, il faut agir sur l'enfant, et si des hommes que tout décourage, soutiennent que cette tâche est impossible, que l'on ne peut faire tenir dans la tête d'un jeune homme à esprit peu cultivé, un si grand nombre d'idées utiles, même en continuant l'enseignement dans des leçons du soir après sa journée de travail, quand il a atteint un âge plus avancé, il ne faut tenir aucun compte de cette opinion et commencer l'entreprise avec la ferme volonté de réussir ; on ne sait pas encore assez, mon ami, tout ce que l'on peut faire avec une volonté persévérante qui ne se laisse pas abattre par les échecs, et quand on le voudra bien on formera, sans difficultés sérieuses, le personnel d'instituteurs indispensables à l'exécution du programme ; mais il faudra y mettre le temps nécessaire, parce que de semblables réformes dans l'éducation ne se font pas en un jour.

L'élève. Monsieur, ce programme est séduisant et je pense bien que s'il n'opérait pas la réforme complète de la classe ouvrière, il agirait assez favorablement sur la majorité de ses membres, pour nous sauver des bouleversements sociaux et pour modifier très favorablement leurs habitudes actuelles d'imprévoyance et de mauvaise humeur contre des institutions qui les ont tirés de la triste condition où ils végétaient il y a un siècle ; mais comme il y aura toujours des ouvriers que la maladie, la faiblesse physique ou morale, ou des circonstances commerciales défavorables, mettront dans l'impossibilité, au moins momentanée, de gagner de quoi satisfaire aux besoins les plus pressants de leur famille, dites-moi, Monsieur, votre opinion sur la meilleure façon de leur venir en aide.

L'instituteur. Quand cet état de malaise affecte toute une catégorie nombreuse d'ouvriers, et que les ressources ordinaires de la bienfaisance publique et privée ne suffisent pas pour soulager des infortunes aussi étendues, il faut bien que l'Etat intervienne par tous les moyens qui sont en son pouvoir ; par des crédits spéciaux demandés aux assemblées délibérantes ; par des mesures propres à faciliter aux ouvriers leur passage des travaux de l'industrie en souffrance à d'autres travaux mieux rémunérés ou plus demandés ; par des appels nouveaux à la bienfaisance privée ; par des travaux publics à la portée des populations en détresse, et il semble convenable que l'Etat fasse, dans les bonnes années, quelques réserves destinées à des travaux qui ne présentent pas un caractère d'urgence très prononcé, et que l'on exécuterait dans ces circonstances critiques ; en un mot, par tous les moyens qu'un examen attentif des circonstances dans lesquelles la crise s'est produite, pourrait suggérer aux hommes de bonne volonté et de bon jugement. Tous ces efforts réunis devraient tendre non-seulement à amoindrir les souffrances présentes des malheureuses victimes de circonstances qu'ils n'ont pas prévues, mais surtout à les remettre dans le plus bref délai possible, en position de se suffire à eux-mêmes. Lorsque la misère n'atteint que l'homme isolé et ne se présente plus comme le résultat d'une crise de grande étendue, la bienfaisance publique et la bienfaisance privée suffisent généralement pour atténuer le mal. La bienfaisance s'exerce alors par l'intermédiaire des bureaux de bienfaisance, par l'assistance privée, et par tous les moyens qui sont à la portée des personnes que le spectacle du malheur émeut et dispose à sacrifier une partie de leurs ressources pour venir en aide à ceux qui souffrent.

C'est ce mode d'action de la bienfaisance qui exige, de la part du bienfaiteur, le plus de prudence, de sagacité et de dévouement. S'il donne trop facilement à tous ceux qui lui tendent la main, il encourage la paresse, l'imprévoyance, et cette disposition naturelle, si énergique dans les classes pauvres, à rejeter sur la société tout le fardeau de leur entretien ; c'est ainsi que l'on voit grossir sans cesse la tourbe des nécessiteux , dans toutes les villes qui possèdent des bureaux de bienfaisance richement dotés ; c'est ainsi que l'Angleterre, comme je vous l'ai déjà dit précédemment, a été placée un instant sur le chemin de la ruine, par la taxe des pauvres qui mettait forcément à la charge des communes, l'entretien de tous les habitants qui ne gagnaient pas assez pour s'entretenir par leur seul travail. On peut faire, en donnant inconsidérément, autant de tort à la société qu'en donnant trop peu. Je ne dis pas cela, mon ami, pour décourager les personnes sensibles pour lesquelles la bienfaisance est un plaisir délicat ; elles pourront toujours trouver un placement judicieux de toutes leurs ressources, parce que les misères véritablement dignes d'intérêt sont toujours assez nombreuses pour les absorber toutes ; mais pour leur montrer combien il est indispensable de rechercher laborieusement ces misères véritables et de renvoyer au travail ces dynasties de mendiants, comme je les nommais plus haut, qui se multiplient avec tant de rapidité et qui sont la honte de la société quand elles ne sont pas un danger public. Tous les efforts de la bienfaisance doivent avoir pour but l'abolition de la mendicité. Je sais que c'est un résultat difficile à obtenir et qu'il ne suffit pas, pour y arriver, de décréter que la mendicité est interdite ; la force des choses se joue des ordonnances et la mendicité s'étale au grand jour devant ces affiches qui l'interdisent, parce que ce n'est pas avec des affiches que l'on peut nourrir ceux qui ont faim. Le pauvre doit pouvoir implorer la pitié publique tant que l'on n'aura pas créé des établissements dans lesquels le mendiant volontaire ou forcé, trouvera du travail pour ses bras et un asile pour ses infirmités, établissements dans lesquels le travail ne sera rétribué que dans la mesure nécessaire pour que le travailleur trouve toujours plus de bénéfice à travailler ailleurs et ne regarde cette besogne temporaire que comme un pis aller dont il doit sortir le plus tôt possible, afin d'éviter l'encombrement qui ne manquerait pas de se produire dans ces refuges des mauvais jours si le mode d'existence y était confortable. Quand cela sera fait, la société aura le droit de supprimer la mendicité dans la rue, qui l'offusque et blesse ses regards ; mais dans l'état actuel des choses, elle ne le peut pas, parce que cette suppression serait un arrêt de mort pour tous les malheureux que la bienfaisance publique ou privée ne va pas trouver à domicile, quand ils ont un domicile.

L'élève. Monsieur, c'est bien vrai, quand un pauvre ne reçoit pas chez lui de quoi l'empêcher de mourir de faim et que toute espèce de travail fait défaut, on ne peut le condamner à mort en l'empêchant d'implorer la pitié du passant.

L'instituteur. Mon ami, c'est évident et la société l'a si bien compris que toutes les fois qu'il devient complètement sûr qu'un homme mourra si elle l'abandonne, par exemple quand il tombe malade et que toutes ressources lui font défaut, elle se charge entièrement de son existence et le soigne gratuitement dans ses hôpitaux jusqu'à ce qu'il se trouve en état de reprendre son travail accoutumé.

Ainsi, mon ami, nous sommes d'accord : dans l'âge mûr du travailleur, intervention très rare de la bienfaisance publique ou privée ; prudence extrême dans cette intervention restreinte aux cas de nécessité absolue et après informations sérieuses sur la position particulière des assistés ; c'est surtout dans cette période de la vie de l'ouvrier qu'il faut bien plus stimuler son ardeur au travail que favoriser sa tendance à réduire son travail au minimum, pour vivre ; c'est là tout le secret de l'amélioration continue de son sort, et c'est par l'instruction seulement que ce résultat pourra être obtenu.

L'élève. Oui, Monsieur, il me semble, comme à vous,

que lorsqu'on aura appris au travailleur à considérer l'avenir, lorsqu'on lui aura montré où il va, quand il suit ce courant désordonné qui entraîne aujourd'hui la majorité de la classe ouvrière, il deviendra plus sage et n'ira plus donner tête baissée dans tous ces écarts au bout desquels il trouvera certainement la misère pour lui et les siens et une mort prématurée ; mais, Monsieur, quand il est vieux et hors d'état de faire profit de ses meilleures intentions, de quelle façon convient-il de lui venir en aide s'il n'a ni famille pour l'entretenir, ni économies faites dans l'âge mûr ?

L'instituteur. Vous me posez maintenant, mon ami, la question d'assistance à la vieillesse, à cet âge où l'homme n'est plus capable de travail ou n'en peut plus fournir qu'une quantité insuffisante pour lui procurer des ressources proportionnées à ses besoins ; nous allons rechercher ensemble ce qu'il est possible de faire dans ce cas :

Nous avons été d'accord, jusqu'à présent, pour admettre que le travailleur, après qu'il a dépassé l'enfance et pendant son âge mûr, devait être capable d'entretenir lui et les siens avec les produits de son travail et que, lorsqu'il était très laborieux, rangé, économe, il pouvait encore, avec l'aide de sa famille dont quelques membres pouvaient apporter aussi les produits de leur travail au fonds commun, faire quelques économies pour les jours difficiles, pour les cas de maladie, pour aider ses enfants à l'entretenir quand il sera vieux et ne pourra plus travailler, ou pour faire quelques petites entreprises qui augmenteront le bien-être de toute la famille et deviendront peut être le point de départ d'une véritable prospérité dans l'avenir. S'il a voulu rester célibataire, les économies lui seront encore plus faciles et il pourra s'affilier à une caisse de retraite qui le transformera en rentier à la fin de sa carrière ; il n'est pas nécessaire pour arriver à ce résultat d'une bien grosse économie chaque année, il suffit de commencer tôt et de continuer sans interruption jusqu'à l'âge du repos.

Nonobstant tous ces avantages que trouveraient les ouvriers dans un mode d'existence plus régulier, plus prévoyant, la plus grande partie d'entr'eux vivent au jour le jour, sans se préoccuper de l'avenir plus que s'il ne devait jamais arriver, dépensant beaucoup, travaillant peu quand les salaires sont élevés et que le moment des économies devrait être arrivé, restreignant leurs dépenses et se plaignant beaucoup lorsque les circonstances font baisser ces salaires ; de sorte qu'un grand nombre d'entr'eux arrivent à la vieillesse sans posséder de ressources d'aucune espèce et souvent sans posséder de famille capable de les entretenir, ou sans famille du tout ; souvent même l'abus des liqueurs alcooliques les amène à cet état de dénûment absolu et d'incapacité de travail, bien avant la vieillesse, et la société se trouve dans la terrible alternative de les prendre entièrement à sa charge ou de les laisser mourir d'inanition. Il est évident, mon ami, qu'en principe la société ne peut se charger de pourvoir à tous les besoins de tous les individus qui ont atteint la vieillesse, parce que ce serait une prime accordée à l'imprévoyance et une cause de ruine pour elle, mais en présence du mal accompli quelle qu'en soit la cause, de ce dénûment absolu qui est le plus souvent la conséquence méritée d'une vie de désordre, elle ne peut rester impassible et doit venir au secours de ces victimes des circonstances ou de leurs propres méfaits, quand elle les trouve dénués de toutes ressources. C'est ordinairement dans des asiles, ou hospices, où la vieillesse trouve sa subsistance, un abri contre les intempéries de l'air et enfin le repos, que ces malheureux sont recueillis vers la fin de leur carrière. Ces établissements si dignes d'intérêt servent aussi à tous les âges de la vie, mais c'est surtout à la vieillesse qu'ils sont destinés, et ils sont généralement entretenus par des fondations pieuses ou autres, par des dons volontaires et aussi par les communes. C'est là, mon ami, que l'on trouve l'application la plus complète de la bienfaisance ; les malheureux admis dans ces demeures hospitalières n'ont plus à se préoccuper des soucis de leur existence matérielle ; ils n'ont plus qu'à se laisser vivre avec la certitude de trouver toujours sous leur main tout ce qui est nécessaire à leur existence et, en cas de maladie, tous les soins capables de leur rendre la santé. Lorsqu'ils peuvent déposer en entrant toutes leurs peines morales, et beaucoup d'entr'eux en sont capables, leur sort doit alors laisser peu de chose à désirer, eu égard à leur existence antérieure.

Beaucoup de bons esprits cependant sont d'avis que des secours accordés à domicile seraient souvent plus utiles à la personne secourue et à sa famille qu'un lit dans l'hospice le mieux administré ; on n'enlèverait pas ainsi les malheureux aux affections de famille et l'on entretiendrait chez les travailleurs l'habitude de soigner leurs vieux parents. Je regarde, mon ami, ces deux solutions de la question d'assistance à la vieillesse comme susceptibles d'être appliquées, chacune, avec ses avantages propres dans chaque cas particulier. Lorsque le malheureux que l'on veut secourir est entouré d'une famille qu'il tient à ne pas quitter, qui est pour lui bienveillante et qui ne consent à l'abandonner que parce qu'elle manque des ressources nécessaires pour l'entretenir, il faut le laisser au milieu des siens et lui fournir les moyens de leur rembourser les dépenses qu'ils font pour lui ; lorsque, au contraire, il est seul, sans famille, ou ne possède qu'une famille qui le regarde comme une lourde charge dont il faut se débarrasser au plus tôt, et le traite durement, il est clair qu'il vaut mieux pour lui un asile dans un hospice où il sera bien traité et trouvera le repos. Il serait donc utile d'examiner chaque cas particulier, et d'adopter ensuite le mode d'assistance qu'il convient de lui appliquer.

L'élève. Monsieur, il me semble que je vois maintenant plus clair dans cette question de l'assistance et, si vous voulez bien me le permettre, je vais vous faire une courte récapitulation des principes dont on ne doit pas s'écarter dans l'application au soulagement des malheureux, de toutes les bonnes dispositions qui ont été accordées aux hommes et qu'ils ont apportées en naissant. Dans le premier âge, recueillir et élever l'enfant que la mère abandonne par honte ou par insensibilité ; si elle manque de ressources et qu'elle ait le courage de ne pas l'abandonner, lui fournir les moyens de l'élever ; veiller sur tous les enfants auxquels la mère ne peut accorder tout son temps, dans les crèches, les salles d'asile, etc... pendant que la mère travaille ; empêcher que l'on abuse de leurs forces par un travail trop long ou trop fort relativement à leur âge ; tâcher, lorsque l'enfant commet une faute grave, que la correction ne devienne pas l'occasion d'une corruption plus grande ; commencer leur instruction le plutôt possible. Dans la jeunesse, continuer et compléter cette instruction par tous les moyens dont la société peut disposer ; faire une part considérable à l'éducation dans cette préparation du jeune homme à la vie active, en imprimant dans son cerveau d'une manière ineffaçable, toutes les idées saines qui doivent diriger ses actions pendant le reste de sa vie ; continuer, si c'est nécesaire, cette instruction et cette éducation jusqu'au seuil de l'âge mûr, sans apporter d'obstacle à son travail journalier ; obliger même le jeune homme à recevoir cette instruction et cette éducation, si ses parents négligent de les lui faire donner, parce qu'il y a là un grand intérêt social en jeu ; c'est l'éducation reçue dans la jeunesse qui fait l'homme mûr. J'ai souvent entendu soutenir qu'il serait injuste d'imposer l'instruction aux jeunes générations, parce que sous notre régime de liberté universelle, la liberté de l'Igno-

rance devait être respectée comme les autres ; mais je
pense comme vous, Monsieur, que l'ignorance du travailleur étant l'une des causes principales de sa misère, que
cette misère obligeant la société à se charger de son
entretien dans un grand nombre de circonstances, et
exposant l'ignorant à devenir le soldat des idées de revendications socialistes, je pense, dis je, que la liberté de
l'ignorance doit être mise sur le même rang que la liberté
du vol ou la liberté de causer un grand dommage aux
autres, et n'a pas plus que celles-ci, le droit d'être respectée ; la société doit avoir le droit de se défendre et
sa défense par l'instruction est celle que tous les esprits
sages doivent le plus approuver.

Dans l'âge mûr, l'homme valide peut être abandonné à
lui-même ; comme il est en possession de toutes ses
forces, il n'a pas besoin que la société s'occupe de lui ; il
doit plutôt lui rendre des services qu'en attendre d'elle,
excepté dans quelques cas particuliers que vous avez indi-
qués. Toutes les fois que l'occasion s'en présente, il faut
favoriser ses dispositions à l'économie, lui montrer les
immenses avantages des caisses d'épargne et des caisses
de retraite et lui témoigner de la déférence pour faire
naître en lui le sentiment de la dignité personnelle.
Dans tous les cas, il faut éviter, sous prétexte d'améliorer
considérablement son sort, d'engager les finances de l'Etat
dans des entreprises prétenduement destinées à affranchir
le travailleur et qui, en réalité, ne feraient que conduire
la société à sa ruine.

Dans la vieillesse, quand toutes les ressources font
défaut à la fois, la société doit prendre le malheureux
à sa charge et le nourrir chez lui ou dans un hospice
suivant les conditions particulières dans lesquelles il se
trouve.

L'instituteur. C'est bien, mon ami, nous sommes d'accord sur toute la ligne, mais vous voyez, d'après la

nomenclature de tous ces moyens de pratiquer la bienfaisance, que nos prédécesseurs ne nous ont rien laissé ou tout au moins ne nous ont laissé que fort peu de choses à inventer. Nous avons bien plus à étendre, à perfectionner dans l'application, toutes ces diverses manières de venir en aide aux malheureux, qu'à en inventer de nouvelles et le plus grand perfectionnement qui pourra leur être apporté, consistera certainement à les rendre de moins en moins nécessaires par la diffusion des lumières et par une bonne éducation.

L'emploi simultané de tous ces remèdes à la misère, judicieusement appliqués, améliorera beaucoup, sans aucun doute, le sort de la classe des travailleurs; mais il ne faut pas cependant s'attendre à supprimer jamais le paupérisme. Il y aura toujours des pauvres, parce qu'il y aura toujours des hommes de santé débile ; d'autres chez lesquels la violence des passions neutralisera tous les conseils de la raison ; des imprévoyants qui regardent la vieillesse et la mort comme des éventualités tellement éloignées qu'il n'y a pas à s'en occuper ; mais leur nombre proportionnellement à la population totale, peut s'amoindrir beaucoup et rapprocher l'humanité de ce but qu'elle n'atteindra jamais, la suppression du paupérisme.

Mais, quoique nous fassions, les générations futures ne seront pas délivrées de ces soucis et lorsque notre monde sera près de finir, on trouvera encore les hommes préoccupés des meilleurs moyens d'améliorer le sort des classes laborieuses.

TABLE DES MATIÈRES.

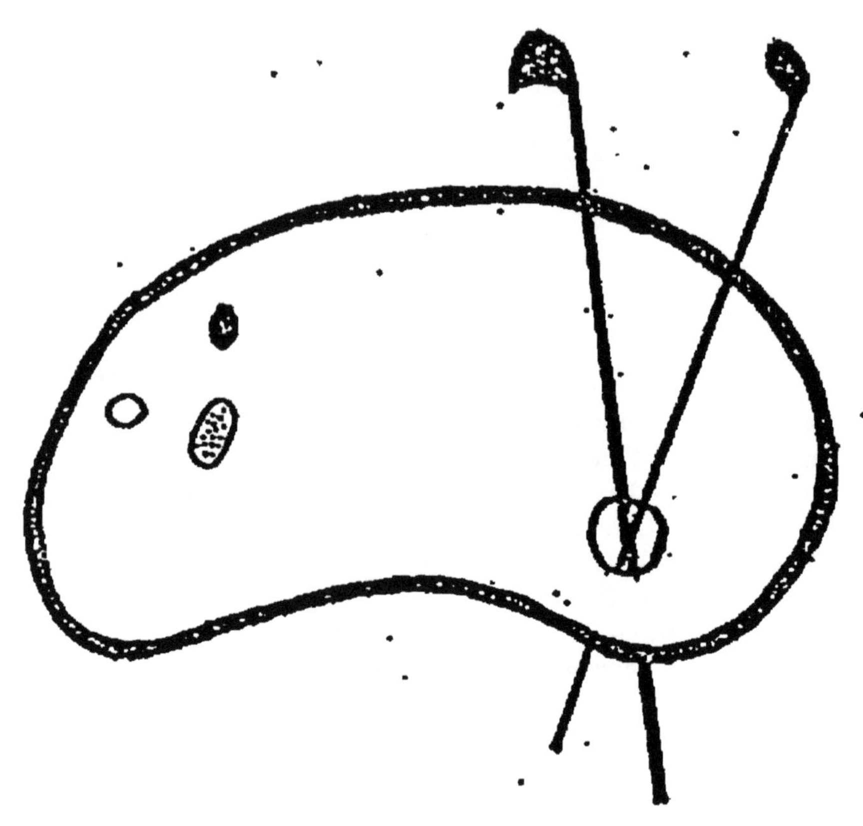

www.ingramcontent.com/pod-product-compliance
Ingram Content Group UK Ltd.
Pitfield, Milton Keynes, MK11 3LW, UK
UKHW021019140726
13695UKWH00001B/360